ESTADO
CIVIL:
INGOBERNABLE

JORGE LOZANO H.

ESTADO CIVIL: INGOBERNABLE

Grijalbo

El papel utilizado para la impresión de este libro ha sido fabricado a partir de madera
procedente de bosques y plantaciones gestionadas con los más altos estándares ambientales,
garantizando una explotación de los recursos sostenible con el medio ambiente y beneficiosa para las personas.

Estado civil: ingobernable

Primera edición en Argentina: abril, 2024
Primera edición en México: agosto, 2024

D. R. © 2024, Penguin Random House Grupo Editorial, S.A.
Humberto I, 555, Buenos Aires

D. R. © 2024, derechos de edición mundiales en lengua castellana:
Penguin Random House Grupo Editorial, S. A. de C. V.
Blvd. Miguel de Cervantes Saavedra núm. 301, 1er piso,
colonia Granada, alcaldía Miguel Hidalgo, C. P. 11520,
Ciudad de México

penguinlibros.com
Diseño de interior: Ana Belén Agüero

ISBN: 978-607-384-625-7

Impreso en México – *Printed in Mexico*

Para las mujeres que me enseñaron
que no hay cadenas que puedan gobernarme:
Pasión,
Dolores
y María Fernanda

Para mi más grande patrocinador
(Mateo 11:28)

ÍNDICE

CAPÍTULO #2
EL MAYOR ACTO DE REBELDÍA

CAPÍTULO #3
CICATRICES DE GUERRA

CAPÍTULO #4
TUS CADENAS Y CÓMO ROMPERLAS

CAPÍTULO #5
BONITA POR HERENCIA, INGOBERNABLE POR EXPERIENCIA

CAPÍTULO #6
LA REVOLUCIÓN ERES TÚ

PRÓLOGO

ESTADO CIVIL: INGOBERNABLE
es un manual para cortar cadenas y dejar atrás todo lo que nos
ha hecho daño, para que lo bueno pueda alcanzarnos. Hay
sucesos en nuestra historia personal que se han convertido en
cadenas, eventos que nos llenan de inseguridades y miedos,
ylimitan nuestro potencial. Quizá llevas años viviendo en la sombra
de las cicatrices que te dejaron, pero yo siempre he pensado:
hay heridas que, en lugar de abrirte la piel, te abrieron los ojos.

Acompáñame en este viaje por tus recuerdos, tus relaciones
y tus sueños. Quizá vienes de una relación difícil, una crisis
o una enfermedad, y sientes que te han robado tus mejores
años. Sientes que tienes mucho que dar, mucho que vivir y que
experimentar, pero por alguna razón te encuentras encadenada
a la vida que llevas hoy.

Al terminar este libro encontrarás nuevas fuerzas para enfrentar
las circunstancias de la vida, sentirás una libertad de hacer,
experimentar, equivocarte y volver a intentar. Te darás cuenta
de que Dios te ha regalado un día más para volver a empezar;
pero, sobre todo, la intención de este libro es quitarte ese peso
que vienes cargando. El peso de todo lo que te heredaron, de lo
que no rompiste, pero has tenido que reparar, ese peso que por
mucho tiempo te ha robado la paz. ¡No más!

A partir de hoy, tu compromiso más grande es contigo.
Prepárate para un viaje inolvidable del cual regresarás
de Estado Civil: Ingobernable.

CAPÍTULO 1

INGOBERNABLE DE TU PASADO

INTRODUCCIÓN: EL ASALTO AL BANCO EMOCIONAL

—¡Nadie se mueva! —gritó la tremenda Bonnie Parker mientras apuntaba su pistola Colt calibre 32 hacia el joven cajero del banco. Era una mañana fresca de un 16 de abril de 1934.

Con un cigarro recién encendido balanceándose en la orilla de su boca, Bonnie, una joven de 23 años, tenía al personal de todo un banco con el pecho en la tierra temblando.

—¡No venimos por su dinero! —gritó su cómplice Clyde Barrow, un hombre con el que no solo compartía una pasión por lo ajeno, sino un romance que les duraría hasta la muerte. (Un mes después para ser exactos).

—¡Venimos por el dinero del banco, repito, no el suyo! —exclamó el hombre con acento tejano, en un tono casi absolutamente calmado.

Y como un par de bailarines perfectamente coordinados, Bonnie saltó al asiento del conductor de un Ford V8 y aceleró con toda la potencia de sus 85 caballos de fuerza, mientras Clyde disparaba al cielo anunciando que la fechoría estaba concretada. Nada ni nadie podía haber hecho algo para detenerlos, eran los enemigos públicos más peligrosos de la época.

Bonnie y Clyde se convirtieron en los dos más famosos atracadores de sus tiempos y aunque su historia parezca solo un recuerdo plasmado en un viejo libro de texto, quizá Bonnie y tú se parezcan más de lo que puedas creer. Múltiples recuentos sugieren que la joven mujer, convertida en una completa asaltabancos, sufría de hibristofilia: una incontrolable atracción y deseo hacia los hombres malos. Así como lo lees, le encantaban los hombres peligrosos, malos, manipuladores y sin futuro. Los *cucarachos*, como yo los llamo.

La hibristofilia es un síndrome ampliamente explorado por los psicólogos, en el que, según Katherine Ramsland, profesora de psicología forense, "alguna gente cree que puede cambiar para bien a una persona tan cruel, poderosa y perversa como un asesino en serie". "Otros 'ven' al niño pequeño que el malvado alguna vez fue y sienten ganas de cuidar de él". ¿Te suena familiar?

¿Cuántas veces hemos creído ciegamente que una persona puede cambiar y solo termina por decepcionarnos? ¿Cuántas veces algo en lo que depositaste toda tu fe y toda tu ilusión finalmente te rompe el corazón?

Y quizá lo que te trajo a este libro no es precisamente un mal amor. Quizá vienes de una mala relación contigo misma. Escuchas por todas partes que deberías ser una mujer empoderada, pero aunque intentes liberarte, esa ansiedad siempre vuelve a atormentarte. Diariamente te sientes desanimada, deprimida, como si vivieras prisionera de un enorme potencial, pero te encuentras a ti misma en una vida que no era la que querías. Llevas años buscando la libertad, pero siempre terminas como la empleada del banco: con el pecho en la tierra, paralizada por el miedo a descubrir de lo que eres capaz.

¡Eso se acabó!

Es momento de asaltar el banco.

Ha llegado el momento de tomar tus armas y asaltar el banco emocional que guarda tu libertad, tu salud, tu prosperidad económica y tu éxito personal. Es tiempo de ir adonde escondes todos tus recuerdos, memorias y traumas. ¡Nunca más serás prisionera de lo que guardas! Es tiempo de vaciar la bóveda que cargas en el pecho, traer contigo únicamente los tesoros y dejar el resto.

Bonnie poseía todo en su interior para enfrentar al mundo e ir detrás de lo que quería. No temía levantar las armas, mantenerse firme, aun sabiendo que el mundo entero estaba en su contra. No se preocupaba por lo que otros pensaban y ciertamente no tenía cadenas sociales que la ataran. Era una delincuente, pero a veces necesitamos un poquito de esa sangre por nuestras venas.

¿Cuántas veces te has quedado con palabras en la boca que no tienes el valor de decir? ¿Cuántos proyectos se han quedado en tu libreta por no tener las agallas de construir? ¿Cuántas aventuras te has quedado sin vivir, por no tener la confianza de perseguir? Quizá necesitas de esa sangre: La sangre *ingobernable*.

De todos los errores que Bonnie cometió, hubo uno que marcó su destino: el haberse enamorado del hombre equivocado.

En mis diez años de carrera como conferencista y motivador, he visto a hombres y mujeres sacrificar sus carreras profesionales, sus sueños, sus aspiraciones, y sobre todo su paz, por cadenas emocionales de las que no pudieron liberarse.

Personas cuya vida fue marcada por una enfermedad, por creencias limitantes que heredaron de sus padres, por el bullying, la deuda o el fracaso económico que nunca les permitió avanzar. Mujeres que después de un divorcio no vuelven a confiar en alguien más, adultos que luego de una infancia difícil, jamás se sienten aptos para alcanzar el máximo de su potencial.

Es como si todo lo que hubiéramos vivido, lo increíblemente bueno, lo terriblemente malo, pero sobre todo lo traumático, nos acompañara como un fantasma de mil cadenas. Asombroso lo mucho que el pasado influye en todo lo que hacemos y, aun sabiéndolo, ¡no logramos desprendernos de él!

En este libro encontrarás el manual completo para romper cadenas. Si estás buscando la razón por la que no te llega un buen amor, si intentas entender por qué te sientes desanimada o desmotivada, limitada de crecer. Si sientes que guardas un potencial enorme en tu interior pero no sabes cómo encontrarlo, este libro viene a ayudarte a liberarlo. Vamos a cuestionar todo: tu herencia, tu infancia, las viejas creencias y las ideas falsas. Voy a llevarte en el viejo Ford V8 a toda velocidad para que asaltes el banco de cada una de las etapas de tu vida que te dejaron enojada, triste o marcada. Vas a abrir los ojos a nuevos amores, románticos o personales, a nuevas aventuras y a nuevas oportunidades.

A partir de hoy te quiero con la actitud, como prueba de embarazo: ¡Positiva!

Te subestimaron, te limitaron, te hicieron sentir no apta, pero éste es un asalto para recuperar toda tu seguridad y tu confianza. Marca esta fecha en tu calendario como un día memorable:

> HOY ES EL DÍA EN EL QUE DECIDES VIVIR DE ESTADO CIVIL: INGOBERNABLE.

LA ETERNA BÚSQUEDA DE LA LIBERTAD

En esta vida, hay pequeños placeres que hacen al ser humano sentirse libre. Uno de los míos es llegar a mi casa, darme cuenta de que no hay nadie y quitarme toda la ropa. Andar como Dios me trajo al mundo, como Adán en el huerto del Edén. Caminar por los pasillos de mi casa completamente en cuero, saludar a mis vecinos desde el balcón y ver sus caras sorprendidas mientras un hombre completamente desnudo les grita: "¡Buenas noches, vecinos!". Y escuchar un pequeño grito de espanto salir de la boca de mi vecina: "¡Santo Cristo!", mientras un hombre en sus treintas la saluda con una sonrisa y sin un gramo de pudor o decencia. A fin de cuentas, estoy en mi casa, en mi lugar seguro: mi refugio. ¿Has experimentado el profundo placer de llegar a casa y quitarte el peso de cualquier cosa que traes puesta? Es liberador. Te confieso que también tengo el extraño hábito de dormir sin un solo elástico apretando mi cuerpo. Duermo con calcetines solamente, por aquello del frío, pero me aseguro de que estén viejos, desgastados, para que no aprieten. Me encanta dormir y que la sangre fluya libremente por mi cuerpo, sin obstrucciones, sin ataduras. Una persona pura y enteramente en paz.

Al menos así me consideraba, hasta que intentaba cerrar los ojos para descansar. En ese momento, todo lo que traía guardado en mi mente salía a atacarme como león rugiente. Miedos, deudas, inseguridades, incertidumbre, todos los fantasmas que se esconden durante el día y que en la noche salen a mordernos.

"¡Jorge, gobiérnate!", me grito a mí mismo en silencio, mientras doy vueltas y vueltas en la cama sin poder conciliar el sueño. Y es justo ahí, en la libertad de mi hogar, mi refugio, el lugar en el que más en paz me siento, donde me doy cuenta de que sigo siendo un prisionero. Un prisionero del estrés, de la desconfianza, de la falta de fe.

Aunque a veces son la ansiedad, la preocupación o la incertidumbre las que nos tienen cautivos, hay muchas otras cosas que nos tienen prisioneros en la vida.

En mi carrera como conferencista he podido viajar a muchos países y he platicado con mujeres y hombres con un potencial truncado. Gente que poseía dones, talentos; no les tenían miedo al trabajo y al esfuerzo, pero, por alguna extraña razón, nunca encontraron el propósito para el que fueron diseñados. ¿Cuál es el común denominador que encuentro? Viven prisioneros.

No importa cuánto se esfuercen ni cuánto lo intenten, hay algo en su vida que los mantiene encadenados. Quizá ocurrió en su infancia: un comentario de papá o mamá marcó su autoestima y destruyó su confianza. Quizá durante la adolescencia, la gente a su alrededor se burlaba de algo en su físico o en su personalidad, su forma de hablar, o el hecho de que crecieron en un hogar diferente, y todo eso era causa de risa frente a la gente.

Quizá fuiste tú la que lo vivió y hoy no te explicas por qué es tan difícil liberarte de lo que cargas. Con todo ese peso extra, ¿cómo vas a lograr llegar a algún lado? ¿En qué momento vas a sentirte plena, realizada y feliz si tienes tantos fantasmas que no te permiten dormir? No es normal vivir sintiéndonos prisioneros.

Las aves crecidas en cautiverio piensan que volar es una enfermedad.

Yo detecté mis cadenas desde temprana edad. Verás, desde el día en que nací, me hicieron creer que no era un niño normal. Y cuando digo "desde el día en que nací" precisamente a eso me refiero, porque vine al mundo un 2 de noviembre de 1987. En México, mi país de nacimiento, el 2 de noviembre es oficialmente el Día de los Muertos. El día en el que conmemoramos a los difuntos. Ese peculiar día llegué a la vida como hijo de padres primerizos.

Cuenta la leyenda que era un bebé bonito. Conforme fui creciendo, mis padres se dieron cuenta de que, además, tenía mucha facilidad para hablar, mientras los bebés solo pronunciaban vocales en sus primeros años de vida. Como acompañaba a mi madre en las tareas del hogar, mis primeras palabras fueron "lavadora" y "aspiradora". Bastante singulares para un niño tan pequeño.

Para mi tercer año de vida, ya dominaba el nombre de todos nuestros electrodomésticos y podía mantener conversaciones básicas pero lógicas con los adultos. No quedaba duda: Dios me había mandado a este mundo con un talento especial para comunicarme. Sin embargo, cuando llegué a la adolescencia, el Creador decidió que era un buen momento para complicarme la existencia.

Un día, mientras corría en un parque frente a la casa de mi abuela, me tropecé en un escalón y aterricé con la boca abierta justo en el filo del escalón siguiente. Vaya suerte. Salieron volando mis dos dientes frontales.

Llorando desconsoladamente y escupiendo sangre, regresé corriendo a casa de mi abuela. Ella se encontraba en su mecedora, como siempre, leyendo su viejo recetario. Siendo una de las mujeres más ingobernables que conozco y de quien más adelante en este libro te contaré, mi abuela intentó resolverlo con su característico: "¡No pasa nada!", "No tiene nada el niño".

—¡Mamá, le faltan dos dientes! —gritó mi escandalizada madre.

LAS AVES CRECIDAS EN CAUTIVERIO PIENSAN QUE VOLAR ES UNA ENFERMEDAD.

—Ahí tiene otros de repuesto —contestó mi abuela, con la seguridad que solo la bendita ignorancia podía darle.

Ese día cambió mi vida; experimentaría por primera vez una de las cadenas más complicadas que me tocarían: la cadena de sentirse feo. Ser un niño feo a los 12 años es especialmente difícil, según pude concluir. A los 12 años, no compites con tus compañeros por logros profesionales, ni por logros académicos o económicos. En esa primera parte de la adolescencia el reto es ser considerado normal.

La tarea era simple: no tener razones para que se burlen de ti. No ser el blanco de las burlas o de la humillación. Solo eso: ser un niño estándar, común y promedio. En la infancia, cuanto más *normal* seas a los ojos de la sociedad, más fácil será pasar desapercibido. Ahí sí, Dios se encargó de mandarme el mayor reto.

Con mis dientes recién destruidos, mis nulas habilidades deportivas, mi léxico sobredesarrollado y mis expresiones ridículas, yo era el blanco perfecto para burlas y bullying. Me tocaba recibirlas de parte de los niños más grandes, de los más chicos, de mis propios amigos y hasta de mis maestros. Yo solo miraba al cielo y preguntaba: Dios, ¿no tienes otros guerreros?

Parecía como si toda mi adolescencia estuviera destinada a ser un calvario. Físicamente era bajito, muy delgado, sin nada de músculo, pero lo más complicado: era feo. Feo como el hambre. Feo con "F" de foco fundido, feo como los impuestos. Los dientes que me crecieron, en reemplazo de los que se me habían caído, estaban extremadamente torcidos. Eran dientes grandes, enormes, comparados con el tamaño de mi cabeza.

Si algo pude aprender en ese tiempo de mi temprana vida, es que los niños pueden ser más crueles que los adultos. Utilizaban apodos de todo tipo: "Conejo", "Castor" y "Abrelatas". Eran creativos esos niños...

Aunque han pasado décadas desde ese momento, aún escucho a esos niños riendo. Burlándose de algo que me había ocurrido por accidente, de algo que no tenía manera de controlar, y lo peor: no importa cuánto lo intentara, era algo de lo que no podía escaparme. Mi única alternativa era aguantar. A veces, Dios te envía pruebas a las que, no importa cuánto lo intentes, no vas a poder evitar. El único camino fuera de ellas es el camino que las atraviesa. No queda más que apechugar, llenarse de voluntad y absorber todo lo que la vida quiere enseñarnos.

Quién iba a pensar que mi mayor habilidad, el don que Dios me dio para hablar, dependía de una cosa: la valentía de abrir la boca. Pero mi peor defecto físico, lo que atraía todas las burlas, dependía de lo contrario: que mantuviera mi boca cerrada.

Desde los 12 años crecí con la boca encadenada. Sabiendo de lo que soy capaz, pero con un miedo terrible de que otros vieran mis defectos físicos.

A veces pienso que Dios esconde, dentro de tu defecto más grande, tu más grande habilidad. Necesita que te demuestres a ti mismo que puedes alcanzarla.

¿Cuántas veces hemos dejado que el miedo gobierne nuestra vida? ¿Sabemos lo que tenemos que hacer pero por miedo a la opinión popular decidimos no actuar? ¿Cuántos negocios jamás lanzaste?, ¿cuántos proyectos nunca iniciaste?, ¿cuántos libros como éste nunca escribiste? ¡Alguien te hizo creer que no podías y le creíste!

Las cadenas cuentan con una particularidad: no nos damos cuenta de que las tenemos hasta que comenzamos a movernos. Una cadena no suena hasta que intentas avanzar. Si estás frente al estante de una librería leyendo este libro, no sabes si comprarlo o dejarlo, si incluso te ha cruzado por la cabeza la idea de robarlo, hay algo que tienes que saber: tú no escogiste este libro, este libro te escogió a ti. Hay una carga en tus hombros en este preciso momento: tú la confundes con estrés, con acumulación de trabajo o de tareas, pero estás equivocada, son cadenas.

Hay un ruido en el piso por el que caminas, un ruido con el que parece que ahuyentas a cada pareja con la que lo intentas, un sonido que se arrastra por el suelo y a veces confundes con tu autoestima pero por más que lloras y lloras no aceptas consuelo. Son tus cadenas. Pero no temas, este libro ha venido a romperlas.

Quizá durante largo tiempo te etiquetaron, te juzgaron y hasta te criticaron, pero se equivocaron. Todo parte de una decisión:

¿Estás dispuesta a romper todo?

EL ARTE DE SABER ROMPER

La Biblia cuenta la historia de Sansón, un hombre conocido en la antigua Israel por su increíble fuerza. Un juez de potencial invencible, feroz guerrero, capaz de derrotar a cualquier enemigo que se le pusiera enfrente. Un hombre que había crecido creyendo que su poder provenía de una sola fuente: su cabellera. Y así como el potencial de muchas y muchos que estamos leyendo este libro, no pudo competir con un único fatal enemigo: una mala pareja.

Mamacita, recuerda: un diamante puesto en las manos equivocadas, en alguien que reconoce su potencia, pero no quiere hacerlo sentir especial, siempre terminará convencido de que brillar es una discapacidad. Un ave nacida y crecida en cautiverio piensa que querer volar es una enfermedad.

Dalila, el fatal amor de Sansón, una mujer que pertenecía a una tribu enemiga, pero por alguna razón había deslumbrado con su belleza al hombre más fuerte de Israel, sería la misma que lo haría caer. Cuando se había ganado su confianza, ella aceptó un soborno a cambio de que cortara la poderosa melena de Sansón mientras dormía. ¿Cuántas veces hemos estado durmiendo con el enemigo sin saberlo?

Por amor somos capaces, no solo de colocarnos la cadena a nosotros mismos, sino colocarla alrededor de nuestro cuello y sacrificar nuestro mayor potencial, un error que Sansón tendría que pagar.

Justo cuando Dalila había cortado todo su cabello, Sansón despertó de su profundo sueño. Ya no tenía la fuente de su vigor y su energía; fue entonces cuando sus enemigos aprovecharon para capturarlo. Eso hace una pareja negativa: te deja vacía de tu energía, exhausta, deprimida.

Lo encadenaron y permaneció prisionero por largo tiempo. ¿Cuántas veces te has sentido en esa prisión? Atrapada por algo que no hiciste, algo que te hicieron. Quizá en algún momento de tu vida, un amor te traicionó.

Le entregaste toda tu confianza, años de tu tiempo y todo tu amor, y con la misma cara que te prometió cuidarte y honrarte, te traicionó. ¿Y tú? Te quedaste con la peor parte. Te hubieran pagado un facial si te iban a ver la cara de estúpida…

Quizá fue tu trabajo: años de sacrificio, de entrega y de dedicación y un día de la nada, te echaron. Una traición, un trauma, un dolor te convierte en prisionera o prisionero de lo que te pasó. Un evento desafortunado dejó todo tu potencial encadenado a una vida que tú no pediste y tú no querías. ¡No, señor!

No viniste a este mundo a vivir prisionera de la ansiedad, no viniste a estar estancada en una vida donde no hay crecimiento. No es normal que vivas presa del aburrimiento en una vida en la que no pasa nada. No normalices la ausencia de amor, la ausencia de paz, no pienses que fuiste concebida para vivir en crisis económica, a nunca tener dinero para gastar. No fuiste creada para llevar toda una vida prisionera de la enfermedad. Hoy tenemos una decisión que tomar.

Sansón fue llevado a un templo a entretener a una multitud, su pelo había crecido de regreso y en ese momento tomó la decisión: oró a Dios una vez más, le pidió recuperar su fuerza por última ocasión. Sansón embistió las cadenas que lo sujetaban; al principio no ocurría absolutamente nada, pero mientras más lo intentaba se daba cuenta de que su fuerza regresaba.

Empezó a percatarse de que nadie más que él tenía el control de su potencial. Que ni la traición que vivió, ni la historia sobre su cabellera, ni las columnas de donde se ataban sus cadenas podían detener lo que Sansón sabía que podía hacer.

Terminó alzando las cadenas con tanta fuerza, que el templo completo se vino abajo. Quedaron sepultados todos sus enemigos, junto a él mismo. Sansón murió en los escombros.

Nadie dijo que romper cadenas sería fácil.

Romper las cadenas que cargas desde tu infancia, la historia que te contaron, las columnas mismas que sostienen tu realidad, implica una cosa: morir. Morir para resurgir. Convertirte en un fénix que surge de las cenizas dispuesta a reinventarse. A tu versión del pasado quizá la humillaron, le vieron la cara. Diles: "Más vale que me vayan construyendo un altarcito, porque aquí se les murió su *pendeja*". ¡Y vámonos!

Muchas de tus cadenas son familiares, vienen de tus hermanos, tus ancestros, de tus mismos padres. ¿Estás lista para que digan: "Has cambiado, hija", "Ya no eres la misma"?

Yo tengo la filosofía de que, dentro de estos cuerpos imperfectos, llenos de defectos, atados por cadenas limitantes y miedos, Dios ha escondido la llave para bendecirnos. Tus más grandes fortalezas no están en donde piensas.

Y si te estás preguntando si vale la pena, si realmente es una batalla que vayas a librar, solo hay algo más que quiero recordarte:

Todas las batallas de tu pasado que elijas no enfrentar son batallas que tus hijos tendrán que pelear.

Quizá tu linaje familiar te estaba esperando, para que fueras tú quien les trajera libertad.

LAS BATALLAS DE TU PASADO QUE ELIJAS NO ENFRENTAR SON BATALLAS QUE TUS HIJOS TENDRÁN QUE PELEAR.

TIENES TRAUMAS PARENTALES, NO ES PREGUNTA

En una discusión de pareja, hay dos cosas que uno puede decirle al otro para hacer la situación peor:

#1 que te comparen con alguien más y
#2 que cuando más enojada estás, te digan las palabras "Cálmate" o "Relájate".

Que tu pareja busque detener una discusión pidiéndote que te calmes o te relajes es como apagar un incendio utilizando gasolina. Lo único que eso ocasionará es una explosión peor: "¿Me estás llamando histérica?" "Acaso no me ves calmada?" "¡Estoy calmada, idiota!".

Por alguna razón, en el manual de operaciones del hombre, pedirle a su pareja que se calme es una solución confiable. A veces te dan ganas de preguntarle: "*Cucaracho*, ¿a ti la inteligencia te persigue, verdad? Pero tú eres más rápido".

Hay quizá una cosa más que te pueden decir en una discusión que logre volverlo completamente peor: que te comparen. ¿Alguna vez has discutido con tu pareja estando absolutamente segura de tener razón? Tienes toda la evidencia, tienes los datos completos, pero tu pareja sigue duro y alegando, debatiendo, queriendo comprobar un punto que no es correcto.

Cuando la persona se queda sin argumentos, generalmente recurre a la bomba atómica de las discusiones: las comparaciones. "¿Por qué no puedes ser más como la esposa de mi amigo Javier? Nunca he visto que le hable así a él". "¿Por qué en las casas de mis amigos todo está ordenado, todo está limpio, pero aquí contigo parece que vive un cerdo?".

La mente es traicionera y cuando se queda sin recursos argumentativos en una pelea o discusión, va a entrar en modo supervivencia y va a empezar a utilizar la información más dañina que tenga almacenada con tal de invalidar el punto de la otra persona. En otras palabras: va a decir las cosas más hirientes, más dolorosas y más privadas que encuentre en la memoria, para desarmar a la otra persona y destruirla.

Y no hay un arma más poderosa a la que se pueda recurrir, que compararte con tus padres. "¡Cuando te pones así, eres igualita a tu madre!". "¿En tu casa no te educaron o qué?". "¿Cómo vas a saber lo que es correcto, si tu padre se fue y los abandonó?". Y así penetra el dardo, dando justo en el blanco: "¿Quién te crees hablando de mi familia?".

La razón por la que esos comentarios nos molestan tanto es quizá porque son ciertos. El hecho de que nos recuerden nuestros traumas familiares, que alguien utilice el apego, el abandono, la violencia intrafamiliar o el mal ejemplo que alguno de nuestros padres nos dejó como un arma nos duele hasta el alma. Es injusto, es un golpe bajo. Pero ¿por qué nos importa tanto? Porque es una cadena que no hemos tocado.

Tus apegos paternales y traumas heredados salen a relucir muy rápidamente cuando nos enamoramos. Haz un autoanálisis de los siguientes síntomas y evalúa si tu comportamiento en el amor podría ser derivado de lo que tu madre o tu padre te heredó. Marca en tu libro si has vivido un apego de éstos:

#1 Apego evitativo. Quizá tu padre o tu madre estaba siempre trabajando. Nunca estuvo ahí para ti. Quizá se fue de casa cuando eras joven o, peor, quizá aun estando físicamente presente, nunca estuvo presente realmente. Hay padres que siempre encontraron una excusa para perderse los eventos importantes. No tienes imágenes de ellos en ningún festival escolar, baile, graduación, no contaste con ellos en los momentos fundamentales.

Uno de los recuerdos que más te persiguen en la infancia es ver a otros niños siendo consentidos por sus padres, cuando a los tuyos pareció no importarles. Y aunque a veces te muestres como una persona fuerte e independiente, en el fondo todavía te duele.

Quizá por eso hoy eres tan desconfiada en tus relaciones. Vives a la expectativa de que la gente te falle, te engañe, te mienta. A veces sientes que mantenerte aislada y evitar abrirte o acercarte demasiado evitará que vuelvas a sentirte como te sentías en tu infancia.

Quizá relaciones pasadas tuvieron que terminar porque tus parejas te pedían abrirte más, comprometerte más, pero tú nunca te sentiste segura de hacerlo. Sin saberlo y a veces hasta sin querer, tus padres te llevaron a que el abandono se convirtiera en una constante en tu vida.

#2 Apego ansioso. Nunca supiste qué esperar de tu padre o de tu madre. Cada vez que lo veías te presentaba una cara y una situación distintas. A veces era un padre cercano y cariñoso, a veces un padre distante. Quizá tenía el hábito de convertirte en su psicóloga personal y ventilar todas sus frustraciones, su estrés, sus enojos y problemas. Quizá fuiste la psicóloga de tu madre o de tu padre desde tu corta edad.

Nunca sabías la dosis de drama que iban a querer depositar en tus hombros y por eso te sentías responsable de ayudarlos, aconsejarlos y consolarlos. Tomaste responsabilidades emocionales que no te corresponden y te heredaron una ansiedad que te visita varias veces al día.

Eso en tus relaciones te ha generado un carácter voluble y explosivo con tu pareja, sobre todo cuando se aleja. El hecho de que quiera pasar tiempo por su cuenta te produce altos niveles de estrés y ansiedad. Es como si toda esa incertidumbre emocional que heredaste de tus padres se manifestara en control. ¡Eres adicta al control!

Ahora quieres controlar todo en tu relación: los horarios, las compañías, el trabajo, la comunicación. Tu mente no puede evitar convertirse en la responsable de tu relación, y todo lo que no te involucra directamente se convierte en una amenaza.

#3 Apego desorganizado. Cuando creciste tu padre o tu madre eran erráticos. Tenían un carácter explosivo, iracundo y a veces hasta temible. Nunca sabías cuando tu padre iba a llegar de mal humor y gritarle a tu madre. Creciste entre regaños, ofensas, gritos. Vienes de algún padre emocionalmente violento o extremadamente estricto.

Quizá creciste en una casa con un padre o una madre carentes de inteligencia emocional y acostumbrados a una educación rígida, con castigos muy fuertes y exagerados.

¿Sabes cómo se refleja eso en tu relación? Tienes una mecha extremadamente corta. Es muy fácil sacarte de quicio: eres irritable, explosiva, pasional. Después de haber crecido en una casa en la que el miedo era el mecanismo de defensa, tienes relaciones irregulares en las que vas y vienes.

Constantemente discutes con tus parejas y amenazas con dejarlos pero siempre terminas perdonando. Tus relaciones pasadas te han dejado herida, lastimada. ¿Te suena familiar?

¿POR QUÉ ES TAN IMPORTANTE RECONOCER QUE TENEMOS TRAUMAS?

Yo crecí en una casa en la que hubo divorcio y separación. Hubo drama, lágrimas, emociones desbordadas durante varias etapas de mi adolescencia. Cuando creces en una casa en la que hay drama, indudablemente cargarás un trauma y habrá rasgos en tu personalidad que a nadie le van a gustar. ¡Deja de juzgarte a ti misma tanto! Mucho de eso lo heredaste. Está depositado en tu subconsciente y mientras no lo trabajes, seguirá apareciendo.

A veces nos es muy fácil juzgar a nuestras parejas por sus defectos, tendemos a criticar, comentar o a veces hasta burlarnos de ciertos rasgos de su personalidad, sin saber que no es su culpa: ellos también lo heredaron de sus padres. Y quizá, lo que es peor: ese rasgo de personalidad ha ido trasladándose de generación en generación.

¿Alguna vez has conocido a un *cucaracho* mentiroso, infiel o manipulador? Y luego conoces a su padre y resulta que es igualito a él. ¡O hasta peor!

¿TE CRIARON O TE DOMESTICARON?

Hace unos años, saliendo de una conferencia con un grupo de mujeres de una asociación civil, se me acercó una de ellas a felicitarme por mi ponencia. Nunca la voy a olvidar: se veía como una señora próspera, de dinero. Olía a perfume caro, portaba accesorios sobrios, una bolsa de diseñador original, pero algo me llamó la atención: tenía cero maquillaje en la cara.

Y aunque la mujer estaba muy bien conservada por los años, sin duda llamaba la atención ver que no venía ni arreglada ni producida. "¡Me encantó tu conferencia!", me dijo. "Me llegó al corazón el concepto de ser *ingobernable*". Podía ver que había algo que ocultaban sus ojos que quería salir gritando de su ser, pero no se atrevía. Aquella mujer estaba limitada por el miedo.

Eso me pasa muy seguido: saludo a muchas mujeres saliendo de algún evento y puedo ver en sus ojos la verdadera razón por la que han venido a verme. Muchas se acercan con una sonrisa, pero deprimidas; muy empoderadas, pero casadas con un controlador de lo peor. Siempre hay algo escondido en el interior.

"Yo no tengo el matrimonio más sano del mundo", me dijo en voz baja la mujer próspera. Volteé a verla: "No te preocupes, nadie tiene un matrimonio completamente sano. Cuéntame lo que te preocupa", le contesté.

Resulta que llevaba décadas (repito: décadas) casada con un hombre que jamás le había dado un golpe físico, nunca le había levantado la mano en señal de violencia, no tenía un solo moretón en su piel; pero cuando me platicó lo que le decía, el tono de voz y el volumen con que su pareja la regañaba, me di cuenta de que ella recibía golpizas emocionales, no físicas.

La falta de maquillaje y de producción no era por elección. Su pareja era tan desconfiada, tan irritable y tan abusiva, que se lo prohibía. El hombre traía el dinero a la casa y le daba para todo, pero no le daba permiso ni presupuesto para verse mejor. Su pareja constantemente le hacía pensar que gastar en belleza era innecesario.

Hasta la cuestionaba diciéndole: "¿Pues para quién te quieres arreglar tú si para mí estás bien así?". ¡Imagínate el tamaño de ese *cucaracho*! No hay algo que nos afecte más que saber que existe alguien que intencionalmente limita algún aspecto de nuestro potencial.

En ese momento le dije: "Mamacita, tú eres plato fuerte, plato caro. Nunca dejes que alguien te haga sentir como una guarnición. ¡Tú eres *filete mignon*!". Nunca te quedes donde te tratan mal, solo porque la persona encajaba con tu ideal.

El gran error de esta mujer es el error que muchas cometen sin darse cuenta: nunca le pusieron un alto. Nunca entendieron que quizá crecieron en una casa con un padre que le subía el tono a su madre y al momento de empezar a salir con alguien, enamorarse y casarse, ya venían con un apego programado y les parecía normal.

Quizá cuando tu pareja llegó a casa y encontró la sopa fría y empezó a gritarte, a ser violento, grosero, ofensivo. Tu primera reacción fue decir: "Quizá tiene razón", "¿Por qué soy tan distraída?", "Quizá me lo merezco". ¡No, señor!

Es justo ahí cuando empezaron a domesticarte. Como si fueras un animal diseñado con el potencial de escalar árboles, correr o nadar, empezaste a vivir con el miedo de hacerlo todo mal.

EL TERROR A DESOBEDECER

Y no necesariamente fuiste domesticada por una persona abusiva. A veces fuiste domesticada por una persona extremadamente amorosa, pero muy *preocupona*. Una madre sobreprotectora o un padre con altas expectativas. Creciste domesticada a ser siempre lo que la gente espera, nunca salir del molde, a no incomodar, a no ser una carga, y eso te cortó las alas.

Fuiste contagiada por el *síndrome de la persona perfectita*: la imposible tarea de tener todos los aspectos de tu vida en un estado de perfección. El complejo de tus padres era querer demostrarle a la sociedad que hicieron un buen trabajo en tu crianza por medio de tus impecables calificaciones, escultural apariencia física, finos modales, habilidades sociales y logros deportivos o extracurriculares.

Aunque tenemos mucho que agradecer a nuestros padres, los traumas que nos sembraron no deben opacar nuestro deber de honrarlos. Hay quienes guardan un resentimiento por la manera en la que fueron educados, te enoja recordar lo que tu madre o tu padre te hicieron pasar.

Quizá lo más complicado es reflexionar: ¿cómo habrán sido ellos educados? Toda cadena tiene un origen y quizá el origen se remonta a años, décadas o siglos atrás. Todo fue gracias a un lejano familiar que no conociste jamás.

Cuando me casé, juré que nunca iba a ser un *cucaracho*. Después de todo, yo vengo de una familia en la que mi padre fue "el *cucaracho* mayor" y mi abuelo fue "el *cucarachus máximus*". ¡Tremendos *cucarachos* ambos! Yo me prometí a mí mismo que eso no iba a pasar conmigo. ¿Tú crees que pude cumplirlo? Sigue leyendo.

ANTES DE LAS CADENAS, VIENEN LOS CORDONES

Para convertirte en una verdadera *ingobernable*, es necesario empezar a cortar algunos cordones delicados que se conectan a tus heridas. Te recomiendo este proceso de 5 etapas para lidiar con tus traumas:

#1 Asimila que vienes herida. Si a estas alturas de la vida no estás en el lugar que esperabas estar, no te juzgues. Había mucho que tenías que sanar antes de empezar a avanzar. Tienes que darte cuenta de que hubo comentarios y acciones de parte de tus padres que te dejaron profundamente marcada y no pasa nada.

Deja de hacerte la fuerte y deja de evitar lo que no se puede negar: tus heridas no son culpa tuya, pero sanarlas y no agregar un eslabón más a la cadena de negatividad sí es tu responsabilidad. A partir de hoy: venimos a dejar huella, no cicatrices.

#2 Mitiga el impacto del trauma. Así como no pudiste evitar lo que te pasó, tampoco puedes evitar que lo que viviste haga estragos en tu vida y que la herida sangre de vez en cuando. Desgraciadamente las heridas de los traumas sangran sobre personas que no tuvieron que ver con ellas.

Herimos a las personas a nuestro alrededor, nos volvemos desconfiados, recelosos y delicados. Empezamos a sacrificar un futuro en paz por culpa de un pasado que no podemos dejar atrás. Si no "enterramos al muertito", si no le guardamos su luto y lo dejamos de mencionar, nunca vamos a poder superarlo.

Ya sabes lo que siempre digo: a un buen amor se le guardan 28 días de luto. Lo equivalente a una rehabilitación. Pero a un mal amor, ¿luto? No me le guardas ni un minuto. Adonde te inviten, tú como *brassier* de monja: ¡bien puesta!

#3 Libérate del rencor hacia tu pasada generación. ¿Tu padre los abandonó? ¿Creciste con crisis económica y con dificultad? ¿Nunca te dieron reconocimiento, apoyo o validación? Es momento de dejarlo ir. Deja de repetirlo, deja de justificar todo lo malo en tu vida y convertirlo en culpa de tus padres.

Mucho de ello lo es, pero nada vas a ganar si no sabes perdonarlo. Hay que asumir que nuestros padres hicieron lo mejor que pudieron con la educación que les dieron. Definitivamente no fueron perfectos, pero de eso solo se darán cuenta en retrospectiva. Solo cuando vean atrás podrán juzgar su propia vida. De nada nos sirve reclamarles por una crianza o una educación carente de herramientas o de amor.

#4 Cambia la narrativa. En realidad, todo se trata de la historia que te cuentes. A un trauma lo empodera la historia que le asignes. Quizá llevas hasta hoy asignándole a ese divorcio una historia de fracaso, asignándole a ese mal trabajo una historia de frustración, asignándole a esa paz mental una historia de ansiedad.

El cuerpo humano es un gran comprador de historias. Mientras no cambies esa historia de fracaso a fortalecimiento, mientras no modifiques la narrativa de tragedia y la conviertas en un camino heroico que has tenido que recorrer, nunca vas a lograr crecer.

Según estudios, si pasaste por un divorcio porque te fallaron y ese hombre tenía sus buenos 50 años, usted se puede cobrar con 2 de 25. No lo digo yo, lo dice la ciencia.

#5 Aprende a leer otros traumas. La mayor fuente de conflicto en nuestras relaciones proviene de no saber interpretar la manera en la que otras personas se comunican con nosotros. ¿Tu esposo tiene malos modos? ¿Tu jefa en el trabajo pide las cosas de forma grosera? Paciencia, quizá son sus traumas hablando.

En el fondo de las relaciones humanas, detrás de todas las máscaras que nos ponemos y de las cortesías que mantenemos, hay una realidad que no vemos: solo somos individuos con traumas intentando interactuar con los traumas de otros individuos. No te lo tomes todo tan personal.

Quizá no fuiste criada, fuiste domesticada. Primero por unos padres, luego por una escuela, por otros niños o adolescentes con los que conviviste, por la pareja que hoy tienes o la que alguna vez tuviste.

Es tiempo de cuestionarlo todo. Tus padres hicieron lo mejor que pudieron con las herramientas que ellos recibieron, pero no todo lo que te enseñaron y heredaron era lo correcto. Con todo ese amor y cariño, también te heredaron miedos. Miedo a intentar cosas que incluyeran riesgo, miedo a confiar en los demás y que te vayan a decepcionar, miedo a apostar demasiado.

Fuiste diseñada para mucho más de lo que te dijeron. Yo estoy convencido de que a ti y a mí nuestros padres nos amaron, pero también nos encadenaron. Nos encadenaron a sus sueños, a sus deseos, a sus frustraciones y a su propia imaginación: nos amarraron al único potencial que ellos conocieron.

¡HUYE! EL PASADO SIEMPRE REGRESA PARA PROBARTE

Entre el año 1996 y 1997, una serie de películas de suspenso llegaron al cine causando revuelo entre los adolescentes de la época. Una de ellas fue SCREAM: *grita antes de morir*. Era la historia de un asesino con una máscara blanca y una boca alargada que aún en estos tiempos me genera pesadillas.

Ésta era la conocida fórmula de suspenso en la que el asesino se aparece afuera de la casa del protagonista y lo llama por teléfono; por más que el protagonista intenta huir, el asesino siempre logra esconderse en un armario, listo para acecharlo.

Justo cuando el protagonista se acerca lentamente a la habitación a intentar abrir la puerta (una puerta que todos en la sala de cine sabemos que no debería de estar abriendo) el asesino salta desde el armario detrás de él para atacar.

¡Todos lo sabíamos! Era algo que se esperaba, se sabía, para eso habíamos pagado la entrada del cine, para que nos asustaran; y aun así lo lograban.

A unos meses del estreno de SCREAM, otra película llegó a las salas de cine. Una película que tenía las mismas características, pero un planteamiento aún más macabro, en mi opinión. Era la historia de un grupo de adolescentes que, después de una fiesta universitaria, condujeron por una carretera en estado de ebriedad y atropellaron a un hombre desconocido.

Jurando que estaba muerto e intentando ocultar el fatal crimen, todos hicieron un pacto: jamás se volvería a hablar al respecto. Sería un secreto que todos guardarían. Huirían de la escena del crimen y volverían a sus vidas como si nada hubiera pasado.

Así lo hicieron hasta que, años después, los protagonistas empezaron a recibir extrañas cartas que anunciaban el título de la película: *Sé lo que hicieron el verano pasado*. Era como si cada uno de los protagonistas estuviera siendo perseguido y cazado por su pasado. Cada vez que alguno de ellos recibía una de las cartas, moría a manos de un asesino enmascarado y armado con un gancho de pescar. Parecía como si un fantasma del pasado no los dejara escapar.

Aunque la historia no es más que una película de suspenso, el planteamiento no es del todo equivocado: el pasado siempre regresa para probarte. Ésa es una de las verdades que en este libro me gustaría dejarte. El pasado no es algo que puedas negar, algo que puedas enterrar u ocultar. El pasado no es algo de lo que puedas escapar: no

33

importa cuánto tiempo pase, un día, regresará para ponerte a prueba. Un fantasma del cual pensaste que te habías librado, pero tienes que entender una cosa: el pasado regresa en ciclos. Lo que viviste, lo que te pasó, lo que te hicieron tiene más de una cosa que enseñarte y conforme creces y evolucionas, le vas encontrando mayor significado al suceso. Así como en las películas de suspenso, no es hasta el final que toda la trama se destapa y entonces nos enteramos de la verdad.

El pasado siempre regresa para probarte. Por eso existe una vieja teoría que dice que los exes siempre regresan. Hay quienes afirman que los hombres, sobre todo, siempre regresan. ¿Puedes recordar algún *cucaracho* del pasado que, justo cuando por fin lo habías superado, regresó recargado y aumentado?

Justo cuando por fin habías vuelto a encontrar un poquito de estabilidad, regresó el desgraciado a volver a robarla. ¿Y tú? Ahí vas a caer otra vez. ¡Te encanta el recalentado! Mamacita, a veces, un mensaje de "Hey, perdida" puede significar otros tres años de terapia.

Quizá a ese hombre ya lo habías llorado, ya lo habías superado, ya lo habías enterrado, pero a los pocos días el *muertito* regresó resucitado. Muchas dicen que los hombres son como un *boomerang*: siempre regresan cuando ya los habías arrojado a otro lado.

Dice que ya cambió, jura que esta vez será diferente, pero tú sabes que ese perro miente. Algo le faltó, algo le quedó pendiente, mamacita, tienes que estar atenta y consciente: recuerda, tú tienes más colmillo que diente. Hay hombres que te enseñaron que no importa qué tan buena persona seas, nunca serás suficiente para alguien que no sabe lo que siente.

Si tú por fin lograste sacarte a ese alacrán del calzón, pero está buscando la manera de regresar a tu corazón, te comparto las 5 razones por las cuales los amores del pasado siempre regresan:

#1 Porque no soportan verte feliz sin ellos. Si me preguntas a mí, yo te diría que el peor tipo de insecto, el más aterrador y repugnante, es el que vuela. Así también en el amor: el peor tipo de *cucaracho* es el que cuando te ve feliz, disfrutando, justo cuando se da cuenta de que lo estás superando, regresa volando.

Aun y cuando te lo dijo y te lo repitió: "Estoy buscando a alguien en mi vida que no eres tú", aun y cuando te engañó, te humilló y te mintió. Aun quizá cuando le pediste por favor que tomara distancia y no te buscara: regresará el animal volando.

Son de esos que realmente no saben lo que están buscando y cuando se dan cuenta de que les será imposible encontrarlo, regresarán a tu vida llorando. Diles: "Qué lástima, papacito, hay quienes pudiendo tener caviar fueron a buscarse frijoles". Aquel que no supo valorarte ha llegado la hora de que aprenda a extrañarte. ¡Deja de rebajarte!

NI ÉL ES PARA TANTO, NI TÚ PARA TAN POCO.

Interpreta su regreso por lo que es: hay personas tan narcisistas, que buscan tener el control total de tu felicidad. No soportan la idea de que no los necesites para continuar. Quieren ser dueños de tu paz y de tu felicidad. ¡No, señor! Tienes que ser fuerte y no dejar entrar a ese pasado.

#2 Regresan, porque se conformaron contigo. Hay personas que tuvieron la fortuna de tu compañía, pero realmente no sabían lo que tenían. Parejas con las que quizá estuviste tanto tiempo, que se acostumbraron a lo bueno. Dejaron de apreciar la bendición que eras para su vida y decidieron buscar la salida.

Te dejaron triste, enojada y dolida. Haciéndote preguntas en el espejo: "¿Qué hice mal?", "¿Qué le faltó?", "¿Qué pude haber hecho distinto?". Mamacita, aprende a vivir en paz con una explicación que nunca recibirás. Desgraciadamente, esa persona que te cambió algún día regresará. Siempre regresan de una forma u otra. Dile: "Qué lástima, *cucaracho*, al pan pan, al vino vino; tú te fuiste, pero tu amigo vino".

Aun y cuando ese *cucaracho* se fue y probó suerte en otro lado. Aun cuando desapareció un mes, una semana o un año. Qué dijo aquél: "No funcionó con mi nueva pareja, pues ni modo, regreso con mi pendeja". ¡No, señor!

Si ese hombre tomó la postura de "Más vale mala por conocida que buena por conocer", no cometas el grave error de regresar con él. Dile: "Ni se te ocurra acordarte de mí el día que te den menos de lo que yo te di". ¡Y vámonos!

Si algún día te llama para buscarte, le contestas, porque no eres grosera. Si pregunta por ti diciendo: "Hola, ¿se encuentra Karla?". Le dices: "No, no se encuentra, pero habla Estefi". Te va a decir: "¿Estefi qué?". "Este filete ya no es pa' ti". ¡Y vámonos!

No te coloques a ti misma como el premio de consolación de una persona que se fue a probar suerte por otro lado y la única razón por la que regresó es porque no le funcionó. Te mereces un amor completo, no te conformes con las migajas.

#3 Regresan solo por remordimiento. Hay rupturas, divorcios, separaciones dolorosas. A veces te dejan heridas profundas. No en todos los casos existe infidelidad, mentira o traición. A veces simplemente ambos tomaron la decisión. Pero sin duda, cuando alguien en la pareja lastimó al otro, cuando hubo alguien humillado, que terminó con el corazón hecho pedazos, existe un remordimiento profundo en el corazón del *cucaracho*.

Esos son los hombres que no regresan porque se arrepintieron, a veces ni siquiera piensan que hicieron algo malo, éstos son los *cucarachos* que regresan porque necesitan una aspirina emocional, necesitan quitarse el sentimiento de que fallaron. No volvió porque cambió, volvió únicamente porque se arrepintió.

> SE DICE QUE LOS MUERTOS RECIBEN MÁS FLORES QUE LOS VIVOS, PORQUE EL REMORDIMIENTO ES MÁS FUERTE QUE LA GRATITUD.

Si uno de ésos regresa, no les compres la excusa. Diles: "Ni creas que nací ayer criatura, yo traigo más calle que el camión de la basura". A otro perro con ese hueso.

Regresar por remordimiento es lo mismo que regresar por lástima. No siempre una persona que te deja lo hace porque tiene mal corazón. A veces son personas sensibles y la transición de perderte les afecta al grado de hasta considerar regresar.

Este mundo está lleno de claroscuros: personas que nunca te serán fieles, pero no quieren lastimarte. Individuos que te mienten a la cara, pero lloran de la humillación cuando son descubiertos. Mujeres y hombres que te hicieron perder tiempo en una relación pero no quieren romperte el corazón.

#4 Porque no saben estar solos. No estaba enamorado de ti, estaba enamorado de la costumbre y de la comodidad. Este tipo de personas no quieren una pareja que los ame, están buscando a una mujer que los cuide como si fuera su madre. Que le cumpla los caprichos, que le aguante todas.

Usualmente estas personas valoran más la costumbre que el amor, la comodidad que el cariño. Regresan porque, aun y cuando en esta relación no había amor, al menos había compañía. ¡No, señor!

¿Tú conoces a personas que jamás han sido realmente solteras? Hay quienes han pasado de relación en relación, como si fuese una cadena interminable de personas que le sirven como una red de seguridad que los protege de una sola cosa: la soledad.

Hay quienes no se soportan a sí mismos en la soledad. Se desesperan, imágenes terribles visitan su cabeza, se aburren demasiado consigo mismos y buscan distracciones que les permitan huir de esos lugares en donde tienen que enfrentarse a sus propias voces.

La soledad es hermosa cuando sabes disfrutarla. Cuando te puedes dar la oportunidad de ir al cine sola, de pasear a tu mascota sola por el parque, de cocinar para ti misma o arreglarte para estar en tu casa.

> ## PRESÚMETE, MAMACITA, TU TRABAJO TE HA COSTADO.

Una de las cárceles más duras de romper cuando dejas ir a una persona es el miedo constante a "no encontrar quién me quiera igual". A veces nos acostumbramos a migajas de cariño por miedo a no encontrar un amor pleno. Mamacita, nunca te quedes con quien te haga sentir como una *salsita verde*; tú eres el guacamole completo.

#5 Regresan porque no te han superado. Cuando una persona se va de tu vida, a veces se da cuenta de que tomó una decisión permanente basado en unas circunstancias momentáneas. No se dio cuenta de lo valiosa que era tu compañía hasta que empezó a vivir sin ella.

Hay gente que no sabrá lo que hacemos por ella, hasta que dejemos de hacerlo. Es por eso que, aun y cuando una persona te dejó ir, se mantendrá en tu radar, interrumpirá tu proceso de sanación y no quitará su dedo del renglón. Son personas que te quieren, pero no saben realmente para qué te quieren.

Mamacita, no puedes culparlos. Si tú fueras tu ex, tampoco te superarías. Quizá fuiste mucha dinamita para una mecha tan cortita. Hay que aprender a reconocer cuando una persona regresa motivada por su ego y estar alerta de aquellos que regresan porque tienen un trofeo pendiente, una cuenta por saldar que no tiene nada que ver con amor, es puramente orgullo.

Recuerda, el pasado siempre regresa para probarte. Tú decides si vale la pena abrirle la puerta. Una cosa sí es importante que sepas: si al regresar con un amor del pasado estás esperando encontrar a una persona nueva, renovada, santificada, estás buscando en el lugar equivocado.

No todos maduran con los años, hay gente que solo madura con los daños. Si vas a regresar con un amor del pasado, es porque ya conoces su mejor y su peor, y estás dispuesta a vivir con eso. Cuando un amor del pasado regresa, no creas que lo hace porque te ama. Hay gente que lo único que ama es el poder que tiene sobre ti.

¿Por qué los exes siempre regresan? Por la misma razón que regresan los traumas, las inseguridades, los miedos y la ansiedad. Para mostrarte que siguen teniendo poder sobre ti.

> LO QUE TE LASTIMA REGRESARÁ A TU VIDA
> HASTA QUE APRENDAS A PERDONAR.
> LO QUE NO PUEDES CONTROLAR REGRESARÁ
> A TU VIDA HASTA QUE APRENDAS A SOLTAR.
> LA GENTE NECIA REGRESARÁ A TU VIDA HASTA
> QUE APRENDAS A TENER PACIENCIA.

¿Cuál es la lección que la vida quiere mostrarte al traer de regreso a esos fantasmas emocionales? Quiere que aprendas a derrotarlos, antes de llevarte a batallas más grandes.

LA DEUDA EMOCIONAL: ¿SIGUES PAGANDO INTERESES?

No siempre es fácil detectar las cadenas que traemos colgando del pasado. A veces son tan imperceptibles que se esconden en lugares muy discretos: como tu tarjeta de crédito.

Cuando era joven, tenía una relación muy tóxica con mi tarjeta de crédito. Por alguna razón, sentía que la línea de crédito de mi tarjeta era prácticamente dinero gratis. Algo en mí creía que era interminable. Si gastaba mucho en mi tarjeta, no era mi problema: ese era un problema para el *Jorge del futuro*. "Que él se las arregle para resolverlo", pensaba.

Yo era un especialista en llegar al límite de mis tarjetas y luego sentir la adrenalina a final de mes para lograr cubrir el saldo mínimo y poder seguir usándola. Debía todo. Cuando te digo todo, es literalmente todo: el auto que manejaba, la casa en la que vivía, la ropa que me ponía, los lugares a los que iba, incluso lo que comía era propiedad del banco.

Antes de casarme, era una deuda andante. Un día renté una película en Blockbuster, el viejo modelo de renta de películas VHS: nunca la regresé. Aún tengo *La boda de mi mejor amigo* en mi casa y aun cuando la empresa quebró hace algunos años y ya no existe Blockbuster, estoy seguro de que aún me están buscando para cobrarme. Nunca me encontrarán.

Sé que quizá tú que compraste mi libro eres una persona muy próspera, quizá hasta millonaria, ¿pero alguna vez te has endeudado hasta el punto de casi declararte en bancarrota?

Quizá tú, como yo, alguna vez fuiste a comer a un restaurante y después de pedir todo lo que se te antojaba (porque según tú "te lo merecías"), entregaste tu tarjeta de crédito al mesero con la mirada llena de fe y esperanza, la fe como la de un granito de mostaza, con la ilusión de que la tarjeta fuera a pasar. "Dios, haz un milagro esta noche", susurraste hacia tus adentros mientras la mesera la insertaba en la terminal. "Convierte el vino en agua, Dios, es más barato".

Sabes que esa tarjeta no va a funcionar cuando hasta le das instrucciones especiales al mesero: "Si no funciona, frótese la tarjeta en sus *jeans*, a veces así funciona". No queda nada.

No sé por qué, pero hay meseros que parece que disfrutan anunciar a los siete vientos cuando una tarjeta tiene fondos insuficientes.

Lo dicen frente a toda la mesa, lo dicen en voz alta, parece que hasta lo gritan para que todo mundo sepa que eres una persona en el filo de la pobreza: "¡No pasa! La tarjeta no pasa. Aquí dice que la tarjeta tiene FONDOS INSUFICIENTES".

Hasta eleva el tono de voz para que no quede duda: "¿Tiene otra forma de pago? Porque en esta tarjeta tiene usted FONDOS IN-SU-FI-CIEN-TES". Lo recuerdo y aún me da escalofríos.

Deber es una experiencia que te muestra mucho de tu propia naturaleza. Aprendí valiosas lecciones sobre la deuda, en mi época de morosidad. Por ejemplo: nunca tomes un taxi cuando no tienes el monto suficiente para pagarlo.

He presenciado de primera mano a un taxista retroceder en el camino que ya había recorrido, solo para dejarme en el lugar hasta donde me alcanzaba mi dinero. El hombre prefirió gastar doble gasolina para probar un punto.

Cuando vives con deuda, todo lo ves en términos de dinero. Es muy difícil vivir o disfrutar una experiencia sin pensar en cuánto va a costar, sin cargar con el miedo a no tener suficiente para pagarlo. Inclusive hasta te condicionas a disfrutar menos, a pedir siempre menos, a aspirar a menos y a merecer menos. Pero la deuda de la que más deberías preocuparte no es la deuda económica, sino la deuda emocional.

UNA DEUDA EN EL CORAZÓN

Aun y con todo lo difícil que puede ser una deuda de dinero, no hay deuda más pesada que la deuda emocional. Para esa no existe un monto o una cantidad que puedas pagar y te puedas liberar. Ésa te acompaña desde muy temprana edad y con los años se va acumulando.

Esta deuda es una de las cadenas más pesadas a las que este libro te llevará a enfrentar. Mucho de lo que no has tenido la valentía de intentar proviene de la deuda emocional.

Cuando era un adolescente, presencié de primera mano el momento en el que mi padre se fue de casa. Fue una noche como cualquier otra. Recuerdo que nos sentamos todos a la mesa, mi madre nos preparó la cena y mientras la servía, mi padre tomaba una cerveza con un vasito de tequila a un lado.

Mis padres llevaban meses conviviendo de forma incómoda. Había noches en las que el ambiente era tan frío y tan filoso entre ambos, que mis hermanos y yo preferíamos callar. Sentíamos que cualquier sonido podía hacer caer el alfiler que detonaría una guerra nuclear.

Esa noche, después de la cena, mi madre se despidió para irse a la cama. Mis hermanos y yo nos levantamos de la mesa y nos fuimos todos a dormir. Recuerdo ser el último que llegó a despedirse de mi padre mientras me servía un vaso de agua.

Nunca olvidaré la escena de él abriendo su laptop del trabajo sobre la mesa del comedor mientras se servía otra cerveza y otro tequila para acompañarlo. Nunca iba a imaginar que ésa sería la última vez que mi padre volvería a poner pie en su propio hogar.

Mis hermanos y yo estábamos dormidos cuando escuchamos el primer estruendo: era mi madre azotando paredes y gritando como nunca la habíamos visto: "¿Qué es esto?", "¿Crees que me vas a ver la cara de estúpida?", "¿Me crees una pendeja?", esbozaba mi madre con una rabia que no sabíamos que tenía.

Mi padre gritaba defendiéndose y aplicando una vieja técnica de *cucaracho*: negarlo todo. "¿De qué hablas?", "¡Estás loca!", "¡Estás inventándote cosas!" (Recuerda: la gente más tóxica es la que te hará pensar que la tóxica eres tú). Mi madre estaba hirviendo entre una mezcla de furia y profunda humillación. "¡Lárgate de esta casa!", le gritaba, mientras mi padre contestaba de forma retadora: "¿Quieres que me vaya? ¡Pues me voy! Pero si me voy, ¡no voy a regresar!". Una amenaza que en el fondo nunca imaginamos que llegara a cumplirse.

No era la primera vez que discutían. A lo largo de sus años de matrimonio, mis hermanos y yo habíamos sido testigos de periodos en los que tuvieron problemas. Recuerdo que por un par de meses, mi padre se fue a vivir con mis abuelos y pasaba por nosotros cada fin de semana para vernos.

Recuerdo que en esos tiempos nos llevaba a museos, a zoológicos, a centros comerciales, lo que fuese necesario para pasar tiempo con nosotros. Fueron tiempos difíciles para mis padres, pero para nuestra mente inocente eran tiempos divertidos. Nunca nos enteramos de las razones por las que habían discutido.

Pero ese día, la discusión fue diferente: con el tiempo nos enteramos de que mi padre había salido al patio de la casa a hacer una llamada telefónica y mi madre había escuchado desde una ventana la conversación. Ya sabes lo que siempre digo: el ojo de loca no se equivoca.

Hasta hoy, no sé qué pudo haber escuchado mi madre, pero fue la gota que derramó el vaso. Mi padre nunca volvió a la casa y nuestra vida nunca fue la misma. Esa fue la firma en la línea punteada de un crédito emocional que no sabía que estaba abriendo. ¡Iba a ser un crédito caro!

¿Tú recuerdas uno de esos momentos en tu vida? Una situación a partir de la cual inició la carencia. Quizá recuerdes el día que tus padres llegaron emocionados a platicarte de un negocio nuevo en el que iban a invertir, sin saber que eso iba a drenar las finanzas de tu casa. Quizá recuerdas cuando ese diagnóstico médico llegó a tus manos y fuiste al médico solamente a "una revisión de rutina", nunca volviste a ser la misma.

Tal vez aún repites en tu mente esa escena: llegando a la cena navideña del trabajo de tu querido esposo, con el que llevabas años de feliz matrimonio y un par de hermosos hijos: "Mi amor, te presento a Cecilia, es mi nueva asistente". ¡Quizá estrechaste la mano, abrazaste o inclusive sentaste a la mesa de tu casa a la persona con la que te iban a engañar! "Querida socia", pudiste haberle dicho.

En ese momento no sabías que tu pareja te iba a mandar directo al departamento de crédito emocional, en donde solo una pregunta te queda por formular: "¿Qué hice mal?", "¿En qué fallé?".

Un crédito emocional es una deuda que tu corazón tiene: sientes que la vida te debe algo. Si fuiste una madre muy joven y tuviste que sacar adelante a un bebé mientras todas tus amigas se divertían, sientes que la vida te debe juventud.

Quizá creciste esforzándote por dinero por la crisis en tu casa y sientes que la vida te debe algo de comodidad. O físicamente: a veces ves a tus amigas y todas están bien buenonas pero tú, pues lo que tienes es pura salud; bendito Dios. ¡Sientes que la vida te debe algo!

Hay 10 tipos de deuda que puedes traer cargando y ni siquiera te has dado cuenta:

1 Deuda por abandono: te faltó compañía, la soledad se convirtió en tu enemiga.

#2 Deuda a tu autoestima: te faltó amor propio, sentirte valorada, apreciada.

#3 Deuda de salud: creciste sin poder llevar una salud física plena y normal.

#4 Deuda de paz: fuiste atormentada emocional o físicamente, nunca tuviste calma.

#5 Deuda laboral: por más esfuerzos, nunca lograste estabilidad laboral.

#6 Deuda económica: tus finanzas siempre fueron una limitante.

#7 Deuda amorosa: nunca encontraste un acompañante de vida.

#8 Deuda espiritual: te alejaste de Dios y sientes un vacío en el alma.

#9 Deuda por duelo: perdiste a alguien muy querido y aún cargas con eso.

10 Deuda de incertidumbre: la vida te dejó muchas preguntas sin respuesta.

Con los años me di cuenta de que cuando mi padre se fue de casa, no solamente había quedado endeudado de su abandono, mi autoestima abrió su propio crédito emocional: empecé a sentirme insuficiente, subestimado.

La deuda económica vino fuerte: mi familia había perdido su sustento, yo era el hijo mayor y me sentía responsable por sacarlos adelante. La deuda de paz y la deuda de incertidumbre se convirtieron en mi pan de cada día. Hay situaciones que atravesamos que, sin darnos cuenta, nos dejan realmente endeudados.

Pero hay algo hermoso en todo eso: el glorioso momento en el que te das cuenta. Hay heridas que te abren la piel y heridas que te abren los ojos.

Verás, hay personas que hoy están viviendo un problema de amores. Quizá estás en una relación tóxica, de abuso o de profunda infelicidad, sabes que tienes que huir de ahí pero sientes que no tienes el valor. Te juzgas y te castigas a ti misma por seguir buscando medicina en el mismo lugar en el que te enfermaste.

Hay quienes poseen una pésima cultura financiera: no saben administrarse. Quizá conoces a quienes tienen un problema con la comida, con su peso o con una ansiedad que no pueden controlar y se juzgan por su poca fuerza de voluntad.

Pero cuando te das cuenta de que tienes una deuda emocional, lo entiendes todo: no es tu culpa. Hay una deuda que te está persiguiendo desde hace años y aun hoy ha encontrado maneras de seguir cobrándote.

Deja de castigarte a ti misma, deja de flagelarte. La deuda te ha dejado limitada, herida y mientras no la atiendas, seguirás sangrando del lugar en el que te hirieron. Por eso hay gente cuya salud, justo después de su separación, empieza a mejorar, su trabajo empieza a prosperar, nuevas amistades comienzan a aflorar.

Te deshaces de un peso, de una deuda, cierras un capítulo y muchas áreas de tu vida se liberan. ¡Es tiempo de cerrar esa línea de crédito! Ya pagaste suficiente, ya te costó demasiado, esa deuda lleva años queriendo gobernarte. ¡No más!

Las deudas emocionales son muy parecidas a una deuda de tarjeta de crédito. Las tarjetas de crédito, en muchos bancos, tienen una política muy rígida. Cuentas con un plazo fijo para realizar tu pago antes de empezar a generar intereses. Una vez que ese plazo expire, el banco empezará a llamar a tu teléfono celular, empezará a buscar a tus conocidos, se pondrá en marcha su sistema de cobranza. Empezarán una cacería hasta encontrarte y cobrarte ese dinero.

Pero quizá el mecanismo más obvio que activarán será el cobro automático: todo lo que se deposite a tu cuenta de débito, así sea tu sueldo mensual, un regalo, un bono, un ahorro, una herencia, todo será absorbido por la tarjeta de crédito en automático, como una aspiradora. Ni siquiera te advertirán, simplemente, lo tomarán.

¿Te has preguntado por qué, aun teniendo un trabajo bueno y bien remunerado, a veces sientes que no eres feliz? ¿Has notado cómo, aun teniendo una pareja buena, que amas, que te respeta y te trata bien, sientes que te falta algo en tu relación? Tienes quizá todo lo que habías soñado tener, pero nada te llena, nada te hace sentir feliz. Es la deuda. Todo lo bueno que te llega lo está absorbiendo y tú sigues pensando qué hay algo mal contigo. ¡Estás endeudada!

¿QUIERES SALDAR ESA DEUDA EMOCIONAL?

EMPIEZA PERDONANDO

Perdona, aunque nunca te hayan pedido perdón. Perdona aunque la persona que te lastimó todavía piense que no hizo nada malo. Perdónalo aunque te mueras de ganas de golpearlo con un palo.

Perdónalos para cortar la cadena que te mantiene atada a ellos. Perdona eso que ocurrió hace diez o veinte años y sientes que ya has sanado pero nunca realmente has perdonado. Perdona eso que hace que te hierva la sangre cuando te acuerdas, eso que no le cuentas a nadie pero en las noches todavía te atormenta antes de dormir.

Perdona para que puedas desprenderte, para que puedas empezar a vivir.

Si te cuesta tu paz, es demasiado caro.

Perdona.

¿CÓMO PERDONAS LO IMPERDONABLE?

EL RECESO

Para una clase de matemáticas o de inglés, dos maestras eran suficientes en mi salón de clases de la infancia; pero para controlar un receso, todas las maestras del colegio se dividían como un ejército. Cubrían las salidas, las *resbaladillas*, el área de bicicletas y la cancha de fútbol para intervenir de inmediato en caso de un accidente o una pelea.

En tus primeros años escolares, el receso es la materia favorita de todos. A esa edad, la principal función de ir a la escuela es aprender a convivir en sociedad, hacer amigos, conocer tus límites y tus emociones, mucho antes que aprender a sumar o restar. El receso es, de algún modo, la materia más complicada, porque es cuando más se retan las habilidades sociales de los alumnos. A los cinco años, antes de enseñarte caligrafía y números, te enseñan a ser humano, a convivir, a ser una persona útil.

El receso fue una materia difícil para mí.

EL NIÑO QUE ODIABA EL RECESO

Hace unos días, mi esposa y yo fuimos a cenar con una pareja muy cercana a nosotros, Eduardo y Ángela. Eduardo es amigo de mi infancia y, por supuesto, testigo de mi experiencia siendo el niño más molestado de la primaria.

—A ver, tú, que sabes mucho sobre esto —me dice Eduardo—, necesitamos tu consejo.

Entre los dos empezaron a contarme de lo preocupados que estaban por su hijo mayor, Sebastián, que tenía solo cinco años. Mientras me contaban, no pude evitar recrear en mi cabeza cada personaje, cada escenario, cada olor, cada sentimiento de mi propia historia; estaba volviendo a vivirlo a través de Sebastián. Reviví todas las emociones: enojo, humillación, el rechazo que vive un niño víctima del bullying.

En todas las generaciones escolares, es normal encontrarnos con, por lo menos, un niño reprobado en la materia de receso: el más despiadado de todos, ese que quita triciclos, que decide quién puede jugar a las escondidas y quién no; ese que reparte los permisos para subirse a los juegos del patio. *Un niño cucaracho.* En esta historia, Adriancito es el niño *cucaracho.*

45

Había un pequeño triciclo rojo cuyo único encanto era ser motivo de disputa entre Adriancito y Sebastián. Cuando hacían fila para salir en orden al receso, Sebastián corría hasta adelante para ser el primero en salir y correr directo al triciclo; estaba harto y enojado con Adrián porque éste se regodeaba frente él con cara de satisfacción cada vez que ganaba el triciclo; era frustrante.

A Sebastián le encantaba jugar a las escondidas con sus amigos y pintar con gises de colores el piso, pero ese enojo que Adrián le producía era tan real que estaba dispuesto a perderse todos los recesos y dejar a un lado los otros juegos con tal de no permitir que Adrián volviera a monopolizar ese triciclo.

A la primera oportunidad, Sebastián corrió al triciclo y ya no se bajó. Se detenía a tomar agua mientras tomaba el triciclo fuerte y firmemente del manubrio para asegurarse de que nadie se lo quitara. Sebastián moría por ver a Adriancito, el *bully*, sufrir, quería que aprendiera su lección.

A Adriancito simplemente ya no le interesaba, mientras que a Sebastián le interesaba demasiado.

¿Te ha tocado quedarte con la peor parte de un agravio? Que después de que alguien te ofendió, te trató mal o te humilló, sales al patio de la vida enojada y buscando la venganza. Quieres desquitarte, demostrarle al otro que se equivocó, probar tu punto pero, sobre todo, quieres que sufran un poco de lo que tú sufriste.

Una de las conversaciones más frecuentes que tengo cuando una mujer me platica en mis conferencias que vivió una infidelidad o una traición, es sobre la venganza. El sentir que nos quedamos con la peor parte de un mal negocio nos lleva a querer cobrarnos *a la mala*, a veces hasta en especie: ojo por ojo, diente por diente; un error del que siempre te arrepientes. He platicado con mujeres que, en venganza, deciden irse a probar otras carnes; a uno más joven o a uno más grande, pero nada de eso puede llenar el vacío.

Nada justifica el hecho de que te hayan traicionado, que te hayan robado, humillado, maltratado, cualquiera de las injusticias que se hayan cometido en tu contra; pero de una cosa estoy seguro: quien te ofende es realmente quien se queda con lo peor, porque lo peor vive en ella o en él. A veces el sentimiento que esas personas se merecen no es el enojo sino la lástima.

Nadie sabía realmente la situación que atravesaba Adrián en casa. Él vivía con su madre, soltera y muy ocupada todo el tiempo. La madre dedicaba el día a trabajar y la noche a salir a pasear, era una mujer muy joven que seguía construyendo con descuido su propia vida, mientras atropellaba la infancia de su hijo.

A la hora de la salida de la escuela, a Adrián lo recogía alguien diferente cada día de la semana; se repartían los días entre la abuela materna, la abuela paterna, la madre, el padre, el novio de la madre y una tía. Adrián llegaba tarde todos los días, la tarea nunca estaba hecha, llevaba *lunch* esporádicamente y siempre traía los calcetines húmedos. Casi todos los días llegaba con unas ojeras que revelaban su cansancio y un horario de sueño descuidado. Todos los días llegaba herido. Abandonado.

Fuera de ese patio de receso, había tan pocas cosas en la vida de Adriancito que podía controlar, que el hecho de que alguien le ganara ese triciclo era algo que no quería aceptar.

Las personas que lastiman son las que más miedo tienen de ser lastimadas. Se anticipan y se defienden, y en esa defensa excesiva y no justificada, lastiman. Las personas no nacen malas; las personas crecen lastimadas, tienen miedo y hacen actos malos en respuesta.

Sebastián tenía que entender a muy corta edad varias cosas, por su bien.

#1 Cuidado: las personas lastimadas lastiman
#2 Perdonar es una oportunidad que la vida te da
#3 Cada quien recibe su dosis de problemas, no compres ajenos
#4 Recuerda: nada es personal

#1 LAS PERSONAS LASTIMADAS LASTIMAN

¿Alguna vez has tenido que instruir a tus hijos sobre enfrentar a un *bully*? Cuando escucho historias de este estilo mi primer instinto es que si a mi hijo le toca vivirlo alguna vez, le diría: "Hijo, no te dejes, ¡defiéndete!". Me atrevo a afirmar que todos reaccionamos a la defensiva cuando vemos a los nuestros amenazados.

No voy a negarlo: defenderse es quizá el mejor consejo que le puedes dar a alguien que recibe una agresión; pero decimos "defender"[1] con tanta ligereza que ni siquiera pensamos en la forma en que debemos defendernos, y es precisamente la ejecución lo que define su eficacia.

Empecemos con la definición del diccionario de "defender"[1]: *Mantener, conservar, sostener algo contra el dictamen ajeno. Amparar, librar, proteger.* "Proteger" es la palabra clave, "defensa" es una acción pasiva. La defensa, como la procesamos en la mente de forma automática, es una protección activa que se traduce en un ataque de la misma medida de la agresión. Queremos lastimar en la misma medida en la que nos lastimaron. Seguido asociamos la defensa a reaccionar con insultos, ofensas o golpes.

---

1 Asale, R. (s. f.). *Defender | Diccionario de la Lengua Española.* "Diccionario de la lengua española". Edición del Tricentenario. https://dle.rae.es/defender?m=form RAE. https://dle.rae.es/defender?m=form

Pero la defensa que realmente sirve no se ejerce con una espada en mano, sino con un escudo grande y resistente. Defenderse es cuidarse para que los ataques de otros no te alcancen. De poco te servirá gastar tu fuerza y habilidad en contraatacar. Mamacita, que te resbale, hazte inmune a la agresión, vuela en un cielo superior.

Si una persona no está a tu altura, no seas tú la que se agache.

¿Pero cómo se defiende uno en la vida real si no es con un escudo del material más resistente? La respuesta es: con trabajo interno, fortaleza mental y poder espiritual. Creando un mecanismo para no permitir que el daño llegue a ti; cuidando que ese corazón no se convierta en una fuente de agresión sino en un repelente de todo lo que venga a afectarlo. Michelle Obama solía decir: "Cuando ellos golpean bajo, nosotros pasamos por arriba".

Defendernos no nos hace malas personas, pero dejarnos herir es renunciar al valor que recibimos cuando nacimos. Tú eres hija de un Rey. Dejar que pasen por encima de esa corona es no valorarla. Sin embargo, el extremo de darte a ti misma la tarea de educar, castigar o dar merecidos es hacerte responsable del comportamiento de los demás. Soltar todo eso, dejar de tomarlo personal, dejar de cargar con lo que te duele y entender que los demás, así como tú, están viviendo su propio proceso, es liberador.

La gente que no está en paz consigo misma estará en guerra con el mundo entero.

Cuando entendemos que la gente lastimada lastima, nos damos cuenta de que somos vulnerables a repetir el ciclo. Lo que hacemos para defendernos de quien nos humilló, nos engañó, nos falló o nos agredió puede transformarse rápidamente de defensa a venganza; y en un instante, la persona agredida se convierte en agresora.

La venganza pasiva, en cambio, se inclina por darle demasiada importancia al agresor. ¿Te fallaron? ¿Te engañaron? Quieres desquitarte con un mejor cuerpo. Al día siguiente pagas 24 meses de gimnasio por adelantado, duplicas tus horas de terapia, más meditación, más vida social. Quieres mostrarle al mundo y a la persona que te lastimó que te va mejor. Pero si todo esto lo hacemos por venganza, ni será efectivo ni será duradero.

En tantos "le demostraré de lo que se perdió" se te fueron meses enfocados energéticamente en esa persona, dejaste de actuar por convicción propia y empezaste a actuar esperando una reacción de parte del otro.

Cuando la princesa Diana de Gales descubrió que había sido engañada incontables veces, pudo haber tomado el camino fácil: caminar un par de pasos fuera de su casa hasta donde estaban apostados reporteros y fotógrafos de todos los diarios del Reino Unido y ventilar el escándalo. Dar todos los detalles de las travesuras de su marido,

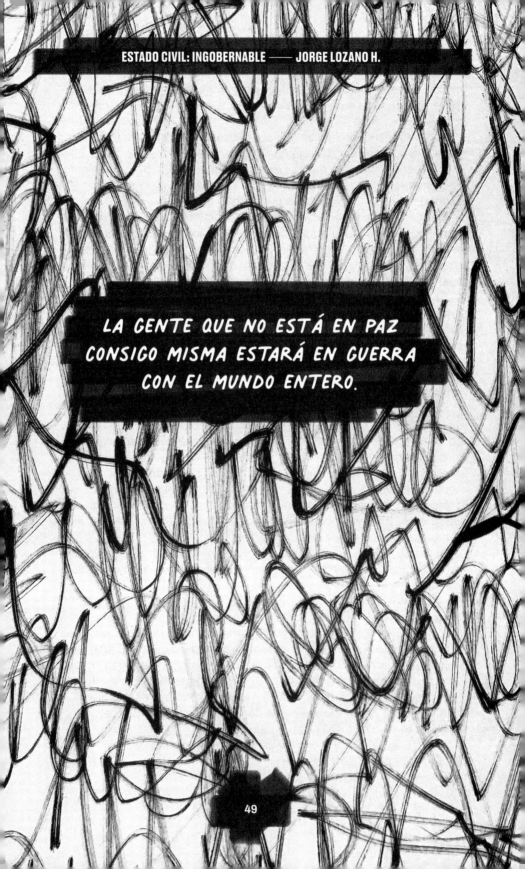

LA GENTE QUE NO ESTÁ EN PAZ
CONSIGO MISMA ESTARÁ EN GUERRA
CON EL MUNDO ENTERO.

mostrar pruebas, llamar al linchamiento público, al final del día, ella tenía la verdad de su lado. Sin embargo, ella optó por una venganza más elegante.

Al día siguiente de que se destapara el escándalo, Diana tenía una aparición pública programada en Cannes. De nuevo, pudo haber optado por el camino fácil que hubiera sido cancelarla; pero prefirió una alternativa más elegante. Decidió, no solo asistir, sino modificar el guardarropa que tenía previsto para el evento.

De ir con un sobrio vestido de la firma Valentino en color blanco, Diana optó por un vestido que llevaba tres años en su armario guardado. La prensa lo llamó "el vestido de la venganza". Negro, corto, elegante y despampanante. La prenda, obra de Christina Stambolian, aparecería en todas las portadas y se convertiría en un ícono.

El diario *The Telegraph* lo llamó "la pieza de resistencia" y "posiblemente el vestido más estratégico jamás usado por una mujer en tiempos modernos". Mamacita, te pudo haber fallado un mal amor, una amistad profunda te pudo haber traicionado, te pudieron haber robado, criticado, juzgado injustamente, pero siempre tendrás la elección de cómo aparecerte al día siguiente. Elige vestirte de confianza. Tú no fallaste, te fallaron; no tienes nada de qué sentirte humillada.

Quizá sea la hora de que vayas confeccionando tu propio *vestido de la venganza*. Vístete de orgullo, valor propio, autoestima y seguridad; en lugar de verte enferma de rencor, llena de odio y ansiedad, te quiero ver enferma de vanidad.

Si el tóxico habla mal de ti a tus espaldas, recuerda: cuando la ignorancia habla, la inteligencia calla. No te rebajes al nivel de quien te critica con cobardía. Hay comentarios que no merecen respuesta, tu tiempo vale más y honestamente no les alcanza. Aquel que ya robó tu paz no merece que le entregues más.

Si lo que buscas es desquitarte de un mal amor por algún motivo, te dejo estas 4 venganzas que puedes implementar para quien jugó contigo:

- **No hay peor violencia que tu indiferencia:** sé que quieres ir a lanzarle huevos a su casa y gritarle: "¡Por los huevos que te faltan *cucaracho*!", pero un hombre que te vio como un juego no vale ni el costo del huevo. No le dediques ni un segundo más de tu atención a ese viejo panzón. Aunque bloquear de tus redes a quien te hizo daño es muy sano, a veces ni es necesario. Al contrario, dile: "Bloquearte te haría sentir muy importante. Mejor te dejo en visto y que te bendiga Cristo". ¡Y vámonos! Hazle caso a mi sugerencia y castiga a ese hombre con tu indiferencia.

- **Aprende a estar bien contigo:** sé lo que estás pensando. "Pero, Jorge, ¿y si mejor me agarro a su mejor amigo?". ¡No, señor! Sé que quieres calmar tu sed de venganza merendándote a su amigo de confianza, pero eso no llenaría tu vacío, al contrario, sería considerado por él como un desafío. Ojo por ojo deja al mundo ciego. Necesitas aprender a vivir en paz con una explicación que nunca recibirás. Libérate de lo que te hizo daño y a él, que se lo chupe el *karmavirus*.
- **Reaparece renovada:** nada le duele más a un desgraciado que saber que ya lo has superado. Que sus amigos te vean caminando por ahí y digan: "Mira, hasta se ve más feliz, despreocupada". Recuerda, a un buen amor se le guardan 28 días de luto, pero a un mal amor, luto, no se le guarda ni un minuto. Que tu felicidad sea tu mejor venganza. Aunque a veces se ponga difícil la vida, te quiero como prueba de embarazo: positiva.
- **Que te vea en buena compañía:** y no estoy diciendo que te busques a otro hombre todavía, pero muchos hombres, cuando pierden a alguien por sus propios errores, tienen un miedo llamado en inglés FOMO, *Fear Of Missing Out*: el miedo a perderse de cosas. Si ve que seguiste con tu vida, que estás feliz y que te estás divirtiendo, empieza a revaluar todo lo que se está perdiendo. Dile: "Si cuando debiste haber estado, no estuviste, no se vale llorar porque me perdiste". ¡Y vámonos!

Mamacita, hagas lo que hagas, no te quedes con la peor parte. No seas la que se la pasa todo el día buscando cómo vengarse. Al contrario, ya te robó demasiado tiempo como para que te sobre tiempo ahora para dedicarle. Si ese hombre se fue, ojalá que le vaya bien, no vaya a ser que regrese.

Recuerda: el karma no tiene menú, le servirá a cada quien lo que se merece.

#2 OPORTUNIDAD DE PERDONAR

Nadie puede decirte que tienes la obligación de perdonar. Cuando estamos heridos y vemos el perdón como una obligación, es posible que hasta se nos endurezca más el corazón. ¿Cómo alguien que violó sus obligaciones contigo tiene el derecho a tu perdón?

Piensa en la gente que se dedica a la música. Su camino empezó como una pasión y terminó siendo un trabajo, convirtiéndose así en una obligación. ¿Cuántos habrán dejado de disfrutar del arte de hacer música porque se volvió una obligación?

El arte de perdonar puede tener la misma lógica que el músico que convirtió en obligación lo que antes era su pasión. Puedes perdonar, pero si no lo haces de corazón, lo estarás haciendo por los demás y no por ti. Ahí sí estarías dándole el gusto a tu agresor.

Por eso, perdonar es una oportunidad, es una decisión completamente personal, perdonar es liberarte de ese mal y permitirte avanzar. Además, aunque no lo notemos, no otorgar el perdón es mantener una cadena permanentemente conectada con el agresor. Sigues involucrada hasta que la otra persona vea la gravedad de sus errores, buscas que no se lo tome a la ligera, que sufra. Asumimos la posición de impartidores de justicia.

Pero todo se vuelve más ligero cuando te das cuenta de que tú no eres la encargada de impartir, otorgar o ejercer justicia, porque no se trata solo de ti.

Cuando una situación te hace daño, lo mejor es salir de escena, abandonar la situación a tiempo y no decidir quién merece o no tu perdón. El enfoque es, más bien, a quién deseas conservar en tu vida, dejando de lado que tú tengas el poder de definir lo que merecen los agresores, y utilizar tu energía en enfocarte en lo que quieres tú, en qué mereces tú, a quién mereces retener y a quién mereces sacar de tu vida.

¿Te traicionaron? En la Biblia lo dice: "El que perdona la ofensa cultiva el amor", pero tú lo que quieres es cultivarle unos golpes a ese carbón. Hay quienes vivieron por años en una traición y dicen: "Cómo no me di cuenta de esto antes, si estaba en mis narices". Podrás perdonar a la persona, pero no te perdonas a ti misma por dejarlo pasar.

Mamacita, esto es como si unos delincuentes se metieran a robar a tu casa. ¿Alguna vez has sentido el shock de un robo? Llegar y ver un vidrio roto, una puerta forzada, tus pertenencias en el suelo regadas. Es traumático sentir tu privacidad abusada. Podrás recuperar las pertenencias que se llevaron, lo material, pero tardas años a veces en recuperar tu paz mental.

Si quieres perdonar y seguir adelante, hay cuatro maneras para superar una traición y recuperarte:

• **No pierdas la confianza en el mundo:** hay quienes han tenido malas experiencias en el amor y que se han jurado nunca volver a arriesgarse. Hay quienes han invertido en malos negocios y prefieren nunca volver a apostar. Gracias a la traición, ahora desconfían de todos, dudan de cualquier cosa que les dicen y viven a la expectativa de que los engañen.
• **Sé como eres, mamacita:** experta en sospechar cosas que terminan siendo ciertas. Tienes el ojo de loca que no se equivoca. No confundas tu intuición con tus traumas. Lo peor que puede hacerte una traición es no solo robarle la paz de tu pasado, sino

dejar una puerta abierta para que se sigan robando tu paz mental en el presente.

- **Sana la herida y cierra el capítulo:** te cortaste el pelo para cerrar el ciclo, el ciclo se quedó abierto y tú quedaste como Willy Wonka. ¡No, señor! El primer paso para sanar una herida es dejar de tocarla. Porque muchas quieren cerrar un ciclo, ¡pero le siguen dando las nalgas al ciclo! Hay que dejar atrás lo que nos hizo mal para que las cosas buenas puedan alcanzarnos.
- **No cometas el error de culparte:** cuando una persona vive una traición amorosa profunda, el primer lugar en donde busca respuestas es en el espejo. "Pero ¿qué le faltó?", "¿Qué no le di que tuvo que ir a buscar a otro lado?". No caigas en el juego de reclamarle a tu autoestima.

Recuerda una máxima de este libro: El pasado siempre regresa para probarte.

Hay gente que es como una muela del juicio: sacarla de tu vida te va a dejar cachetona y jodida, pero dejártela adentro te va a arruinar la sonrisa de por vida.

Una persona que está incompleta seguirá incompleta sin importar qué tanto nos hayamos esforzado por completarla. Date el tiempo para sanar y para volver a confiar. No te quedes con la peor parte. De peores te has recuperado y de peores te recuperarás. Recuerda que podremos morir de todo, menos de un corazón roto. Te creció el corazón cuando perdonaste a quien nunca te pidió perdón.

Perdonar es recordar y decidir con conciencia; perdonar no es olvidar, porque si se olvida, no se perdona de verdad. Perdonar es aceptar el pasado. Solo se concede el perdón a partir de un evento que ya terminó, no podemos otorgar ni pedir perdón *ex ante*[2]. Por eso, cuando uno pide perdón, siempre debe decir sobre qué pide perdón, para saber en qué extensión la persona te otorga el perdón, y viceversa.

Todo lo que interpretamos y pensamos en el presente es producto de nuestro contexto y nuestra historia. No podemos decir que el pasado no importa, porque si borramos de tu mente todo lo que has ido recolectando, aprendiendo y asimilando a lo largo de tu vida, no tendrías un pensamiento crítico, serías incapaz de juzgar y evaluar, no tendrías prudencia, criterio, inteligencia, razón.

---

2 Perdonar lo imperdonable. (2021). Cuicuilco *Revista de Ciencias Antropológicas*, 2448-8488.

En ese sentido, perdonar sana nuestra relación con el pasado y, por lo tanto, nos promete un presente y un futuro mucho más brillante, sin la basura que quedó en situaciones pasadas.

Únicamente el 20 % de nuestros pensamientos conviven con el presente; la atención plena a lo que ocurre en el momento es prácticamente imposible. El otro 80 % está en el pasado, por eso es importante tener una buena relación con el pasado.

Es necesario trabajar las emociones que experimentamos, darles un cauce de salida de nuestro cuerpo, mente y corazón. Si las arropamos dentro, pronto causarán problemas y desbordarán en forma de ansiedad.

"La falta de perdón, al igual que el duelo patológico, inhibe la libertad para usar la propia creatividad y para obtener placer de la conducta libre y espontánea"[3]. Si Sebastián no se libera de lo que le hizo Adrián, será para siempre esclavo de no saber perdonar. Pasará el resto de sus recesos andando en un triciclo que en realidad quiere dejar de usar, en lugar de disfrutar a su gusto el receso, jugando escondidas como tanto le gusta o usando gises de colores.

Es difícil sentir que ahora debes "cobrárselas" cada vez que alguien te hiere. Tener créditos emocionales por cobrar es abrumador y te distrae de lo verdaderamente importante: adueñarte de tu presente.

> ANTES DE EMBARCARTE EN UN VIAJE DE VENGANZA, CAVA DOS TUMBAS.
> CONFUCIO

Mamacita, que se dejen de sumar las penas. Detén la tragedia, deja de nutrirla con sentimientos o con acciones nocivas, no la hagas crecer.

#3 NO ES MI PROBLEMA

Adrián llevaba a la escuela los problemas de su casa. Quizá como tú llevas los problemas de tu matrimonio al trabajo o tu pareja trae los problemas de su trabajo a su casa. Cuando traemos cargas que no hemos tenido las herramientas emocionales para descargar, solemos

---

3 La capacidad de perdonar: Perspectivas intrapsíquicas y evolutivas. *Revista Aperturas Psicoanalíticas*. (s. f.). http://www.aperturas.org/articulo.php?articulo=0000385

vestirlas sobre la primera persona vulnerable para recibirlas. A veces es nuestra pareja o a veces son nuestros hijos.

Sebastián, por su parte, puede, o aprender a empatizar, o aprender a repeler. No dejarse afectar por las cargas de los demás implica aprender a no hacerlas tuyas, no involucrarte de más, no dedicarle más energía y tiempo a entender por qué la otra persona hace las cosas de esa forma, solo entender que sus razones no tienen nada que ver contigo.

Cada vez que te encuentres sufriendo por las acciones de otros, repítete: "Los errores de las personas no son míos y sus consecuencias no son para mí. Las decisiones de las personas no son mías ni sus resultados me afectan". Que cada quien tome lo que a cada quien le corresponde. Si alguien pone algo sobre tu mesa y no es de tu agrado, no es obligatorio tomarlo, solo hazlo a un lado.

#4 NO ES PERSONAL

Cada quien hace lo mejor que puede con lo que tiene. No es personal.

He estado en tu lugar, buscando encontrar una explicación de por qué algunas personas me hicieron daño, y en el proceso me he topado un millón de veces con la misma pared. Los psicólogos y estudiosos del comportamiento humano siempre hablan del agresor y nunca de la víctima. Parten diciendo que "somos seres humanos que cometemos errores por naturaleza", y que "las personas traen su propia carga y por eso actúan de ese modo", también que "las personas no *te hacen* cosas, sino que las personas *hacen* cosas y tú decides si te lastiman".

Pero todas estas explicaciones resultan inútiles cuando se trata de "lo imperdonable", de un ataque premeditado y dirigido por una persona con alevosía y ventaja. Lo imperdonable se vuelve imperdonable por dos razones:

- **Por el daño irreparable:** cuando la herida es dolorosa por el acto en sí y causa un daño permanente a nivel físico, emocional y psicológico. Si atentó contra valores importantes para mí, si jugó con mi confianza, con mi libertad, con mi privacidad, mi cuerpo. Todo aquello que me convierte en un individuo.
- **Por la persona:** cuando la herida es dolorosa debido al individuo que cometió el acto y su proximidad a nosotros. Por la falta de remordimiento, interés o amor que mostró al realizar el acto que nos ofendió.

Eres tú quien puede transformar un acto imperdonable en uno perdonable. Nadie puede juzgarte por perdonar, ni decirte que hiciste lo correcto tampoco. Realmente, el perdón es un acto de amor que tenemos hacia nosotros mismos.

HAY QUE APROPIARNOS
DE LA HISTORIA, CON TODOS
SUS HORRORES
Y SUS MONSTRUOSIDADES,
Y CON SU BELLEZA Y ESPLENDOR,
SU CRUELDAD Y PERSECUCIONES,
Y TODAS LAS OBRAS MAGNÍFICAS
DE LA MENTE Y LA MANO HUMANA;
ES NECESARIO HACERLO PARA
CONOCER NUESTRO LUGAR CORRECTO
EN EL UNIVERSO, PARA SABER
QUIÉNES SOMOS Y CÓMO DEBEMOS
PROCEDER.

LESZEK KOLAKOWSKI

DEL TRAUMA A LA INSPIRACIÓN

HACER MALETA

"Empaca ligero" es de los mejores consejos que les doy a mis amigos cuando están próximos a un viaje. Es un consejo que doy con seguridad porque lo he aprendido a la mala; cargando con kilos excedentes cuya única función es pasearse y hacer peso en mi equipaje.

Guardar las cosas "por si acaso" nunca me ha resultado. Acumular ocupa espacio, acumular pesa, no me permite moverme. Acumular me hace pagar en el mostrador del aeropuerto un monto adicional.

Los últimos dos años he tomado más carreteras y vuelos que en toda mi vida. Mi carrera como conferencista me ha permitido pisar fuerte y fugaz diferentes ciudades y países, un día estoy pasando por un control migratorio y 12 horas después, por otro. Es una locura de vida de la que me llevo aprendizajes profundos y reflexivos, aunque también aprendizajes tan sencillos como *empacar ligero*.

Pensarás que, con la experiencia, en cada viaje a mi maleta le sumo un par de cosas más: tinta para lustrar mis zapatos, por ejemplo, o una plancha portátil de vapor para mis camisas que, ahora que lo menciono, no suena como mala idea; pero sé que al empacarlas y llegar a mi destino, ni siquiera las buscaré entre mis cosas porque no las uso.

Viajo con la tranquilidad de que si por alguna razón, estando en el viaje, surge algo, encontraré la forma de resolverlo.

Ahora imagina esto: has planeado el viaje de tus sueños y estás haciendo tu maleta. Estuviste esperando tanto este momento que quieres que todo salga a la perfección, entonces haces una maleta enorme porque no quieres que te falte nada, te da miedo dejar algo, decides llevar todo por si acaso.

En el viaje, tu enorme mochila no te deja disfrutar. Todo lo que te emocionaba visitar pierde el sentido cuando estás ahí adolorida, detenida y con kilos de exceso de equipaje en tu espalda. La transportas a todos lados porque temes en algún momento necesitar algo de lo que cargas, aunque seguro ni recuerdas qué llevas.

Así de pesada y fastidiosa es la maleta saturada, excedente de los límites de tamaño, que lleva tus emociones no procesadas: tu bagaje emocional.

Te explico: la experiencia no es acumulativa; es selectiva, inteligente y es ligera. La experiencia es astuta. La experiencia resuelve en el momento, no lleva carga con ropa para todas las temporadas del año "por si acaso".

El trauma empaca con miedo, pero la experiencia empaca con estrategia. Vivir con el "por si acaso" es llevar un escudo adonde quiera que vayas, por si se atraviesa una amenaza. Es ir a la expectativa de que pase algo malo e, inconscientemente, atraerlo.

Cuando emprendas un viaje de vida, así sea una nueva relación, un trabajo cuya oferta acabas de aceptar o un negocio que vas a iniciar, necesitas prepararte para dejarte sorprender. Ver las oportunidades con ojos de principiante. Que ese trauma que viviste sea un catalizador, no para sugestionarte de todo lo malo que podría pasar, sino para recordarte a ti misma una gran verdad:

> SI YA LOGRASTE SUPERAR TODO LO QUE TE HA OCURRIDO HASTA AHORA, ¿QUÉ PUEDE PASAR QUE NO VAYAS A SABER CÓMO MANEJAR? CONFÍA.

NO HAY VUELTA ATRÁS

En el tiempo que duró la pandemia, todos adoptamos nuevos hobbies, desarrollamos rutinas, mejoramos algunos aspectos y empeoramos otros. Estuvimos tan apartados de nuestros compromisos que muchos optamos por intentar realizar sueños frustrados. Uno de mis sueños de la infancia era el de volar aviones.

Recuerdo con cariño los días en los que mi padre solía llevarme en su viejo Dart a estacionarnos en la orilla de la carretera a ver aviones aterrizar. Un día, recuerdo, hasta nos permitieron entrar a los hangares a verlos de cerca. Son de esas experiencias que, como niños, guardamos en nuestro subconsciente y siempre crecemos con una espinita preguntándonos: ¿qué habría pasado si hubiera perseguido mi sueño de la infancia?

Mientras la pandemia estaba en su máximo punto y estábamos completamente aislados, yo me enrolé en una escuela de aviación en línea. Tomaba mis cursos en un pequeño saloncito de las torres de departamentos en las que vivo. Todo iba perfecto, hasta que llegó el momento de realmente subirme a un avión a practicar. Ahí empezaron los problemas. Una gran lección aprendí de la aviación:

NO TODO LO QUE SOÑAMOS ES COMO NOS LO IMAGINAMOS

Empaca ligero no solamente se refiere a la idea de no traer tus miedos pasados a tus aventuras presentes, también se refiere a no presentarte a ninguna etapa de tu vida con una maleta cargada de expectativas.

Soñaba con volar aviones. Mi esposa lo sabía, así que antes de estar listo para practicar en aviones reales, decidió hacerme un regalo especial por mi cumpleaños. Había contactado a un veterano piloto para que volara conmigo, me mostrara algunos trucos en el aire y me permitiera volar el avión con mis propias manos.

Estaba emocionado, contando los minutos hasta que fuese la hora de llegar al aeropuerto e iniciar el vuelo. Después de todo, sentía que había nacido para esto, tenía lo necesario, estaba preparado y era lo que siempre había soñado.

Al llegar al aeropuerto, el piloto se presentó muy formalmente con nosotros. Yo tenía ya mis secciones motivacionales en la televisión, por lo que seguramente me reconoció y se esmeró en darme una experiencia memorable.

Llegó con su uniforme completo: su camisa de manga corta con las insignias de piloto en los hombros, su pantalón perfectamente planchado y un gorro de capitán característico de un piloto de aerolínea: "Este gorrito me lo regaló el capitán Palomares, que en paz descanse", dijo persignándose. "Entrañable amigo y un mentor para mí; lo uso con mis alumnos más especiales", me decía mientras yo sonreía como un niño.

Mi esposa, que había organizado todo, iba en uno de los asientos como pasajera y mi padre iba en el otro; sin más por revisar, despegamos. Comenzamos volando por la periferia de la ciudad; un vuelo sutil, delicado, cómodo inclusive, pero algo claustrofóbico. Nadie te dice que estas pequeñas avionetas no tienen ni siquiera aire acondicionado.

A casi cuarenta minutos de haber despegado en dirección a las afueras de la ciudad, el piloto decidió que era una buena idea lucirse para su audiencia. Así que empezó a mostrarnos las capacidades del avión. Empezó virando por la izquierda, luego agresivamente por la derecha, ascendía y descendía para que sintiéramos la gravedad. Izquierda, derecha, arriba otra vez y un descenso precipitado. Todos en el avión nos estábamos divirtiendo; todos, excepto mi estómago.

La altura combinada con mi desayuno empezaron a causar estragos en mi estómago. Sentía náuseas, mareos, falta de oxígeno: sobra decir que ya no estaba gozando la experiencia. Empecé a voltear hacia todos lados en busca de una bolsa de mareos o algo que pudiera ayudarme en caso de que mi estómago no pudiera más.

Mi esposa y mi padre, sin saber qué estaba pasando y por qué estaba yo abriendo todas las puertas de los compartimentos de la cabina, entraron en pánico, se imaginaron lo peor. Todo mientras yo desesperadamente buscaba una bolsa de supermercado o lo que fuese que pudiera servir para sacar de mi cuerpo todo lo que en cualquier momento iba a explotar.

Mi mente y me creatividad estaban corriendo a mil por hora, intentando idear una salida. (¿Qué hubieran hecho ustedes?). No pude pensar en nada más, mi única opción fue abrir la consola central del avión (un pequeño compartimento que se encuentra entre el asiento del piloto y del copiloto) y sacar de ahí... el gorro del capitán Palomares.

Pude notar en cámara lenta cómo el piloto me veía con una cara de "no lo hagas". Fue justo entonces cuando viví uno de los momentos que más me mantienen humilde. Vomité dentro de ese gorro de una manera gráfica, grotesca, terrible. La expresión de vergüenza en la cara de mi esposa y de mi padre no tuvo reparo. Una experiencia terrible y aún nos quedaban cuarenta minutos para regresar al aeropuerto.

Al aterrizar, rápidamente corrí al baño a asearme y a intentar lavar el fatídico gorro del capitán. Incluso intenté regresárselo, a lo cual me respondió con un seco: "No, gracias, quédatelo". Ese gorro ahora está exhibido sobre un estante en mi oficina, como un vivo recordatorio de que no todo lo que soñamos es como nos lo imaginamos.

Tendemos a subir a un pedestal nuestros sueños y a frustrarnos cuando no los alcanzamos. Tocamos la puerta de una oportunidad y cuando no se abre, a veces nos desanimamos o insistimos pensando que es nuestra mejor opción. Mamacita, si una puerta no se abre, no es tu puerta. Esa oportunidad que no se te está dando es quizá una mala decisión de la que Dios te está cuidando.

Dios destruirá nuestros planes cuando sabe que nuestros planes van a destruirnos.

TRAUMA COMO INSPIRACIÓN

El cuerpo humano es sumamente inteligente. Nos permite experimentar dolores y miedos como un mecanismo diseñado para protegernos. Una vez que metes la mano al fuego y te quemas, no volverás nunca a cometer el error de volver a hacerlo. Sucede lo mismo con el dolor emocional, sentir dolor en el corazón es un mecanismo de defensa para cuidarnos, úsalo a tu favor.[4]

---

4 https://www.voltaren.com.ec/etendiendo-el-dolor/dolor-en-cuerpo.html#:~:text=Si%20no%20sinti%C3%A9ramos%20dolor%2C%20no,es%20un%20proceso%20muy%20complejo.

En la escala de heridas emocionales, uno de los niveles más altos a los que llega una experiencia de dolor es el trauma. Una marca, invisible pero indeleble en nuestra psique, que trae consigo secuelas, miedos, manifestaciones o efectos secundarios. Dos personas podrían ser expuestas exactamente a lo mismo y tener efectos adversos completamente distintos.

He platicado con gente que termina retraída, negativamente afectada, marcada por el trauma, y gente que se alimenta de esa experiencia, la pasa a través de un catalizador y convierte ese trauma en una bendición. Según la psicología, no importa la intensidad del evento traumático, lo que define en qué medida afecta a una persona es su capacidad de superar y gestionar.

Por lo tanto, si no podemos evitar, ni eliminar eventos traumáticos, hay que buscar un catalizador que nos ayude transformando toda esa energía negativa, esos miedos y fantasmas que nos dejó el trauma y encontrar una manera de convertirlo en algo positivo en nuestra vida.

Suena muy bonito y poético cuando lo vemos de esta manera, pero conseguirlo puede ser tan retador como la alquimia (la ciencia de convertir cualquier cosa en oro), tan complejo como extraer la sal del agua de mar y a veces tan profundo y quirúrgico como un trasplante. Es el hecho de tomar los eventos que más daño te han hecho y no solamente asimilarlos, procesarlos, perdonarlos y superarlos, sino inyectarle alguna sustancia que nos permita utilizar todo eso como gasolina.

LA SUSTANCIA

Cuando venimos de un contexto de adversidad, existen muchos caminos que nuestra vida puede tomar. He escuchado de casos de personas que viven el peor de los abusos y al crecer logran canalizar todo ese trauma y se convierten en grandes personalidades de éxito, pero también, y desgraciadamente éstos son los casos más comunes, he tratado con gente que vivió un trauma y ese trauma la convirtió en una persona fría, frustrada, temerosa o retraída.

Sin embargo, creo que existe una sustancia que puede lograr cambiar ese trauma en tesoro, convertir el llanto en gozo, la sustancia se llama: fe. La certeza de lo que se espera, la convicción de lo que no se ve, esa es la fe. En un mundo que no ofrece garantías, la fe puede transformar todo acontecimiento en nuestras vidas en una bendición.

Dice la Biblia: "Y sabemos que para los que aman a Dios, todas las cosas ayudan a bien, esto es, a los que conforme su propósito son llamados". Creo que si has vivido momentos difíciles y sientes el cosquilleo de la duda en tu interior, has sido llamada para ser ejemplo de esto.

Dios es experto transformando. La Biblia está llena de ejemplos, como aquella boda que cayó en escasez y en la que Jesús decidió transformar el agua en vino, aquel día en el que Jesús multiplicó los panes y los peces para alimentar a su gente, cuando transformó el cielo y trajo una columna de fuego a dirigir al pueblo de Israel en su caminar de noche por el desierto. Así creo también que Dios puede transformar los corazones.

Éste no es un libro de religión, por supuesto, eres libre de creer lo que decidas. Pero si hay algo que haya dejado marcado tu corazón, debes de saber que Dios puede hacer algo con eso. A veces tu más grande bendición, tu fortaleza, tu superpoder, está escondido en tu tragedia más grande. Pon esa tragedia en las manos del catalizador. Pídele que haga con ella lo que tú no puedes y te garantizo que traerá a tu vida sorpresas que no entiendes.

Atravesar un evento traumático es generar un antes y un después en tu vida. Se dice que "de tu herida nace tu misión". Los traumas son emociones que siente tu verdadero yo, pero que tu falso yo no quiere sentir, las reprime y opta por asumir una conducta adaptativa alejada de la emoción que sintió. Liberar la emoción es la primera forma de desempacar.

> NO ES EL SUFRIMIENTO EN SÍ MISMO EL QUE HACE MADURAR AL HOMBRE, ES EL HOMBRE EL QUE DA SENTIDO AL SUFRIMIENTO.
> VIKTOR FRANKL

¿FRAGILIDAD O FIRMEZA?

Cuando debuté como conferencista, caía constantemente en comparaciones. Es inevitable compararte con tus colegas cuando buscas destacar en alguna disciplina. Por estrategia, es importante contar con un factor diferenciador: que no se consigan dos Jorge Lozano H. en el mercado de las conferencias.

En mi labor de investigación, me encontré con conferencistas que poseen una carrera exitosa, y coincide que su diferenciador haya sido una historia traumática. Por supuesto que cada uno tiene su propia historia, pero comúnmente se trata de un accidente, un maratón corrido, una montaña escalada, un récord superado, incluso una enfermedad terminal sanada o sobrellevada.

Me sentí desafiado: ¿será mi historia suficientemente difícil para inspirar a otros?

Entonces me pregunté: "¿Es verdaderamente la tragedia la parte importante?". Si así lo fuera, tendríamos por lo menos el doble de exitosos conferencistas, deportistas, empresarias o emprendedores el día de hoy; porque personas con historias difíciles somos la mayoría.

Quizá en algunos casos la historia por sí sola es atractiva, pero no garantiza éxito, el éxito viene después de eso, en la vida después del trauma. ¿Cómo se reconstruye tras un huracán de emociones? Ésa es la clave de las conferencias exitosas. Ésa es la clave de saber usar la experiencia y el trauma a tu favor.

La narrativa del trauma y su materialización, todo eso importa. Si lo piensas a fondo, un conferencista va a salir al escenario y te va a contar su experiencia traumática solo como introducción, no como desenlace. El desenlace, que es lo importante, es el después, ¿qué hizo con ese evento traumático?

Los traumas no te hacen más sabia, te dan la oportunidad de serlo.

Una persona que sufre un accidente y cuenta su historia puede concentrarse únicamente en el accidente, o en todo aquello que le trajo el accidente. Puede renacer después de un accidente, levantarse de la adversidad o su vida se puede convertir en un producto del tropiezo.

Es necesario abandonar la creencia de que una vida difícil es la clave para una vida exitosa. Eso genera resistencia a salir de la victimización, nos definimos por nuestros traumas y se vuelven nuestra personalidad. Por eso hay gente que de lo único que habla es de sus problemas. Viven esperando a que sus problemas les abran puertas.

No caigas en el error de ser hija de los traumas. No podemos sostener que los traumas te hacen quién eres, pero sí reconocerlos como parte de tu proceso y tu balance entre lo malo y lo bueno.

Eres el resultado de muchas cosas, así como cuando no te gusta una parte de tu cuerpo pero es lo único que ves en ti, y te convences de que la gente no deja de mirar y juzgar tu nariz caída o tus párpados irregulares; y quizá has llegado a pensar que eres únicamente eso: una nariz caída y unos párpados irregulares. La realidad es que la gente ve la imagen completa, pero tu inseguridad no te deja actuar normal, te cohíbe.

El trauma opera del mismo modo, si te concentras en él como el centro de tu vida, entonces así será, el trauma conducirá tu destino. Pero si tú te pones como piloto y dejas que el trauma sea un pasajero más, entonces todo el panorama cambia.

Piensa en aquel niño cuya madre lo castigaba sin cenar cada vez que le iba mal en clase de matemáticas. Por más que se esforzara, las matemáticas no eran su fuerte. El niño, con el tiempo, en lugar de aprender y perfeccionar las matemáticas para poder cenar, aprendió a cocinar su propia cena. Desarrolló un gusto especial por la cocina. Joël Robuchon se convirtió en un chef francés de fama reconocida internacionalmente, escribió diversos libros especializados y desarrolló una cadena de restaurantes de lujo con 32 unidades en diferentes ciudades del mundo.

Lo que el niño hizo fue despejar el trauma de la ecuación y quedarse con las habilidades adquiridas por el trauma. Él actuó desde su cicatriz.

Si el niño se hubiera vuelto un matemático obsesionado en no fallarle a su madre, si hubiese actuado desde el trauma, desde la herida, probablemente no sería el reconocido chef que es hoy.

Despeja el trauma de la ecuación, y el resultado será tu misión.

ERES HEREDERA DE ALGO SAGRADO

Cuando pasas por dolores, heridas y cargas con cicatrices físicas o emocionales, es muy fácil intentar resumir tu vida: "He tenido una vida complicada", "No ha sido fácil para mí", "Siempre he tenido que luchar por todo". Tu visión del mundo es tan pesimista, que piensas que te tienes que estar cuidando toda la vida; al menos así fue para mí. Después de vivir experiencias difíciles, me convertí en una persona muy desconfiada.

Quizá te volviste una madre extremadamente precavida. Hoy, tal vez no confías en ningún hombre, porque al que más amaste te traicionó. Quizá mucha de la ansiedad que te visita viene del miedo que te produce el mundo que te rodea. Estás siempre a la expectativa de que algo salga mal, de que alguien te haga daño, de que te vayan a afectar. Sientes que las experiencias pasadas te heredaron un miedo del cual es difícil escapar.

Por lo menos yo lo sentí muchos años. La novia que tuve durante el divorcio de mis padres fue quizá la que más pudo interpretarlo. En ese periodo de mi vida fui celoso y terriblemente desconfiado. Nunca me dio una razón real para desconfiar de ella, sin embargo estaba tan herido, que me sentía vulnerable. Sentía que el mundo buscaba otra oportunidad para lastimarme. El día de hoy que lo recuerdo, todavía me siento apenado.

Durante ese periodo de mi vida, era novio de una chica que conocí en la oficina en la que trabajaba. Yo era todavía un ejecutivo para la empresa de alimentos y ella era una abogada para una empresa petroquímica que estaba en el mismo edificio, por lo que teníamos oficinas vecinas.

Yo cotidianamente pasaba a su lugar de trabajo a visitarla. Platicábamos por el *chat* interno de la empresa y con el tiempo, empezamos una relación que fue bonita mientras duró. Yo siempre lo he pensado: hay gente que quizá no es la persona indicada para una relación, pero era la persona necesaria para tu evolución.

En ese periodo de mi vida, mi familia y yo estábamos pagando las consecuencias de la separación de mis padres en varias áreas de la vida. Estábamos al borde de la quiebra. Aunque yo tenía un buen trabajo, mucho de lo que ganaba se iba a pagar la renta y cubrir necesidades que tenían mi madre y mis hermanos.

Sentía que había heredado responsabilidades que no me correspondían. De alguna manera sentía que tenía que ocuparme de los compromisos económicos y emocionales de mi familia. Tenía que ocupar ese lugar que mi padre había dejado vacante.

¿Alguna vez has sentido que la vida te dio un trabajo que nunca pediste? Es como si Dios te hubiera asignado un rol para el cual nadie te preparó, nadie siquiera te lo advirtió. Quizá te tocó ser madre muy joven. Fuiste *de hormona golosa y de moral distraída* y mientras tus amigas disfrutaban sus aventuras de juventud, tú cambiabas pañales y cantabas canciones de cuna.

Tal vez tuviste que ser la psicóloga de tu casa; la consejera de todos, el pañuelo emocional sobre el que todos lloraban. O quizá fuiste como yo, la persona que tuvo que asumir un rol de padre o madre, porque alguien faltó.

La realidad es que, la mayoría de las veces, esos roles y responsabilidades nos los asignamos nosotros mismos. Nadie nos obliga a asumirlos, es quizá algo en nuestra naturaleza que nos lleva a salir al rescate por las personas que amamos, nos cueste lo que nos cueste. ¡Somos como la madre Teresa de las causas perdidas! Por eso vives rescatando *cucarachos* toda la vida.

¿TIENES IDEA DE LO QUE HEREDASTE?

En el año 2008 Sergey Sudev era un estudiante de periodismo en Moldavia, un pequeño país ubicado en Europa oriental. De esos países de los que pocas personas han oído escuchar. Vivía en una pequeña casa de soltero que pagaba con el sueldo de su empleo en una estación de radio; tenía 31 años y ganaba 150 euros al mes.

Un día como cualquier otro, un hombre extraño llamó a la puerta de su casa: "Tiene pinta de abogado", dijo asombrado. Sus dotes de periodista no le fallaron.

—¿Quién es usted y qué quiere? —exclamó a través de la puerta entreabierta.

—Me temo que vengo con malas nuevas —dijo el practicante de la ley—. Vengo a hacerle saber que su querido tío ha fallecido.

Un Sergey desconcertado contestó en un tono irónico:

—Qué lástima, pero no tengo ni idea de a qué tío se refiere.

El abogado sonrió y le asintió con la cabeza:

—Pues sin duda él le tenía gran estima, porque lo ha hecho a usted heredero de 950 millones de euros.

Sergey se quedó pasmado y yo también cuando escuché esta increíble historia real.

—¿Heredero de cuánto dijo usted?

Increíble, pero cierto. Resulta que en el año 1998, diez años atrás, Sergey había realizado una búsqueda en internet y se había enterado de que tenía un familiar perdido. Un tío con el que nunca había convivido. Decidió contactarlo con la única intención de recuperar comunicación con él.

El hombre le respondió y cortésmente lo invitó a su casa en Alemania. Sudev viajó, su tío lo recibió con un cariñoso abrazo y se pusieron al corriente de la vida de cada uno de ellos. Sin más, se despidieron y se desearon lo mejor.

El joven abordó un avión de regreso a Moldavia y su tío, feliz de que su sobrino perdido hubiera venido a verlo, le mandó 150 euros sin que nadie se lo hubiera pedido. No volverían a reunirse jamás; por lo que quizá te imaginarás la sorpresa de Sergey al escuchar la noticia que el abogado le traía.

Así fue como de la noche a la mañana, Sergey Sudev se convirtió en el hombre más rico de Moldavia. Un país cuyo presupuesto anual era mucho menor a la herencia que este afortunado estudiante de periodismo había recibido. Instantáneamente se convirtió en el favorito del pueblo.

¿Cuántas veces has soñado que un viejo familiar te hereda una fortuna?

Las herencias son curiosas. Quizá conoces casos de personas que han contraído matrimonio con alguien únicamente con la finalidad de quedarse con su herencia. Personas que estuvieron años casados esperando a que su pareja falleciera para quedarse con todo, ¡pero primero fallecieron ellos!

Así sea una exconejita de PlayBoy que se casó con un anciano millonario y terminó llorando porque no recibió nada o alguien que mínimo esperaba que sus padres pagaran por su educación y terminó teniendo que trabajar largas horas para completar: uno nunca sabe qué esperar cuando se trata de una herencia. Ni tu amiga que lleva años con ese sugar daddy tiene algo seguro.

Tus padres biológicos y naturales te heredaron comportamientos, lecciones y ejemplos: a veces buenos y a veces no tanto. Hicieron lo mejor que pudieron con lo que tuvieron. Pero yo vivo bajo la filosofía de que tu padre natural no es el único padre del que recibiste una herencia, porque antes de ser hija suya, fuiste hija de alguien más.

ERES REALEZA: COMPÓRTATE COMO TAL

Cuando yo crecía y veía la manera en la que mi madre se preocupaba a final de mes por completar el dinero de la renta, yo estaba enojado. Sentía que la vida me debía algo. Como si hubiese una herencia de necesidades básicas que todo mundo hubiera recibido menos yo. Pero fue justo en esos momentos de mayor necesidad, cuando empecé a notar sucesos muy extraños. Extrañas coincidencias que ocurrían en la última semana de cada mes.

Aun cuando yo combinaba el sueldo que recibía en la compañía de alimentos con una diminuta aportación que me daban por leer las noticias en un pequeño noticiero de televisión local, no era suficiente. Mi madre mostraba casas y departamentos para renta y venta, y combinaba ese pequeño sueldo con lo que podía ganar haciendo diseños de uñas para sus amigas, pero tampoco alcanzaba para mantener a nuestra familia de cinco. Aún lo recuerdo y me estremezco; estábamos en la ruina.

Pero por alguna extraña razón, a final de mes cuando parecía que no íbamos a cumplir con los pagos, mi madre lograba la renta de una casa y recibía un extra.

A mí me invitaban a dar una charla motivacional en algún colegio y sin ninguna explicación, el monto por el que me contrataban era exactamente el monto que nos faltaba para completar la renta.

Era como si alguien nos estuviera observando, vigilando cuidadosamente y asegurándose de que todo estuviera bien. Era como si tuviéramos un patrocinador, que siempre se encargaba de cubrir lo faltante, de responder por nosotros.

En aquel entonces yo era muy joven para entenderlo. Necesitaría pasar por muchas etapas más en la vida para realmente saber quién o qué se estaba encargando de que tuviéramos justo lo necesario al final de cada mes. Aun cuando lo recuerdo e intento explicarlo, a veces se me corta la voz, al darme cuenta de que esas coincidencias tenían la firma de Dios.

Verás, podrás haber tenido a los padres más amorosos y dedicados o quizá te tocaron los padres más fríos, descuidados y desinteresados. Pero hay algo que me gustaría que siempre recordaras: nunca estás, nunca estarás y nunca has estado desamparada. Porque antes de ser hija de tus padres biológicos y terrenales, fuiste hija de Dios y Él nunca ha dejado de amarte.

Alguna vez has visto a un mandatario o a una personalidad llegar a tu ciudad y notar que trae patrullas, guardias y escoltas. Algunos hasta llevan una ambulancia detrás para atender cualquier eventualidad. Y aunque no sabes quién es la persona que estás viendo pasar, no puedes evitar pensar: ése ha de ser alguien importante.

¿Qué tan importante serás tú, para todo lo que Dios ha tenido que cuidarte?

Si el día de hoy no te explicas cómo has salido de tantos problemas en los que te has metido. Si has sobrevivido dificultades y tormentas y por más que buscas la razón, no la encuentras; mamacita, papacito, deja de cuestionarte, a mí me parece que tú has de ser alguien importante. El Salmo 91 en la Biblia lo explica: "Diré yo al Señor: Refugio mío y fortaleza mía, mi Dios en quien confío, con sus plumas te cubre y bajo sus alas hallas refugio. Aunque caigan mil a tu lado y diez mil a tu diestra, a ti no te sucederá ningún mal, pues Él dará órdenes a sus ángeles acerca de ti, para que guarden todos tus caminos". Dice Dios: "Me invocarás y yo te responderé y en la angustia contigo estaré".

¿Dios haría todo esto para cuidarte y aún dudas si eres importante? En el momento en el que te das cuenta de que eres hija de un Rey, que vienes de un linaje sagrado, que aquel que te protege es más grande y más fuerte que cualquiera que busque detenerte, sabrás lo afortunada que eres. Eres heredera de grandes riquezas: tienes todo el poder, la protección, la gracia, el favor, los dones y los talentos pero sobre todo el corazón de tu Creador. Dios te hizo con un propósito y una misión.

Nadie dijo que el camino sería fácil. Ninguna misión viene a tu vida sin oposición; no hay milagro sin tormenta.

¿Te has preguntado por qué es tan difícil deshacerte de esa crisis? ¿Por qué lo que te preocupa y te estresa siempre regresa? ¿Por qué esa enfermedad parece que no te deja? Mamacita, porque el tamaño de tu tormenta te revela el tamaño de tu meta. El tamaño de la oposición que te manda el enemigo te revela la importancia de tu objetivo. Eres heredera de una gran fortuna, que no te quede duda alguna.

Hoy Dios quiere que escuches su voz al recordarte: "Eres importante. Eres mi hija, mi heredera y voy a cruzar montañas y mares hasta encontrarte. Si durante todo este tiempo te he cuidado y nunca te he abandonado, es porque tu misión apenas está empezando".

HERENCIAS OCULTAS

Cuando un hombre llamado Solomon Warner falleció en 1899, dejó una herencia peculiar a sus descendientes: un viejo baúl de madera en el que guardaba un par de prendas de vestir. Solo eso. No hubo terrenos, ni joyas valiosas, ni cuentas de banco, ni siquiera un poco de dinero en efectivo: un par de prendas viejas dejó el hombre. Pero cuando sus hijos empezaron a analizar el contenido de ese baúl, notaron una prenda en particular: un par de jeans Levi's sin estrenar.

Sin saberlo, estaban frente a unos Levi's 44-37 que datan de 1893 y al día de hoy, según el *New York Times*, son los Levi's sin estrenar más antiguos jamás descubiertos. Valuados en casi 100.000 dólares, ese par de jeans vinieron a dejarnos una valiosa lección: nunca subestimes el valor de tu herencia.

Desde que era un niño, yo sabía que era un gran comunicador. Podía notar cómo mis padres se sorprendían cuando escuchaban las palabras que utilizaba para expresarme. Tenía elocuencia, dicción, confianza a la hora de hablar. Las matemáticas, en cambio, siempre fueron un reto para mí. Mis mismos padres me insistieron desde que era un niño que en mi familia "no somos buenos para los números". Tal como si fuese una profecía, fui pésimo estudiante en todo lo que involucrase cálculos, estadística, probabilidad, aritmética y geometría. Mi mente simplemente se bloqueaba y me remitía a la etiqueta heredada: "No somos buenos para eso". Lo mío era la comunicación.

Cuando llegué a la universidad, me vi en la encrucijada de escoger cuál era la carrera para la que quería prepararme. Sin duda, estudiar Ciencias de la Comunicación hubiera sido la elección lógica, pero no siempre el sentido común es el más común de los sentidos. Recuerdo a mi padre insistir: "Busca algo con mayor prestigio, algo donde haya más dinero". Yo entré a la universidad en la época en la que estaba de moda la palabra *globalización*. Todo lo que tuviera que ver con lo internacional ocupaba las primeras planas en los diarios. Las empresas multinacionales, la aparición de las redes sociales, el euro, el dólar como la moneda mundial.

Cuando puse sobre la mesa el estudiar para ser un "licenciado en Relaciones Internacionales" y dedicarme a la diplomacia, a trabajar para una embajada, para una empresa internacional o para el gobierno, a mis padres les encantó la idea. Con el tiempo me di cuenta de que mis pasiones y mis gustos no tenían nada que ver con eso. Y que, de hecho, no había mucho dinero por hacerse graduándose para ser diplomático. Ésos eran puestos políticos que el gobierno cede bajo criterios que nada tienen que ver con la preparación.

Estaba desconcertado antes de graduarme. Nervioso y preocupado de haber cometido un grave error al contar con un diploma para algo en lo que parecía no haber ningún futuro para mí. Quizá tú, que sigues mi trayectoria hoy, te imaginabas que yo era un psicólogo, un filósofo, un preparado orador o mínimo un diplomado en artes escénicas, pero la realidad es otra. Me gradué como un diplomático frustrado y decidí empezar a trabajar en una empresa multinacional más por hambre que por pasión.

¿Alguna vez has sentido que los dones y talentos que tienes están desperdiciados? ¿Que no estás en el lugar ni en el contexto de vida como para lucirlos y dar lo mejor que tienes? Así me sentía al graduarme. Pero de nuevo, Dios tenía planes. Recibí una oferta para trabajar en una buena compañía de alimentos de la que te contaba anteriormente. Fui feliz durante esos años pero nunca me sentí realmente realizado. La duda aún me invadía: ¿por qué no estudié algo para lo que fuese más apto? ¿Por qué decidí perseguir el dinero y dejar a un lado los dones que Dios me había dado?

Después de cuatro años de trabajar en la compañía de alimentos y escalar un par de posiciones, llegó una oportunidad importante. Yo era el encargado de marketing de una línea de yogur importante en el país, y mi desempeño era bueno, así que era el candidato ideal para un nuevo puesto en la división de bebidas. Recuerdo pedirle a Dios diariamente que me diera esta oportunidad. Le pedía que me abriera esta puerta, que el dinero que me iba a traer era justo lo que había estado esperando. ¿Era el puesto que siempre había soñado? Quizá no, pero el dinero era muy bueno y mi familia y yo lo necesitábamos. Esa decisión marcaría mi vida para siempre.

El primer día en el puesto, me presentaron a mis compañeros. Alan, un muchacho muy platicador; Randall, el encargado de diseño; Verónica, la de logística, y María Fernanda, la encargada del área comercial. Tuve una buena relación con todos ellos, pero el trabajo para el que me contrataron resultó ser una pesadilla. La exigencia era brutal, las horas y los viajes que involucraba eran una locura y mi calidad de vida se vino abajo.

No pasó mucho tiempo para darme cuenta de que el dinero que me pagaban no era suficiente para la exigencia física y emocional que implicaba. Recuerdo haberme ido a quejar al área de recursos humanos, haber pedido un cambio a mi puesto anterior, pero me lo negaron. Estaba atrapado. Atrapado entre soportar un trabajo terrible o quedarme sin el preciado sueldo que necesitaba llevar a casa. Y entonces recordé lo mucho que le había pedido a Dios por esa oportunidad. "¿Por qué Dios, si sabías que este puesto no me iba a hacer feliz, permitiste que me lo dieran?", "¿Por qué me pones en una situación en la que mi única salida es renunciar?", "¿Por qué, si querías que renunciara, no me mandaste otra opción y me hiciste pasar por esto?". Estaba desconcertado, pero, sobre todo, enojado.

Hay cosas que solo hacen sentido cuando las vemos en retrospectiva. Como esos viejos jeans Levi's que el hombre guardaba en el baúl, Dios deposita eventos, sucesos, etapas en nuestra vida que quizá no harán sentido hasta muchos años después.

Ese trabajo me obligó a renunciar. Esa renuncia me obligó a mudarme a los Estados Unidos para intentar trabajar en la apertura de un nuevo restaurante, ese proyecto también fracasó. Pero vivir en los Estados Unidos, solo y alejado de mis amigos y mi familia, me permitió explotar mi verdadera pasión: la motivación. Empecé a dar consejos motivacionales desde la sala de un pequeño departamento que rentaba en Austin, Texas. Descubrí las redes sociales y empecé a publicar pequeños consejos prácticos para que las solteras encontraran el amor. ¿En qué estaban basados? En las estrategias de guerra y diplomacia que había aprendido en mis estudios. Esos mismos estudios de los que siempre dudé que me fueran de utilidad.

Resulta que Dios no me estaba preparando para ser un diplomático entre países, me estaba preparando para la diplomacia entre las personas. Los consejos que les doy a las muchas mujeres que me siguen están basados en estrategias de guerra, en sociología y en semiótica, que es el estudio de los símbolos y las señales. Disciplinas que no hubiera dominado si no hubiera estudiado algo completamente diferente a aquello para lo que creía haber sido diseñado. Ahí empecé a entender cómo Dios contempla un ajedrez mucho más grande del que podemos intentar entender. No juzgues al árbol por el tamaño de la semilla. Hay eventos que son simples y sencillos jeans, hasta que con el tiempo cobran valor y significado.

¿Y recuerdas ese trabajo que te mencioné? ¿Ese que resultó ser el peor puesto para el que pude haber aplicado? ¿Ese que más de una vez le reclamé a Dios que me hubiera permitido tomar? ¿Ese que me ayudó a descubrir mi verdadera vocación pero me dejó con muchas dudas sobre los métodos que a veces utiliza Dios? Sin saberlo, ese trabajo me llevó al trabajo más importante que tendría en mi vida.

Ahí conocí a María Fernanda, y hoy tengo la bendición de ser su esposo.

Nunca sabes, a veces los caminos equivocados te llevan a destinos perfectos.

Nunca juzgues los sucesos, eventos y acontecimientos que se te atraviesan. Todo es parte de una herencia que ha sido preparada, planeada y calendarizada para tu bien. Eres la heredera de un Rey, la Biblia te llama "la niña de sus ojos", algún día entenderás que siempre has estado y siempre estarás bajo su protección y nunca más tendrás miedo de tomar acción.

CAPÍTULO 2

EL MAYOR ACTO DE REBELDÍA

RENUNCIA A LAS ETIQUETAS

Hace unos años, la doctora Amanda Foo-Ryland recibió un diagnóstico inesperado. De aquellos que cuando vamos al médico secretamente le pedimos a Dios nunca escuchar. Muchas personas que están leyendo este libro lo han experimentado y reviven ese momento incontables veces en su cabeza. "Tienes cáncer". El martillo de la realidad golpeando con toda su fuerza. No importa si sea poco o mucho, aislado o propagándose, maligno o benigno, nadie está preparado para escuchar algo así. ¿Cómo reacciona la mente a la noticia de una enfermedad tan despiadada? Espero que nunca tengas la oportunidad de comprobarlo.

Cuando uno recibe un diagnóstico tan difícil, la vida automáticamente te etiqueta en alguna de estas 3 categorías:

#1 Ella lucha contra el cáncer
#2 Ella es víctima del cáncer
#3 Ella sufre de cáncer

Aunque las tres hablan de lo mismo, no son lo mismo. Las últimas dos, "Es víctima" y "Sufre" de cáncer, son prácticamente sentencias. Te estás autosentenciando a recibir todo lo malo que el cáncer te traiga. Esas etiquetas les abren la puerta a la calamidad, a la tragedia, a la tristeza y al sentimiento de pérdida que terminarán por agravar tu situación.

En cambio, etiquetar tu padecimiento como una "Lucha" te inyecta un sentimiento que será necesario que recuerdes en las mañanas en que la quimioterapia te tenga sin energía y necesites una sesión más. Esa palabra te energiza cuando el dolor y el malestar te quieran derrotar y te recuerda que no es una batalla que vayas a entregar, vas a luchar. Las etiquetas importan y mucho.

¿Qué etiquetas te has puesto en esta etapa de tu vida? Quizá te has etiquetado de algún calificativo anclado a un sentimiento: vieja, joven, sana, enferma, triste, próspera, pobre, feliz, insuficiente. Cargamos etiquetas pegadas al corazón que han sido puestas en nosotros desde la juventud, la adolescencia o incluso desde la infancia. Quizá muy profundo en tu subconsciente aún vive el comentario que te hizo tu madre cuando te probaste tu vestido de graduación: "Te ves pasada de peso", o tal vez aún escuchas el susurro de tus compañeras de escuela burlándose: "¿Cómo salió de su casa con eso puesto?". Pequeñas dagas emocionales que se te quedan enterradas en el corazón por años o incluso por décadas.

Hay 5 tipos de etiquetas que podrías tener hoy:

#1 Físicas: cada vez que te ves al espejo te hablas a ti misma con palabras de crítica, te regañas por lucir como lo haces, te pones sobrenombres ofensivos y te etiquetas acorde a la manera en la que comparas tu cuerpo con el de otros. Mamacita, cuando te veas en ese espejo, recuerda que ese cuerpo que ves ahí es tu templo. Aunque si mides menos de 1,60 es más como una capillita. ¡Valóralo! Agradécele y ámalo en todas sus formas.

#2 Sociales: por más que intentas formar parte de algún grupo social, simplemente no tienes nada en común con la gente que te rodea. Sientes que nadie te entiende, no comparten tu sentido del humor ni tu visión de la vida. Eres como una pieza de rompecabezas que no cabe en ningún lado. Pero quizá no fuiste diseñada para el entorno en el que la vida te ha puesto. Deja de hacerte pequeñita para caber en un lugar que nunca te dieron. Deja de catalogarte como "rechazada" o "rara". Si alguien no está a tu altura, mamacita, no seas tú la que se agache.

#3 Socioeconómicas: una constante comparación entre tu nivel de vida y el de la gente que te rodea. Quizá vienes de un hogar en el que siempre faltó el dinero o te han acompañado personas que tienen acceso a más y mejores cosas y eso te ha vuelto insegura. Vives con el complejo de que "no te alcanza", bromeas con la idea de "soy pobre" y te llenas de lástima por no tener los medios para adquirir lo que ves en los demás. Lo que quizá no sepas es que la abundancia no llega a los corazones que no agradecen. Si con lo poco o mucho que Dios te ha dado, has crecido frustrada, enojada, estresada, mandarte más simplemente empeoraría tu situación. Te acercaría a un escalón aún más alto y aumentaría tu frustración. Al contrario, Dios bendice a los corazones abundantes en agradecimiento.

#4 Reconocimiento: el aplauso que nunca recibiste en tu infancia, la palmada en la espalda de parte de tu padre para decirte: "Estoy orgulloso de ti", "¡Lo hiciste increíble!". Todas las palabras de afirmación esperaste regresan a tu vida en forma de etiquetas. Te sientes poco valiosa, exiges palabras de afecto de parte de tu pareja, inconscientemente basas tu validación en las opiniones de otros. Deja de esperar el aplauso para actuar. Eres suficiente, tienes lo necesario, fuiste creada para algo grande y cuanto antes dejes de dudarlo, antes podrá alcanzarte.

#5 Autorrealización: el constante recordatorio de que vas demasiado tarde. Esa idea que has construido en tu cabeza en la que asumes que en este punto de tu vida deberías haber logrado más, viajado más, experimentado más o inclusive amado más. Te sientes en desventaja al compararte con el progreso de otros y te frustras de imaginar lo lejos que hubieras podido llegar. ¡Mamacita, gobiérnate! No vas ni muy temprano, ni muy tarde. Las cosas buenas llegan cuando las dejas, no cuando tienes que forzarlas. Déjate llevar, agradece el camino y disfruta el proceso de perseguir tu destino. Te quiero con la actitud, como pito de anciano: imparable.

No habrá manera de que puedas alcanzar los objetivos que tienes propuestos para ti y para tu familia si no cambias la manera en la que has etiquetado tu vida. Quizá no lo has entendido todavía pero para ser verdaderamente ingobernable, no es suficiente con cambiar un par de hábitos, hablar diferente o ver el mundo de una manera distinta: tienes que cambiar de identidad, tienes que ser alguien más.

Hay dos problemas fundamentales cuando tratamos con etiquetas que es importante que aprendamos a identificar:

Problema #1: compramos muy fácilmente las críticas y huimos de la felicitación: Tomamos cualquier cosa que la gente nos diga como cierta. Nos hemos vuelto especialistas en aceptar, adoptar y comprar los juicios que nuestros familiares, amigos o incluso desconocidos nos buscan vender. ¿Has notado lo fácil y rápido que es colocarte una etiqueta nueva?

Cuando inicié creando contenido para redes sociales, compartiendo mis frases motivacionales y videos dando consejos enfocados principalmente hacia las mujeres, me hubiera encantado que vieras los comentarios. Cada vez que alguien inicia algo diferente, disruptivo, atrevido o emocionante, aquellos que no tuvieron el valor de pensarlo primero se lanzarán a criticarlo e intentar detenerlo. Es una regla de vida. Justo cuando viene la mayor bendición, vas a enfrentar la mayor oposición.

Yo recibí incontables críticas. Cuando empecé a decirles a mis seguidoras que se alejaran de los *cucarachos*, de los malos hombres, de los infieles, empecé a ser bombardeado por cientos de hombres que se sintieron aludidos y ofendidos. Mis redes sociales recibieron comentarios como "¿Qué se cree este pendejo?", "¿Por qué habla así?", "¡El *cucaracho* es él!". Cientos de comentarios llenaron mi buzón y mis publicaciones, pero nada de eso me detuvo.

Uno tiene que tener muy claro que no es una monedita de oro para agradarles a todos. De hecho, cuanto más ocupada estés intentando agradarle a todo mundo, menos espacio tendrás en tu mente para perseguir lo que realmente te hace feliz.

Ahora, debo confesarte que el cerebro humano es engañoso. Hoy que tengo poco más de 22.000.000 de seguidores entre todas mis redes sociales, que recibo miles de mensajes y comentarios al día (los que leo incansablemente), no he podido desprenderme del efecto atractivo y adictivo de los comentarios negativos.

¿Por qué una crítica negativa atrae tu mirada y pesa más que miles de aplausos y felicitaciones? Es como si hubiese un enemigo en tu interior que se valida a sí mismo cada vez que escuchas algo malo sobre ti. Una vocecita que te dice: "¡Te lo dije, te ves gorda en esa foto!". Esa vocecita tiene un nombre y más adelante en este capítulo te mostraré cómo identificarla.

La crítica destructiva es barata, todo el mundo la regala incluso sin pedirla. A veces se disfraza de una mirada, un gesto de asco o desaprobación, un juicio que hacen a tus espaldas. La felicitación es carísima, rara vez nos la compramos. Eso implicaría realmente amarnos y valorarnos. Incluso cuando nos felicitan en nuestra cara, algunos, por pena, humildad o baja autoestima, la evitamos.

—¡Qué voz tan hermosa tienes! Me encanta cómo cantas.

—Gracias, **pero** seguramente los vecinos cerraron sus ventanas al escucharme.

—Me encanta la manera en la que te arreglaste esta noche.

—La verdad es que no tenía nada que ponerme, **tú te ves mucho mejor**.

—Eres excelente en tu trabajo, sin duda te promoverán muy pronto.

—¿Tú crees? **Hay otros mucho mejores** que yo, seguramente los promoverán antes.

¿Por qué se te dificulta tanto aceptar un cumplido y huyes constantemente de la felicitación pero eres rápida para comprar la crítica?

La próxima vez que alguien te haga un cumplido, es muy importante que practiques el hábito de recibirlo. Eso poco a poco te pondrá en un estado de abundancia y fortalecerá las áreas de tu vida que reciben el elogio.

Por alguna razón, nos hemos hecho expertos esquivando los cumplidos, mandándolos a otro lado pero siempre quedándonos con la crítica. ¡Deja de comprarlo todo! Hay una frase que lo resume y me encantaría que te la repitieras en momentos claves de tu vida:

Nunca dejes que los cumplidos se te suban a la cabeza, ni que las críticas se te hundan en el corazón.

Problema #2: tardamos segundos en apropiarnos de una etiqueta y décadas en liberarnos de ella. Quizá han pasado veinte años desde que por primera vez te apropiaste de esa etiqueta de "sobrepeso", "tímida", "lenta", "sumisa", y aunque en este tiempo has experimentado cosas que te han permitido evolucionar, el ancla que te mantiene atada al piso sigue siendo la misma. Eres como ese elefante lleno de poder, capacidad y potencial que creció atado a una pequeña estaca a la que ya ni siquiera intenta desafiar. Mamacita, recuerda siempre este ejemplo que estoy a punto de darte:

> **LAS AVES QUE CRECEN EN CAUTIVERIO PIENSAN QUE VOLAR ES UNA ENFERMEDAD.**

No eres la misma persona que criticaron, ni la misma de la que se burlaron. Esas etiquetas que te pusieron, esas que usaron para que no brillaras más que ellos, para que no robaras más atención, ésas que usaron para humillarte y que ellos se sintieran más grandes ya no pueden controlarte. A partir de hoy, empiezas a escribir la historia que tú misma quieres contarte.

El único gozo que les queda a los que no pueden crear es el gozo de criticar.

La manera más fácil de romper esas etiquetas es atacarlas con afirmaciones positivas. Recordatorios de tu nueva realidad, decretos de tu potencial. Quiero que observes cuidadosamente la siguiente lista de afirmaciones y leas a conciencia cada una de ellas. Si puedes decretarlas en voz alta, estarás revirtiendo el proceso bajo el cual fuiste etiquetada. Lee cada una de estas afirmaciones con cariño, amor y valentía hacia ti misma, pero sobre todo: recíbelas.

Aprende a recibir, a aceptar lo bueno, a absorber lo que te mereces. Sé egoísta por primera vez en tu vida. ¿Quieres levantar a otros? Será más fácil hacerlo cuando tú misma estés arriba.

Repite cada mañana que puedas estas afirmaciones positivas:

- Si desperté una mañana más, no es casualidad. Tengo una misión, tengo un propósito para vivir y hoy lo voy a cumplir.
- Agradezco los dones y talentos que me fueron dados, pero lo más importante: no tengo miedo de utilizarlos.
- Fui diseñada para cosas grandes, no tengo por qué conformarme con menos.
- Soy talentosa, hábil, astuta y poderosa. Todos los que se atraviesen en mi camino conocerán a la Leona.

EL ÚNICO GOZO
QUE LES QUEDA
A LOS QUE NO
PUEDEN CREAR
ES EL GOZO
DE CRITICAR.

- El éxito me persigue, se me atraviesa en todo lo que emprendo, es mi destino cumplir mis metas; para eso fui hecha.
- Los sueños que fueron puestos en mi mente no son casualidad, tengo propósito, guía y dirección. Todo lo que se atravesará en mi camino el día de hoy será una bendición.
- Todas las personas que tocaré con mi sonrisa hoy tendrán un mejor día. Me merezco todo lo bueno que le aporto a la vida.
- Si hoy encuentro resistencia, malas caras o puertas cerradas, tendré la habilidad para entrar por la ventana.
- Soy inteligente, noble, buena y capaz. No cometeré el error de dudar de mí misma jamás.
- Mi mente es mi mayor herramienta, y mi intuición, mi arma secreta. Hoy estaré atenta a las oportunidades y sabré escogerlas, dejaré ir todo lo que no me convenga.
- Lo que no me hace bien no me hará falta. No habrá manera de que regrese adonde no soy valorada.
- Soy merecedora de todo el amor. Toda la naturaleza que me rodea es un regalo que me da Dios.
- Encontraré prosperidad económica en lugares inesperados, viene abundancia a mi vida y eso no lo detiene ni la envidia.
- Recuerdo que, a pesar de todo, Dios siempre me acompaña, me abrirá puertas donde no hay entrada y me defenderá de cualquier amenaza.
- Soy inmune a la crítica destructiva, inmune a las malas caras, inmune a ofensas y humillaciones. He llegado demasiado lejos como para dejar que eso me detenga.
- Soy una fuerza de la naturaleza que hace que las cosas pasen, nadie podrá resistirse a mi astucia. Soy una Leona poderosa que nunca renuncia.
- Soy capaz de lograr mis objetivos. Si Dios lo puso en mi mente y en mi corazón, es porque me dio lo necesario para conseguirlo.
- Creo en mí, confío en mí. A pesar de que otros hayan dudado, me voy a demostrar que puedo.
- Tengo derecho a decir que no. Soy dueña de mi propio destino, de mis decisiones y hoy voy a decirle que no a todo aquello que no me sume.
- Tengo derecho a decirme que sí. Voy a ir detrás de lo que me apasione, lo que me llame, lo que conecte conmigo. Me lo merezco y me lo voy a dar.
- Tengo permitido cometer errores. No soy perfecta, no me juzgo. Me perdono y sigo adelante. Todo lo malo lo vivo, lo aprendo y me desprendo.
- Mi salud mental y mi salud física son una prioridad. Mi enfermedad no me define.

• Comparto mi alegría con los demás. Soy pura energía. Vine a este mundo a dejar huella y no cicatrices.

Hoy declaro que será un gran día. Ataca esas inseguridades y esas anclas emocionales con estas afirmaciones positivas y ve cómo empiezas a llenarte de una seguridad y una confianza que antes no poseías. Empezarás a cambiar de identidad, a convertirte en lo que empiezas a declarar.

En un mundo que ha intentado etiquetarte, no hay mayor acto de rebeldía que ser tú misma. Declárales la guerra a esas etiquetas y bombardéalas con tu nueva realidad. A partir de hoy, no hay cadena que te pueda limitar.

¡ESCUCHO VOCES!

En el año 2022 estuve de gira con mi conferencia por algunas ciudades de España y platiqué con Maru, una mujer que me dejó deslumbrado con su potencial. Ella era doctora en Biomedicina por la Universidad de Navarra, había pasado gran parte de su juventud haciendo investigaciones importantes y le habían ofrecido un puesto para Johnson & Johnson Medtech, una de las empresas con mayor impacto en el desarrollo de tecnologías para la salud.

Todo en su vida parecía prometedor: era una mujer saludable, inteligente, hábil y capaz, pero no era la misma Maru que se me acercó al final de mi conferencia para charlar. Ésta era una versión de ella pero derrotada, desanimada. Venía saliendo de una difícil relación de la que le había costado años escapar. Había estado casada con un narcisista que le había robado su potencial.

Para muchas y muchos, la solución a estar casada con un narcisista o con cualquier persona con un trastorno de personalidad es sencilla: déjalo y ya. Ojalá fuera tan simple en la vida real. Una de las características de este tipo de trastornos es precisamente la capacidad de llenar de dudas, inseguridades y miedos a las personas que los rodean. Buscarán despojarte de tus recursos emocionales, de tu seguridad y confianza con tal de ejercer poder sobre ti.

Encontrar el valor para dejar a una persona así es el equivalente a enfrentarse no solamente a un astuto controlador, sino enfrentarse a las mil y una voces que te dejó sembradas en el subconsciente como un virus, vocecitas que lo protegen o lo justifican: "¿Qué vas a hacer sin él?", "¿De qué vas a vivir?", "Él es normal, tú eres la que estás exagerando", "Te vas a arrepentir si lo abandonas". Hay quienes logran dejar al narcisista, pero jamás logran deshacerse de las vocecitas.

Yo crecí en un hogar en el que las frases más utilizadas eran: "Estamos en crisis", "No hay dinero", "Son tiempos de austeridad" y "Hay que apretarnos todos el cinturón". Aun las cosas que no tenían nada que ver con gasto, mi familia las relacionaba con dinero. Estábamos tan acomplejados, tan temerosos de quedarnos sin dinero, que el dinero simplemente no fluía.

Cada vez que necesitábamos comprar algo, una fuerte voz se aparecía en mi mente diciendo: "¡No lo hagas, no gastes, cuidado!", "¡El dinero que gastes no regresará!". Y tal cual lo declaraban mis voces internas, el dinero no regresaba. Cada día teníamos menos. Hasta que me di cuenta del círculo vicioso en el que me estaba metiendo. Mi mente estaba tan concentrada en no gastar que no le quedaba capacidad para pensar en cómo generar. Dios me había dotado de dones, talentos y capacidades, pero mis voces internas no me permitían utilizarlas, estaban demasiado ocupadas atemorizándome, limitándome y aprisionándome. Quizá tú estés en el mismo lugar en tu vida: siendo víctima de las vocecitas. En este capítulo te voy a compartir las que quizá te mantienen encadenada al miedo.

¿De dónde salieron estas vocecitas?

La respuesta corta es: de hipótesis comprobadas. Las vocecitas son el resultado de experimentos que alguna vez realizó tu mente y dependiendo del resultado obtenido, ahora te advierte. En otras palabras, esas voces están ahí para protegerte de tomar malas decisiones. El problema no es que tengamos un sistema interno de alerta, el problema es la vigencia de los miedos con la cual opera.

El ejemplo más claro es este: cuando mi hermana Mónica tenía 6 años, salió a pasear con la niñera que la cuidaba. Solían visitar un parque cercano a nuestra casa, un lugar seguro y rodeado de vecinos que supervisaban todo alrededor. Era un paseo como cualquier otro, que se convirtió en una pesadilla muy rápido porque nadie se había percatado de que un perro callejero se acercaba a lo lejos.

Cuando mi hermana brincaba en el área de juegos infantiles, el perro se acercó atraído por el movimiento y, sin dar señales de advertencia, la atacó. La niñera logró cargarla y correr lejos del peligro, pero el can logró clavar sus pequeños dientes en la pierna de mi hermana.

Afortunadamente, no fue un incidente que haya pasado a mayores; sin embargo, a partir de ese momento y durante años, mi hermana tenía una fuerte voz de alerta que le advertía cada vez que un perrito se encontraba cerca. Era una reacción involuntaria, un miedo profundamente sembrado en su subconsciente que, a la mínima señal de riesgo, saltaba a protegerla: "¡Sálvate, se acerca un perro!". Aun cuando fuese una mascota pequeñita e inofensiva, su mente le gritaba para mantenerla viva.

Un día, después de muchos años, encontró a una perrita indefensa. Una perrita de la calle, justo como la que la había mordido, pero ésta estaba tan desnutrida, tan crítica de salud, muy probablemente se encontraba viviendo los últimos días de su vida perruna. Por primera vez, mi hermana ignoró las voces de alerta y se acercó cuidadosamente a ella. Era como si entre sus heridas se reconocieran. Como si ambas se estuviesen comunicando para decirse: "Sé que tienes miedo de acercarte, pero no te voy a lastimar". Mi hermana llevó a esta perrita al médico veterinario y le salvó la vida.

Ahora la perrita no solo es su adoración, sino su mejor amiga. Mi hermana se dio cuenta de que tenía un enorme corazón para los animales y desde entonces ha rescatado perritos de la calle para encontrarles un hogar.

Nunca sabes cuándo las vocecitas te han estado alejando de lo que verdaderamente amas, de lo que te apasiona o de lo que fuiste diseñada para hacer. Vocecitas sobreprotectoras, ancladas a traumas que quizá te han hecho más desconfiada, insegura, nerviosa o ansiosa. ¿Qué vocecitas dejó en ti lo que viviste? ¿Qué miedos te fueron sembrados que, aun después de años, te mantienen inmóvil?

Así como mi hermana ya no era la misma niña indefensa que era a los 6 años, tú tampoco eres la misma mujer que se dejó humillar cuando estaba casada, ya no eres la misma que se escondía en el baño a llorar cuando escuchaba a sus compañeras del colegio burlarse de ella.

> EL PERRO QUE TE MORDIÓ YA NO TIENE LOS DIENTES SUFICIENTES PARA HACERTE DAÑO, NO DEJES QUE TE SIGA ASUSTANDO.

Es tiempo de volver a poner esas hipótesis a prueba. ¿Las vocecitas te dicen que les tienes miedo a las alturas? ¿Desde cuándo? ¿No será momento de poner ese miedo en tela de juicio? Dices que ya no crees en el amor, que todos son lo mismo o piensas que no eres atractiva simplemente porque alguien te quiso convencer de eso. Esas voces podrán haber logrado detenerte antes, pero has crecido lo suficiente para saber cuándo una vocecita en tu cabeza miente.

Cuando yo era pequeño, tenía dos amigos imaginarios. Dos duendes: *Bubulín* y *Lincipucit*. No tengo idea de dónde salieron sus nombres, seguramente de personajes infantiles que mi memoria captó en aquel tiempo. Crecí creyendo que estos duendes me visitaban en mi soledad, los imaginaba vívidamente con mis juguetes en mi habitación. Llegó un punto en mi infancia en el que me di cuenta de que ya no tenía que recurrir a ellos, ya era un niño más grande y ellos se habían quedado pequeños, así que mi mente un día simplemente dejó de imaginarlos.

Quizá esas voces de inseguridad, dudas y miedos crecieron contigo, pero no te has dado cuenta de que son vocecitas de niña o de niño, nunca envejecieron. Te siguen viendo como lo que fuiste y no como lo que eres. Si no te deshaces de ellas, partes de tu seguridad y de tu confianza se quedarán congeladas en tus tiempos de infancia. Eres mucho más de lo que esas vocecitas te dijeron.

LAS TRES VOCES QUE TE TIENEN PRISIONERA

Una de las particularidades de las cadenas es que no las detectas hasta que te mueves. Hasta que no intentas hacer algo diferente, emprender, crear, ascender, probar; cuando pruebas salir de esa zona de comodidad, empiezas a sentir esa cadena que no te deja avanzar. Y hay tres que en este libro quiero que aprendas a identificar porque son las que no te dejarán crecer jamás.

#1 LA VOZ DE LA SABOTEADORA

Esa vocecita que sale desde lo más profundo de tu ser justo cuando quieres crecer y te convence de arruinarlo todo.

El ser humano fue diseñado para sobrevivir, para adaptarse, luchar y hacer todo lo necesario para asegurar su supervivencia. Por eso, cuando nos acercamos al filo de un edificio sentimos vértigo, mareo, falta de aire. Nuestro cuerpo nos alerta de que estamos muy cerca de algo que podría matarnos y hace todo lo posible para frenarnos. Nuestros instintos son tan agudos, que a la menor señal de riesgo estamos diseñados para salir corriendo y alejarnos del peligro.

Desgraciadamente, nuestra mente interpreta el estrés de intentar algo nuevo como peligro. El salir de la zona de comodidad e intentar iniciar un nuevo negocio, sentarte con tu jefa o jefe del trabajo a pedirle un ascenso, salir de viaje con poco dinero o incluso lanzarte a conocer un nuevo amor representan un momento de tensión y tu cuerpo hará todo lo posible por alejarte del peligro, incluyendo sabotear tus mismos planes.

Por eso a veces les cierras la puerta a nuevos y buenos prospectos que parece que van en serio. En el momento en el que empiezan a acercarse al punto en el que te empiezas a enamorar y pudieran romperte el corazón, tu saboteadora interior entra a rescatarte y a comportarse fría, distante, irritable. Comienzas a cerrarle la puerta sin entender por qué de la nada dejó de gustarte. Quizá sea tu mente intentando protegerse de que alguien vuelva a lastimarte. Lo mismo ocurre quizá con tu dieta: dejar de comer saludablemente, dejar de hacer ejercicio, es una respuesta de tu cuerpo al miedo a fallarte a ti misma.

La saboteadora le teme tanto al resultado final, le teme tanto a lo que podría pasar, no puede manejar la incertidumbre de lo desconocido, de la misión, del objetivo, que prefiere alejarse del reto desde el principio. Pero hoy vas a aprender a enfrentarla y la manera de hacerlo es con serenidad.

No hay manera de combatir estos autotropiezos reclamando ni exigiéndote a ti misma a cambiar, debes sembrar en tu mente una herramienta descubierta por Juan XXIII, un papa católico que encabezó la Iglesia entre 1958 y 1963 y fue conocido por su manera tranquila, serena y dócil para afrontar el clima de incertidumbre y caos interno que vivía la Iglesia en aquel momento. ¿Cómo lograba mantener la calma y no permitir que sus voces de inseguridad lo sabotearan? Años más tarde publicaría su *Diario del Alma*, donde el Papa explicó su Decálogo de la Serenidad, hoy conocido como los decretos del "Solo por hoy".

Esta herramienta es usada ampliamente por el programa de Narcóticos Anónimos y sus diferentes variantes para el tratamiento de adicciones, no solo a narcóticos sino también a drogas como el alcohol, las apuestas, la comida. La filosofía del "Solo por hoy" establece que la manera de curar una adicción es dejar de concentrarse en la difícil tarea de la recuperación y enfocarse en tratar un día a la vez. Este decálogo ayudará a callar esas vocecitas que buscan hacerte caer en tus propios tropiezos:

Decálogo de la Serenidad:
#1 Solo por hoy trataré de vivir exclusivamente al día, sin querer resolver los problemas de mi vida todos de una vez.
#2 Solo por hoy tendré el máximo cuidado de mi aspecto: seré cortés en mis maneras, no criticaré a nadie y no pretenderé disciplinar a nadie sino a mí misma.
#3 Solo por hoy seré feliz en la certeza de que he sido creada para la felicidad, no solo en el otro mundo, sino en éste también.
#4 Solo por hoy me adaptaré a las circunstancias, sin pretender que las circunstancias se adapten todas a mis deseos.
#5 Solo por hoy dedicaré diez minutos a una buena lectura; recordando que, como el alimento es necesario para la vida del cuerpo, así la buena lectura es necesaria para la vida del alma.
#6 Solo por hoy haré una buena acción y no lo diré a nadie.
#7 Solo por hoy haré por lo menos una cosa que no deseo hacer; y si me sintiera ofendido en mis sentimientos, procuraré que nadie se entere.
#8 Solo por hoy me haré un programa detallado. Quizá no lo cumpliré cabalmente, pero lo redactaré. Y me guardaré de dos calamidades: la prisa y la indecisión.
#9 Solo por hoy creeré firmemente —aunque las circunstancias demuestren lo contrario— que la buena providencia de Dios se ocupa de mí, como si nadie más existiera en el mundo.
10 Solo por hoy no tendré temores. De manera particular no tendré miedo de gozar de lo que es bello y de creer en la bondad.

Deja de sabotearte aplazando todo a última hora, huyendo de los objetivos retadores y alejándote de los amores reales. Empieza a practicar la serenidad, calla a esas vocecitas poco a poco diariamente. Deja de verlo todo tan lejano, tan inalcanzable. Permítete intentarlo, solo por hoy.

#2 LA VOZ DE LA PESIMISTA

La voz que quiere convencerte de que aun cuando ya tienes algo bueno en tu vida, salud, estabilidad económica, una buena relación o seguridad, en cualquier momento puedes perderlo.

Una de las cosas que más hago en mi profesión es volar. Me presento en diferentes ciudades del mundo con mis conferencias, con compromisos comerciales o simplemente por placer, a mi esposa y a mí nos gusta viajar. Pero hay un pensamiento que me invade cada vez que mi trasero toca el asiento del avión. Una vocecita me visita diciendo: "¿Y si se cae esta porquería?", "¿Y si alguien falló en su proceso de mantenimiento y olvidó conectar un cable importante?". Mi mente empieza a crear episodios en los cuales un accidente puede ocurrir y todos en el avión podemos morir. Detesto que mi mente haga eso, pero a veces no puedo detenerla.

Increíblemente, las posibilidades de tener un accidente aéreo son extremadamente más bajas que tener un accidente automovilístico, pero a muchos nos sigue poniendo nerviosos subirnos a un avión. El riesgo de viajar en avión y que ocurra un accidente es del 0,23 %. Estadísticamente, tendrías que viajar cada día por los próximos 10.000 años para estar en un accidente aéreo que te cause la muerte.

Por otra parte, tus probabilidades de morir en un accidente automovilístico son de 1 en 101, significativamente más altas. Sin embargo, aun cuando la información dicte lo contrario, en el momento en el que ese avión empieza a acelerar y se empieza a elevar, las vocecitas empiezan a escucharse: "¿Y si este es mi viaje al más allá?", "¿Y si este avión se estrella y no me despedí de mi mamá?". Hay un nombre para estos pensamientos, se los conoce como *pensamientos intrusivos*.

Esos pensamientos son miedos, inseguridades, preocupaciones e incertidumbres manifestadas en escenarios catastróficos que te roban la paz y te mantienen prisionera y alejada de una vida plena. Si tu mente se ha imaginado secuestros, accidentes, traiciones o enfermedades, quizá eres víctima de estos pensamientos intrusivos.

Quizá más de una vez te ha tocado ver a tu esposo dormido. Postrado en esa cama que comparte contigo, en santa paz. Escuchas sus ronquidos que parecen producto de un camión de pasajeros con motor descompuesto, lo ves moverse en su cama, ir de lado a lado. Te recuestas a un lado para acompañarlo. Quizá lleven años casados y ha sido un buen marido en este tiempo. Pero justo cuando estás a punto de conciliar el sueño, un pensamiento se cuela en tu mente: "¿Y si este desgraciado me engaña?", "¿Qué pasaría si yo no tuviera idea, pero el hombre este me está engañando?". Y te despiertas súbitamente a intentar examinar si tiene cara de culpable o inocente. El hombre solamente ronca.

¿Alguna vez te has levantado enojada porque soñaste que tu marido te engañaba? Quizá no esconde nada, no te ha fallado y probablemente ni te fallaría, pero a veces confundimos nuestra intuición con nuestros traumas. Así operan los pensamientos intrusivos, así opera la vocecita pesimista.

Algunos pensamientos intrusivos pueden ser tan comunes y cotidianos para ti que quizá hasta los has normalizado y categorizado como nerviosismo o angustia normal. Hay 6 categorías que debes aprender a identificar:

#1 Pensamientos de contaminación: sentir que el contacto con gérmenes, con suciedad, infecciones o inclusive beber del mismo vaso de alguien podría contaminarte fatalmente y ocasionarte algún daño. El estar cerca de una persona que estornuda o tener contacto con ciertas personas podría detonar pensamientos conflictivos.

#2 Actos violentos: quizá al recordar una injusticia o simplemente en momentos de ocio recibes la visita de pensamientos de agresión, sientes impulsos de violencia o de causarle daño a alguien o algo. Aun cuando sabes que jamás actuarías de forma peligrosa, tu mente te hace contemplar escenarios vengativos o de hostilidad.

#3 Dudas de desempeño: pensamientos que te invaden cuando estás realizando una tarea y te llevan a cuestionarte si realmente es correcto lo que haces o estás perdiendo tu tiempo. Una invitación a abandonar tus tareas, dejarlas a medias y mejor dedicarte a otra cosa. Son pensamientos que buscan quitarte la constancia.

#4 En contra de la religión: inexplicablemente recibes pensamientos que te hacen ir en contra de instituciones espirituales, contemplas ideas blasfemas o dirigidas en contra de Dios. Éstos son pensamientos que te llevan a la inmoralidad y a veces no te explicas de dónde vienen. Más adelante en este libro sabrás que hay cadenas que no se rompen en el plano terrenal.

#5 Pensamientos de carácter sexual: ideas que te visitan y evocan deseos prohibidos, una imaginación que crea escenas candentes en tu mente o quizá se manifiesta en todo lo contrario. Un miedo profundo a tener contacto sexual, una imaginación que te presenta escenas traumáticas de abuso y te hace desconfiar de todo el mundo.

#6 Pensamientos de fragilidad: la constante y latente duda de si lo bueno que tenemos, la salud, el trabajo, la familia o la pareja, están al borde de irse de nuestra vida. El miedo que nos visita para recordarnos que podemos perder todo lo que tenemos en cualquier momento. Pensamientos que nos hacen sentir frágiles y detonan nuestra ansiedad.

Una vez que aprendes a detectar estos pensamientos que irrumpen en tu mente y te roban la paz como vampiros hambrientos, puedes recordarle a tu mente que ninguno es real, que son producto de una imaginación que está tan expuesta a impulsos negativos que ha aprendido a producirlos.

¿Quieres callar a la voz pesimista y a sus pensamientos intrusivos? Necesitas matarlos de hambre. Así como lo escuchas: es necesario quitarles la materia de la que se alimentan. ¿Qué tanta negatividad consumes diariamente? Yo solía ser un constante consumidor de las noticias. Iniciaba mi mañana leyendo sobre actos de corrupción, crímenes, atropellos, accidentes o delincuencia. Me gustaba estar informado, sin saber que me estaba llenando completamente de pesimismo.

De lo que guarda el corazón habla la boca, dice la Biblia. Y si en tu dieta diaria sigues consumiendo noticias, novelas, series de asesinatos, películas violentas o de terror, eso es lo único que guardará tu corazón. Tus conversaciones serán siempre en torno a lo que vives consumiendo y empezarás a alimentar tus más profundos miedos hasta convertirlos en pensamientos intrusivos. O aún peor: vivirás todo el día pensando cosas trágicas, atemorizantes, turbias y sin saberlo, empezarás a llamarlas a tu vida. Empezarás a manifestar todo eso que tanto temías. Te convertirás en tu propia peor enemiga.

Róbales la energía, mata de hambre a esos pensamientos intrusivos, extingue el fuego que alimenta esa negatividad y poco a poco empezarás a liberarte. La vocecita pesimista dejará de visitarte y encontrarás una paz que quizá llevas años sin experimentar.

#3 LA VOZ DE LA INSUFICIENCIA
Cuando vives una experiencia que ataca directamente tu autoestima, un suceso como la infidelidad, la humillación, el bullying o el abandono, existen dos evidencias que quedan en tu corazón: la cicatriz y la herida. A simple vista podrías pensar que son la misma, pero en realidad son dos estados de materia diferentes, como el agua y el gas. La cicatriz tiene mucho símbolo y peso en tu vida, más del que te imaginas,

y más adelante en este libro hablaremos de ella pero la herida es la que requiere atenderse con urgencia.

La herida es una fisura expuesta, un conducto por el cual todavía sangras pero también por el cual entran infecciones. Vivir una infidelidad, por ejemplo, te deja una herida abierta por años. Indudablemente entran cosas a tu corazón que buscarán infectarlo: bacterias, virus cargados de preguntas como: "¿Qué le faltó?", "¿Qué no le di que tuvo que ir a buscar a otra parte?", "¿Por qué permití que pasara esto?", "¿Por qué no fui suficiente?". Y a partir de ese momento, la insuficiencia te acompaña. Es un fantasma que se aparece en todo lo que haces y te hace dudar de tus capacidades.

Tal vez lo que viviste no fue una infidelidad, sino un abandono, una falta de amor de parte de tus padres, nadie nunca te dio el reconocimiento que merecías o quizá sufriste de bullying o burlas que te dejaron una herida. Mientras esa herida siga expuesta, seguirás sangrando sobre tus proyectos, sangrando sobre personas que nada hicieron para lastimarte pero sobre todo, seguirás perdiendo litros y litros de potencial, todo gracias a que nunca pudiste parar la hemorragia emocional.

Nunca olvidaré mi primera experiencia en un escenario. Tenía 17 años cuando en mi preparatoria organizaron un evento musical para promover a "La reina de la generación". Una amiga cercana se había postulado y recuerdo que estaba muy enfocado, dedicando mucho esfuerzo a ganar ese puesto. En aquel entonces yo ya veía dotes en mi personalidad que me decían que era bueno para entretener audiencias.

Tenía un tono de voz que mis amigos decían que era como el de los locutores de radio de la época, tenía chispa, algo de gracia pero sobre todo tenía la valentía de pararme frente a un público y hablar confiadamente. Yo juraba que iba a dedicarme a la música en aquel entonces. Sentía que Dios me había creado para componer canciones y presentarme en escenarios, pero mi carrera musical no se veía muy prometedora.

Todos estos factores contribuyeron a que, en la mente de mi amiga, la candidata a reina, yo fuera el candidato perfecto para subirme a un escenario frente a toda la preparatoria y hacerle una presentación digna del acto principal de los premios Oscar. La idea era que utilizara mis dotes histriónicas para que el público entero se emocionara y la recibieran con un fuerte aplauso en el escenario. Definitivamente eso no salió como lo esperaba.

En el momento en el que puse pie sobre ese escenario, frente a la plaza principal de mi preparatoria, llena a reventar de alumnos adolescentes, ocurrió lo impensable: un abucheo monumental se escuchó hasta los confines del universo. Ni en los partidos de fútbol en los que se han perdido campeonatos había yo escuchado un abucheo con tremendo desprecio. Todavía puedo ver las caras de todos en cámara lenta gritando: "¡Bu! ¡Sáquenlo!" con un desdén, un grito humillante, intimidante, de esos que se guardan entre tus huesos por siempre.

Minutos después, mi amigo Mario me llevó a casa. Entré herido. Herido de la autoestima, del amor propio, herido del corazón. Un abucheo de esos no se calla en el momento en el que las personas dejan de hacerlo ni se olvida cuando dejan de burlarse. Ésa es una herida con una espada profunda que seguirá sangrando por años. Recuerdo llegar directamente al baño a llorar desconsoladamente. "¿Qué les hice para que me humillaran así?", pensé. "Se suponía que yo había nacido para esto". "Nunca en toda mi vida volveré a poner un pie en un escenario". A partir de ahí inició mi guerra contra una de las cadenas más duras que alimentan la insuficiencia: la vergüenza.

La vergüenza es uno de los sentimientos más incómodos que puede experimentar el ser humano. Es tu cuerpo reaccionando ante una situación en la que se siente extremadamente vulnerable, sujeto a crítica, a burla y a humillación. Es lo que ocurre cuando de un segundo a otro pierdes la dignidad, haces el ridículo y el temor te paraliza. No quieres dar un paso más por miedo a seguir sintiéndote de esa manera. ¿Cuántas cosas has dejado de hacer por miedo al ridículo? ¿Cuántas puertas has dejado de tocar por miedo al rechazo? Mamacita, recuerda: la vergüenza te dura una hora, pero la duda de lo que nunca intentaste te dura toda la vida.

¿CÓMO COMBATIR LA INSUFICIENCIA?

Mi esposa es una talentosa corredora. Siempre me han llamado la atención la disciplina, la constancia y la perseverancia que se necesitan para levantarse de madrugada sin importar el clima y entrenar. La he visto llegar agotada, quemada por el sol, energizada y a veces frustrada. Corrió el maratón de París en 3 horas y 27 minutos. Un tiempo excelente considerando que era su primera carrera. Quizá tú que practicas un deporte similar has sentido ese fuego que te motiva a seguir adelante.

Después de acompañarla en sus primeros maratones, sentí la inspiración de empezar a correr a su lado. Quise empezar corriendo 5 km diarios y ahora he agregado una sesión de 10 km a la semana y aunque sigo lejos de lograr correr un maratón, sé que voy en esa dirección. Pero uno de los grandes descubrimientos que he hecho en mi breve estancia en el mundo de la corrida se llama "The Wall", el fenómeno de "La Pared".

Resulta que todo aquel que corre una larga distancia, como lo es un maratón de 42 km, indudablemente tendrá un encuentro con "La

Pared" en el kilómetro 30-32. No importa quién seas o cuánta preparación tengas. Es tan común y tan constante que se ha convertido en una ciencia en el mundo de los maratones: en el kilómetro 30 una barrera psicológica aparecerá en tu mente y gritará: "¡Detente!". Es como si tu cuerpo te gritara: "¿Qué haces? ¿Estás loco? Nos vas a matar". Es justo el momento en el que tu cuerpo se queda sin la energía de los carbohidratos y la glucosa y necesita recurrir a las grasas y proteínas para continuar.

"La Pared" es un estado de shock en el que tu cuerpo te pide renunciar y la única manera de combatirlo es corriendo a través de él. Recordando que tu entrenamiento y tu capacidad son superiores a lo que tu mente quiere reconocer.

Así mismo, cuando la voz de la insuficiencia te visita, la única manera de callarla es atravesándola. Correr con fuerza y determinación en la dirección a la que la vergüenza, la duda y el miedo te dictan que no. Es intentar hacerlo tan rápido y tan fuerte que los demonios que tienes en frente no tengan tiempo de detenerte. Es convencerte a ti misma de que después de esa pared mental está lo que te mereces y es el momento de reclamarlo.

Hay 11 palabras que me gustaría que repitieras como un mantra al despertarte en la mañana. Palabras que puedes recordarte a ti misma cuando estés frente a esa pared que se ve inmensa. Cuando el cansancio, la frustración, la desesperación y la insuficiencia te inunden el corazón. Llénate de valentía, reconocimiento y amor, y repite para ti misma las palabras que te quiero regalar: **quiero**, **puedo**, **me lo merezco** y **me lo voy a dar**.

Cuando declaras que algo es tu deseo, que tienes el entrenamiento, la capacidad de conseguirlo, que eres merecedora de tus objetivos y que es un hecho, que tarde o temprano va a pasar, algo poderoso empieza a movilizarse en tu corazón. Agregas una intención a tu esfuerzo y no hay pared que pueda contra eso.

Y si me permites agregar una última arma en contra de la insuficiencia, me gustaría dejarte un recordatorio: eres hija de un Rey. Antes de ser hija de tu padre terrenal, fuiste hija de Él. Cuando recuerdas esto te llenas de un poder, de una seguridad y confianza, porque sabes que hagas lo que hagas, tu verdadero Padre te respalda.

Confía y repite en voz baja hacia ti misma:

> QUIERO, PUEDO, ME LO MEREZCO
> Y ME LO VOY A DAR.

¿QUIÉN TE DIJO LO QUE ERA EL IDEAL?

ARMAR UN JUGUETE SOLO

Desde que tengo memoria, la Navidad es mi época preferida del año. Cuando era un niño, mi familia se juntaba en casa de mi abuela, quien nos recibía con su viejo recetario. Servían de cenar y mi mamá nos dejaba comer todos los dulces que quisiéramos. Bueno, "dejaba" no es la palabra, más bien creo que hacía como que no veía para no tener que echarse encima la tarea de llamarnos la atención.

Lo que para mí y mis hermanos eran vacaciones escolares, para mi madre se convertía en una doble jornada laboral; además de su trabajo remunerado, cuidar y entretener a cuatro niños era una ardua labor por la que nadie le pagaba.

Para serte completamente honesto, cuando era pequeño, ésa no era la parte divertida del 25 de diciembre, eran los regalos. En mi familia nunca tuvimos el dinero para comprar los juguetes caros y de moda, así que Navidad era el único día en que yo tenía oportunidad de recibir lo que quería. La Navidad era diferente, *Santa Claus* era quien producía los juguetes, no mi madre, entonces en mí, nunca habitó la culpa de pedirle los regalos que me saboreaba todo el año.

Por lo menos así fueron las primeras navidades de mi vida, hasta que muy pronto en mi infancia me enfrenté a la realidad adulta, pues las alternativas de mi mamá eran dos: confesarnos el secreto navideño que mantiene viva la magia en el corazón de todo niño o inventarnos una historia sobre cómo *Santa* estaba atravesando una crisis económica.

Ya sabemos por cuál optó.

A mis 6 años, cuando llegaba el momento de abrir los regalos, un perro hambriento se apoderaba de mí y mi autocontrol estaba completamente cegado por mis impulsos. En cuanto yo sentía el peso del regalo en mis manos (que un peso considerable indicaba buen contenido) inmediatamente, a como diera lugar, abría los complicados empaques que protegían el juguete.

Nunca entenderé si los empaques estaban estratégicamente diseñados para que niños como yo no los abrieran sin supervisión adulta, pero compartiendo la atención de mi mamá con mis otros tres hermanos, yo no podía esperarla más para abrirlos.

Ayudándome con mis muy útiles dientes ("abrejuguetes" hubiera sido un buen apodo), quitaba todas las cintas, cinchos, pegamentos, alambres, plásticos y a la vez, abría todas las bolsitas que contenían las piezas pequeñas para armar mi juguete. Supongo que esto, en lugar de darle una *ayudadita* a mi mamá, que se partía en cuatro para ayudar a todos sus hijos a abrir los regalos, solo era un detonante para un ataque de estrés navideño. Estuve al borde de la asfixia en múltiples ocasiones por desesperado.

INSTRUCCIONES

En cuanto ya tenía en el piso todas las piezas de mi juguete, el siguiente paso era armarlo. Por supuesto que a mis 6 años de vida "leer" no se incluía en mi lista de talentos, mucho menos leer un folleto instructivo que contuviera los pasos para armar mi juguete. Ésos fueron los primeros "no sé cómo, pero lo voy a hacer" que experimenté en mi vida.

Uniendo piezas a la fuerza, a veces rompiendo algunas, desarmando, volviendo a armar, y usando mi puro instinto, siempre lograba el resultado final. Era agotador tener que encontrar la manera, en ese momento solo pensaba: "Ojalá hubiera una fórmula exacta de armado".

Crecí y aprendí a leer, empecé a leer cuentos, revistas, anuncios en la calle, la parte trasera de la caja de mi cereal favorito, cartas de amor, pero sobre todo, me obsesioné con leer instrucciones. Estaba dispuesto a dejar de batallar como lo hice cada Navidad, y empezar a seguir pasos para llegar sin obstáculos al resultado final.

Todo me salía perfecto por saber leer instrucciones. Es tan sencillo y satisfactorio abrir un folleto que divide en pasos, con dibujos y flechas, qué hay que hacer para que las cosas funcionen. El tiempo que me hubiera ahorrado, los juguetes que hubiera evitado romper y los corajes que mi mamá hubiera librado si tan solo desde el inicio hubiera acudido al instructivo.

El finísimo método científico se volvió mi razonamiento favorito, no caben errores, si se sigue el paso A seguido del paso B, el resultado siempre es C.

Llegó el momento de tomar decisiones importantes, definir un rumbo para mi vida, encargarme de construir mi identidad, encontrar mi misión, ser feliz, aportar a la sociedad, escoger a mi gente: son muchas responsabilidades importantes a la vez. *¿Dónde están las instrucciones?*

Tenía la esperanza de que algún momento las instrucciones llegarían, pero pasaba el tiempo y nunca recibí un folleto con la fórmula para armar una vida sin batallar, sin piezas rotas, sin armar y desarmar. La frustración y el miedo a equivocarme eran latentes, ahora no se trataba de un simple juguete, se trataba de aprovechar al máximo los años que me quedaban robando oxígeno de esta tierra.

Entré a la universidad, consolidé mi grupo de amigos, empecé a aprender a vivir sobre la marcha, y entonces de forma paulatina la sociedad me iba arrojando instrucciones, me iba dictando las formas ideales de vivir la vida, como si fueran la llave a la felicidad. Creí que la solución había llegado. Me tomé la tarea de recopilar los pasos para una vida próspera, según la sociedad, con la intención de obtener instrucciones claras a seguir y saciar mi necesidad de contar con un instructivo que me orientara:

#1 LA INSTRUCCIÓN SOBRE TU VIDA PROFESIONAL
Lo escuché de mis amigos, de mi familia, de la universidad, del sistema:

• Si estudias para esta profesión, tendrás éxito.
• La clave del éxito es nunca descansar.
• El dinero es la definición del éxito.

Te adelanto: en mayor o menor medida, todas son falsas.

Es tentador buscar la felicidad en donde la obtienen todos los demás, cuando estás en una posición de desesperación o con un hambre violenta de salir de tu complicada situación, quieres respuestas rápidas y soluciones que prometen un futuro sin margen de error.

Te aseguro que si consultas en internet, hay una lista de las carreras universitarias mejor pagadas, que aunque no tengo ninguna intención de tachar como falsa esa lista, me parece un problema que creamos que es reemplazable por una lista jerárquica de las carreras con las que resolverás tu vida, o las que te harán más feliz.

A mí siempre me decían: "En la vida hay tres formas de triunfar en el trabajo":

• Ser doctor. Sin duda hay dinero.
• Ser abogado, pero solo si es derecho fiscal, porque ya sabes, en todos los demás no hay dinero.
• Ser ingeniero, pero solo una de las ingenierías de verdad, las clásicas, todas esas nuevas son inventos.

Las reglas eran así de sencillas, no se incluía ningún factor sobre los gustos, los talentos, ni el estilo de vida, pero afirmaban ser las carreras ideales. Eran las únicas alternativas que tenías si no eras heredero de un empresario multimillonario. Para mí, aun siguiendo estas instrucciones al pie de la letra, las piezas no encajaban, de alguna forma se sentían forzadas y a unos segundos de terminar quebradas.

En ningún momento de mi juventud temprana se me ocurrió ni por error que iba a encontrar mi éxito laboral empezando a grabar videos en la sala común de la torre del departamento donde vivía, diciendo las verdades sobre los *cucarachos de dos patas*, y que a partir de eso me depararía una vida que agradezco todos los días, una carrera como conferencista internacional, feliz.

Para construir una vida que agradezcas todos los días, el agradecimiento debe estar aun sin tener esa vida. Es gracias a que llevas una vida agradecida, que ésta se irá construyendo con cimientos fuertes.

Tu profesión no puede tratarse como un juguete, no podemos meter en cada empaque el mismo folleto instructivo asumiendo que con todos va a funcionar. Serás bueno en hacer lo que te guste hacer, y la clave es encontrar la forma de ganarte la vida haciendo lo que más disfrutas. Puedes vivir una vida que otros no comprendan, mientras tú con ella te sientas llena. Ése es el verdadero ideal.

Aunque no haya instrucciones, las cosas son más sencillas que estudiar una carrera en medicina sufriendo cada día de tu vida porque solo lo haces por seguir el instructivo. No necesitas tener definida la actividad que estarás haciendo dentro de diez años. Solo tener definido cómo te quieres sentir dentro de diez años, y comenzar a desarrollar las actividades que hoy por hoy te hagan sentir así. El rumbo irá tomando forma, y la niebla que no te dejaba ver tu ocupación comenzará a desvanecerse.

Sin duda en el aspecto laboral, el dinero es el vehículo motivador principal y con presencia determinante en la escala de éxito. Sin embargo, no lo es todo. Por eso vemos mucha gente ganando sus millones que no se sienten exitosos, y personas que a pesar de no tener dinero se sienten sumamente exitosas.

Entonces, ¿qué define el éxito? Para mí el éxito es hacer lo que fui diseñado para hacer. No es el destino, sino estar caminando por el camino para el que Dios me diseñó. Lograr interpretar, entender y cumplir la misión con la que Dios me mandó a esta tierra. Ya el resultado es lo de menos. Sin limitarme por lo que indican las instrucciones, yo quiero servir al propósito del inventor que me creó.

#2 LA INSTRUCCIÓN SOBRE TU ASPECTO FÍSICO

• Si no estás delgada, no estás sana.
• Si no tienes el cuerpo así, no puedes usar esa ropa.
• Si no te ves de tal forma, nadie te encontrará atractiva.

Te adelanto: todas son falsas.

Un cuerpo perfecto es un cuerpo sano, funcional, es la carcasa que permite a tu alma cumplir con todas sus metas y sueños. Un cuerpo que te permite vivir la vida al máximo, es el cuerpo que necesitas cuidar. Pero un cuerpo sano no siempre es un cuerpo delgado y perfectamente curvado. Comenzando porque los estándares físicos son tan subjetivos que su permanencia depende de la cultura, época, ropa de moda, artista de moda.

Recuerda, ese cuerpo en el que habitas es tu templo. Aunque si mides menos de 1,60 m, es más como tu capillita. ¡Valóralo!

¿Alguna vez has estado inconscientemente frente a un *enredo de estándares*? Quizá muchas veces, pero pocas lo has asimilado como tal. En todo grupo de amigas sucede: a una de ellas siempre le decían: "Le falta cuerpo, pero es bonita de cara", o cuando se referían a ella decían: "La gordita buena onda".

Su distintivo era su peso; en cualquier conversación sobre el peso salía su nombre. Sin que nadie se diera cuenta del progreso disimulado, ella adelgaza y ahora es nuevamente criticada: "Se veía mejor antes", "Ya no es la misma", "Su peso le daba personalidad". Estoy seguro de que lo has escuchado, o has sido víctima de ello.

Los ideales del cuerpo son tan crueles que nunca se ponen de acuerdo.

Si algo he notado en mis pocos o muchos años sobre la tierra, es que soy evolutivo en cuerpo y pensamiento. Nadie se queda estático después de vivir plenamente algunas etapas. Si nos vemos diferentes cada día de la semana, no tendría sentido esperar que el cuerpo se conserve igual con el peso y el paso de los años. Un cuerpo que ha vivido bien lo manifiesta.

¿Alguna vez has estado tan preocupada, tan estresada, triste o tensa, y de pronto te agarra de las greñas una gripa monstruosa o una infección de garganta escandalosa? "¡Lo que me faltaba!", te dices a ti misma. No tiene explicación, has comido bien, incluso has dormido bien, parece que solo el universo no conspira a tu favor. Pero es que nuestro cuerpo es sabio y se deshace de todo lo que le hace daño, y si no lo sacas tú expresándolo, el cuerpo encontrará su ruta de salida. Las emociones se manifiestan a través de tu cuerpo, cuando tú no las atiendes con la mente, se somatiza.

Las emociones controlan nuestra carcasa, nuestro cuerpo. Si no las atiendes, no importa con cuánto brócoli acompañes tus cenas, ni cuánto apio soporte tu extractor de jugos, el cuerpo te va a avisar que algo está mal sin piedad. Para cuidar tu cuerpo y estar sana, tienes que cuidar tu alma. No lo digo yo, lo dice la medicina.

Todos perseguimos un prototipo, pues imitar es la forma más confiable de ser aceptada por la sociedad, de encajar en algún grupo social. No está mal, imitar es una parte muy importante para saber adaptarse, y la adaptación es un superpoder en un mundo que avanza a velocidad luz.

Te vendieron la idea de que para ser bien recibida y querida, tienes que verte de cierta forma. Pregúntate: ¿verdaderamente quieres ser delgada o solo quieres ser amada? ¿Se trata verdaderamente de un

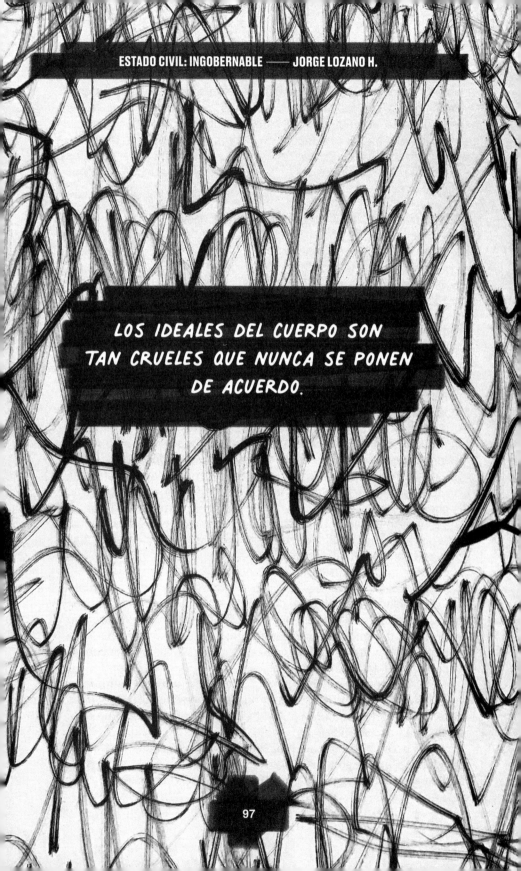

LOS IDEALES DEL CUERPO SON
TAN CRUELES QUE NUNCA SE PONEN
DE ACUERDO.

estado físico, en el que te sientas delgada, o se trata de querer alcanzar un estado mental, en el que te sientas valorada?

Si el fin es la aceptación por otros y recibir amor, entonces lo que tenemos que trabajar no es comprar la ropa en tendencia, ni la cirugía de reducción de caderas. Tenemos que trabajar en saber que eres merecedora de amor por ser tú, y finalmente creer que las personas que no te acepten simplemente no te merecen.

#3 LA INSTRUCCIÓN SOBRE TU VIDA AMOROSA

• Si no se da fácil, no es amor.
• El amor es suficiente.
• Si no tienes pareja, estás incompleto.
• El amor es para siempre.

Falso.

El amor no es enamoramiento, el amor se trabaja y lo he comprobado. Renunciar a una relación solo porque te reta es un error. No es que tu relación no sea "ideal"; hemos olvidado que el amor se acompaña de respeto, compatibilidad y compromiso, el amor por sí solo no crea una relación sana.

El amor romántico no siempre todo lo puede, porque el amor propio también interfiere. En la vida hay que aspirar a más que solo recibir amor; si tomas la decisión de compartir tu tiempo con alguien, ponte exigente. Una mentalidad que se parezca a "no me amas suficiente porque si así fuera, lo dejarías todo por mí" le da al amor trabajo que no le corresponde, eso no es amor, es una amenaza, así que no caigas.

La función del amor en pareja no es completar, es complementar. Una pareja son dos unidades completas que subsisten en lo individual, pero que toman la decisión de acompañarse.

El amor necesita decisión, no necesidad.

Solemos quitarles validez a nuestras experiencias amorosas cuando no cumplen con el ideal. Un divorcio, por ejemplo, es la terminación de una relación que fue perfecta para enseñarte lo necesario para tu siguiente experiencia. Hay relaciones que nacen y mueren para enseñarte a amar, a vivir en pareja, a conocer tus límites, a conocer tu capacidad de dar amor.

Catalogar como fracaso una relación que no duró para siempre es uno de los más grandes males de nuestra sociedad. Las relaciones duran lo que pueden durar: toda la vida, unos años, o solo un rato, como una estrella fugaz.

A esa persona que tanto amaste en un viaje de verano, o ese matrimonio del que te separaste después de varios años, todas esas relaciones tienen su lugar en tu vida amorosa, no las demerites. El amor es amor sin importar su duración, y puede durar para siempre o puede durar solo un tiempo, no sientas que nunca te han amado solo porque no duró hasta la muerte.

#4 LA INSTRUCCIÓN SOBRE LOS TIEMPOS

- Si tienes hijos antes de tu edad madura, tendrás éxito.
- Si encuentras un trabajo que te apasiona en tu juventud, tendrás felicidad.
- Si llegas a la madurez sintiéndote joven, habrás vivido bien.

La prisa es nuestra peor enemiga. No hacer cosas porque te estás adelantando mucho o porque ya es muy tarde para intentarlo es la mentalidad que te está frenando. Estás en el momento ideal para emprender. Estás en el momento ideal para hacer un cambio. Estás en el momento ideal para intentarlo aunque sea riesgoso. Estás en el momento ideal para descansar y tomarte un respiro. Estás en el momento ideal para casarte, porque, realmente, el momento ideal no existe.

Yo puedo decirles "estás en el momento ideal para estar soltera" a tres mujeres diferentes; una de 16 años, una de 32 y una de 58. ¿Crees que le estoy mintiendo alguna?

Cambiaría si te digo que la de 16 está soltera y embarazada, la de 32 se muda de ciudad cada tres meses porque ha crecido mucho en su trabajo y no quiere tener hijos, y la de 58 acaba de salir de una relación violenta por la cual le tomó diez años reunir la valentía para pedir el divorcio. Todos los ideales iniciales en tu cabeza cambiaron, ¿cierto?

Para cada persona los procesos implican diferentes ritmos, no lleves prisa, el momento ideal para actuar es el que decidas.

> EL HOMBRE CORRIENTE, CUANDO EMPRENDE UNA COSA, LA ECHA A PERDER POR TENER PRISA EN TERMINARLA.
> LAO TSÉ

¿QUÉ ES LO IDEAL?

Quizá la definición de éxito para algunos no es la misma que para mí, ni para ti. Una persona puede tener todas las riquezas y facilidades: una familia numerosa, sana, una casa bien amueblada y una vida próspera, y aun así sentirse sin éxito. Como si estuviera llenando un contenedor sin fondo, nada lo llena.

Por eso, realmente el ideal es ser feliz. Cuando ya eres feliz, siempre querrás ser más feliz. Mientras tengas felicidad, no sentirás insatisfacción, vacío, ni pasarás hambre de éxito. Por eso, no puedo decirte qué pasos seguir, porque poner instrucciones para construir la felicidad es reducirla a nada. Ser ingobernable es no seguir instrucciones para encontrar tu plenitud.

El ideal es completamente subjetivo para cada quien, y tienes que convivir en paz con la idea de que tu ideal sea lo completo opuesto al de otros, y ese no es problema tuyo.

Como fanático de seguir el paso a paso, creí y cumplí con cada una de esas instrucciones. Creí que era como una receta de pastel: harina, leche, huevos, y no hay manera de que salga mal. La realidad es que a pesar de seguir al pie de la letra la fórmula para la vida ideal, el resultado salió mal.

No entendía en qué paso había fallado, o qué ingrediente me había faltado. Acierto y error, me di cuenta de que no hay instrucciones que podamos seguir, no hay ideales que podamos aplicar de forma genérica.

Estaba equivocado, el resultado que yo buscaba era encontrar la plenitud y la felicidad, y la ecuación no me daba.

Todos aspiramos al ideal. ¿Pero cómo alcanzamos algo que no sabemos cómo se ve, ni dónde está? Si recorrer el camino hacia el ideal es un reto, se complica más al no saber en qué momento te encuentras parada sobre el ideal. Ante la incertidumbre de este concepto, nos basamos en lo que escuchamos, sin construir nuestra propia percepción de lo que es ideal en lo individual.

"Ideal" es todo aquello que es adecuado para un determinado fin. Si el fin es la felicidad, entonces cuál es tu ideal y por qué pensarías que es el mismo que el de otra persona. A todos nos hacen felices la tranquilidad, la paz, la seguridad, pero todos las encontramos en diferentes formas.

Busca ser feliz: el procedimiento es distinto para cada quien, las instrucciones se van definiendo con autoconocimiento. Imitar es mera supervivencia, es normal y es sano en cierta medida, sin perder el sentido de tu vida, pero no te va a llevar a sentirte completa.

AUTENTICIDAD ATREVIDA

Cuando vienes cargando tantas cadenas de inseguridad, tantas vocecitas que quieren limitarte, tantos estándares e instructivos de vida que te han querido sembrar, hay un punto en el que llegas a un callejón sin salida. Un momento de tu vida de profunda incertidumbre. Es como si de la nada alguien te borrara el programa bajo el cual tu mente ha operado durante años y te dejara preguntándote: ¿entonces quién soy?

¿Alguna vez te has visto a un espejo y te has preguntado quién eres realmente? ¿Qué te gusta, qué te apasiona? ¿Qué te mueve por dentro y no solamente lo que haces por responsabilidad? Llegamos a un punto en el que recibimos tanto del exterior y entregamos tanto que nuestra identidad se va perdiendo con los años. Nos convertimos en producto de lo que nos rodea. Le dedicas tanto a la educación de tus hijos que únicamente recuerdas cómo ser "mamá", trabajas tanto que únicamente eres "trabajador". Lo que haces se convierte en tu identidad y para cuando te das cuenta, ya no te reconoces a ti misma.

En un mundo que quiere estandarizar todo, que quiere hacer todo igual, no hay un acto de rebeldía que sea más valiente que lograr ser tú misma. Sin miedo a expresarte, a escuchar la música que te gusta, a hablar como te gusta, hacer lo que realmente te apasiona y no lo que la gente que te rodea te convence de que es lo normal.

GENTE COPY-PASTE

Seguramente te has encontrado con gente en tu vida con la que no puedes estrenar nada nuevo porque al día siguiente ya lo trae puesto también. Gente que copia tus gustos, tus gestos, a veces tu trabajo o hasta tu personalidad. Gente copy-paste la llamo yo. De esas personas que en lugar de buscar cosas que la hagan única e irrepetible, buscan cosas que la conviertan en alguien más. Es esta necesidad tan fuerte de pertenecer, de ser aceptada y querida. A veces terminan adoptando lo bueno de otros o a veces terminan siendo copias baratas, pero siempre están buscando adoptar identidades que no les corresponden.

La legendaria actriz mexicana María Félix solía decir: "Una mujer original no es la que no copia, sino a la que nadie puede imitar" y es que para muchos es frustrante tener que conocerse, entenderse, quererse y valorarse. Mucha gente prefiere adoptar modelos de vida que a otras personas les funcionan y asumen que también la harán feliz.

La forma de vestir, la forma de hablar, los lugares que visita, sus novedades. En la ciudad en la que vivo, uno de los colegios más caros tiene una particularidad: a la hora de la salida de los niños, las madres de familia (o sus choferes) hacen fila afuera para esperarlos. La escena es famosa en la ciudad por una interesante particularidad: todas usan el mismo tipo de minivan.

Minivans del mismo tipo y hasta del mismo color: blancas. Todas con una calcomanía en la ventana trasera con el logotipo del colegio desfilan diariamente. Muchas glorifican esa calcomanía distintiva como si fuese una marca que traen puesta y demuestra que sus hijos y ellas pertenecen a la selecta comunidad que puede pagar ese colegio.

Es el equivalente a las adolescentes que salen a pasear, todas con los mismos tennis. Los señores que salen a jugar golf y llevan todos la misma gorra o incluso quienes compran en tiendas en las que nunca encuentran nada, pero es en las que todo su entorno compra.

Es frustrante conocer personas que copian todo. Hasta en el trabajo, quizá te ha tocado ver cómo uno invierte tiempo en algo para que llegue otro y le fusile la idea.

Si tú conoces gente que no es original, que no es genuina, gente copy-paste que quiere ser como otros porque no se encuentra a sí misma, el día de hoy te comparto 3 rasgos de la gente que copia en todo:

#1 No valoran sus propias cualidades: hay personas que tienen muchísimo que aportar pero desde muy temprana edad aprendieron a renunciar a sí mismos y darle más valor a lo de otros. Gente que cuando estaba en la escuela, sabía la respuesta correcta de sus exámenes pero no confiaba en sí misma y prefería copiarse las respuestas de otros.

Si cuando crecías, tus padres desconfiaban de toda la información que tú les dabas, si constantemente te subestimaban, es probable que hayas crecido profundamente insegura de ti misma. Siempre asumiendo que otros están en lo correcto, que otros son más inteligentes y siempre alguien debería revisar tus procesos.

Debemos resistir la tentación de pensar que el vecino lo está haciendo mejor. Hay que entrenar a nuestro cuerpo a asumir nuestros retos, afrontando nuestros errores en lugar de siempre pagar consecuencias por los errores ajenos.

#2 No tienen una identidad definida: hay quienes realmente no saben quiénes son. No saben qué les gusta, no saben qué los motiva o qué los mueve: no se conocen. Hay quienes por inseguridad han aprendido a adoptar los gustos más populares. No escuchan la música que les apasiona, sino la que está de moda. No se visten como les gusta, se visten como la mayoría; no se expresan como quieren, sino como otros se expresan. En un mundo que busca estandarizar todo, no pierdas lo que te apasiona, lo que te hace único y valioso.

En un mundo con tantas influencias externas, necesitas reentrenar a tu cuerpo a detectar sus gustos. Te recomiendo tener una nota en tu teléfono celular titulada "Cosas que me gustan". Empieza registrando tus tallas de ropa: ¿cuál es la que mejor te queda?

Cada restaurante que visites recuerda registrarlo, anotar lo que pediste y te gustó tanto, la marca del vino que probaste, regístralo todo. Toma fotografías y agrégalas a esa nota. Necesitas empezar a volver a conocerte, ir olvidando lo que el Facebook, el Instagram o el TikTok te dicen que te gusta y realmente darte cuenta de lo que te apasiona.

#3 La copia refleja admiración: dicen que la copia es la forma más pura de rendir homenaje y aunque no lo creas, muchas personas que conoces probablemente te critiquen en público, pero aunque no quieran aceptarlo, en el fondo buscan cómo imitarte. A veces nos tomamos la copia como una ofensa y aunque a veces es descarada, malintencionada y ventajosa, es realmente un reflejo de que lo que somos y hacemos no pasa desapercibido.

Cuando llevas una vida tan feliz, tan próspera, tan saludable o tan exitosa, es normal que la gente busque parecerse a ti, copiar tus formas, pensando que con eso pueden copiar tu esencia. No te tomes tan personal el hecho de que la gente copie tu estilo, tus formas, tus caminos.

Al contrario, si algo bueno puedes sembrar en la vida de los demás, considéralo como un servicio que haces a la comunidad. Pero no seas tú quien viva pendiente de lo que hacen los demás. No tiene nada de malo buscar inspiración en otros, mientras no sea tu frustración lo que te motive.

No te conformes con ser un individuo "similar", una persona que copie modelos de vida. Aquel que sigue a la multitud en todo difícilmente logrará destacar, pero aquel que camina solo y sin miedo se encontrará en lugares en los que nadie ha estado antes.

RECUERDA: NADIE ES COMO TÚ Y ÉSE ES TU SUPERPODER.

CÓMO SER MÁS SEGURA DE TI MISMA EN CINCO PASOS

No hay acto más valiente en una sociedad como ésta, que ser tú misma. Sin miedo, sin pedir perdón, sin pedir permiso. Simplemente ser tú la que dicte y dirija la obra de tu vida. Pero si aunque lo intentas, las cosas no te salen, si a veces te levantas desanimada, cansada y sin esperanza, tú lo que necesitas es una dosis de seguridad y confianza.

Si quieres dejar de sentirte como perra atropellada y empezar a sentirte como perra empoderada, es indispensable trabajar en esa autenticidad que te llena de confianza. Mamá, si tú no confías en tus propias habilidades, en tus dones, en tus talentos, nadie más va a hacerlo.

Quizá vienes de una relación que te dejó insegura, desconfiada, vienes de una crianza en la que batallaste para desarrollar tu confianza, quizá te han visto la cara tantas veces o han pasado por encima de ti de forma descarada, que ya se te olvidó todo lo que mereces. Pero ve diciéndoles: "Se les acabó". La gente que te conoce se va a llevar una sorpresa porque se les va a aparecer la leona y de correa gruesa.

Yo tengo la filosofía de que la vida te forma mecanismos de defensa: anteriormente te hablaba de que cuando era un niño, era el niño más feo de la escuela. Mis dientes grandes y torcidos me compraron apodos como "Conejo", "Castor" o "Abrelatas" (eran creativos los niños), pero es gracias a eso que desarrollé un mecanismo de defensa psicológico-emocional.

Es como si mi cuerpo me hubiera dado una personalidad amena y divertida para protegerme del bullying y aprender a reírme de la adversidad. Ese mecanismo de defensa que me dio Dios me ha brindado todo lo que tengo en mi carrera profesional. Me ha permitido estar en la televisión, en la radio, formar una enorme comunidad de Leonas Ingobernables y todo es gracias a que aprendí a valorar lo que me hacía auténtico.

No sé dónde están hoy esos niños que me decían "Conejo", "Castor" o "Abrelatas", pero estoy seguro de que no tienen una comunidad tan grande de Leonas Ingobernables y de correa gruesa a su lado, como yo las tengo a ustedes. Estoy agradecido por eso.

¿Cuál es el secreto? Tu personalidad, no se resume en nada más. Mamacita, recuerda: la que no es perra, no prospera y la que no es astuta no disfruta. No tienes que andar buscando soluciones mágicas, ni operarte de pies a cabeza, ni esperar a cambiar algo en tu físico. Lo atractivo ya lo tienes, ya lo cargas. Con clase, se nace. Y si un día te ven por los suelos, diles: "No se confundan, estaba *perreando*, porque la autoestima la traigo volando".

Así sea algo en tu físico, algo en tu personalidad, quizá sientes que no te alcanza el dinero o sientes que no estás en la posición social que te gustaría estar, cuando vives dudando de ti misma, la gente lo puede notar. Siempre habrá una carencia en tu vida que te vaya a intentar desmotivar, pero a partir de que leas este libro, eso tiene que dejar de importarte.

Tú no eres lo que tienes ni cómo te ves: a los ojos del mundo, tú eres lo que proyectas. A tus propios ojos, tú eres como te sientes. Deja de venderte a ti misma tan barato. Empieza a valorar tu autenticidad, empezarás a sentirte mejor y la gente va a empezar a notarlo de inmediato. ¿Quieres ser la Leona de correa gruesa, orgánica y de libre pastoreo? Aquí viene lo bueno.

#1 Ponte a ti misma como prioridad: ya sé cómo eres. Siempre poniendo la felicidad de otros por encima de la tuya, siempre levantando los dones y talentos de otras pero menospreciando los tuyos. Dejándote a ti misma en segundo lugar. A este fenómeno se lo conoce como el Síndrome de la Persona Plastilina. Ese deseo de amoldarse a las necesidades del mundo menospreciando completamente las tuyas. Servirle de cenar a toda tu familia y quedarte cenando las sobras.

¡No, señor! A partir de hoy, tienes derecho a separar para ti lo mejor y no es egoísmo, es autoestima. Repite estas 11 palabras frente a tu libro: "Quiero, puedo, me lo merezco y me lo voy a dar".

Eres importante, eres valiosa, eres una *bichota*. Cuando te veas al espejo recuerda que ese cuerpo es tu templo. Valóralo, aprécialo y agradécelo. Todo lo que te hace diferente te hace auténtica. ¿Quieres tener una personalidad atractiva? Deja de esquivar los cumplidos de la gente, deja de ocultarte entre los filtros, deja de actuar como si te avergonzaras de lo que Dios te dio.

Acuérdate siempre de lo que vales y súmale los impuestos.

#2 No dejes de ser ambiciosa: la mujer segura y confiada escala posiciones. Nunca dejes de crecer, evolucionar, aprender y emprender. ¿No sabes por dónde empezar? Empieza a ver quién tiene lo que tú tienes, quién está donde te gustaría estar y en vez de envidiarla o empezar a compararte, en lugar de convertirte en su versión barata o copy-paste, empieza a hacer tu plan para escalar.

Tómala de inspiración, de ejemplo y de evidencia de los lugares a los que puedes llegar. Todos tenemos las mismas 24 horas en el día. No permitas que nadie te convenza de que no te mereces lo que quieres.

¿Quieres aumentar tu ambición? Tienes que empezar por declararlo. Declara las cosas como si ya fuesen, habla de prosperidad como si ya estuviera en tu vida: "Soy bendecida", "Tengo de sobra", "Me va tan bien que sigo buscando a quién más puedo ayudar". Y si ya sabes el tipo de persona que quieres de pareja, dile: "El cielo es azul y la noche es negra; y muy pronto: tu mamá, mi suegra". ¡Y vámonos!

La ambición es un componente esencial en el desarrollo de tu personalidad y tu autenticidad. Así lleves décadas casada, criando hijos o estés a punto de graduarte de la universidad, así hayan pasado años desde tu divorcio y no tengas ni idea de qué camino tomar; nunca dejes de buscar más. Sigues viva, sana, bendecida y favorecida, no existe una razón por la que no puedas aspirar a más.

#3 Hazte selectiva: la historia de tu vida: sabes lo que mereces, sabes lo que quieres pero gracias a la gente a la que tienes alrededor, no creces. Quizá has pasado por una pareja que te quiso cortar las alas, que se burlaba de tus planes y tus sueños. Quizá tienes amistades que te envidian, que no te motivan. Que les encanta platicar de tus fracasos pero jamás te felicitan por tus triunfos. Hay familiares incluso que dudan de tus capacidades, que te subestiman y te critican. ¡No, señor! Nunca más. Cuando sepas lo que vales, dejarás de rebajarte.

Tienes que empezar a hacerte selectiva: el árbol genealógico quizá requiere una poda, tus amistades requieren una depuración, tus amores y tus relaciones necesitan ser cuidadosamente seleccionadas. A partir de hoy: ¿quiere una probadita de todo esto? Tiene que ganárselo, tiene que pagar el impuesto. La tierra es de quien la trabaja, que se vaya a Zara si anda buscando la rebaja.

Hace poco platiqué con una mujer que no tiene muchos filtros a la hora de seleccionar amores. Sale con cuanto *cucaracho* la invite a cenar y lo peor, se termina enamorando de uno nuevo cada mes. Le decía: "Nueve meses tardó tu madre en forma ese corazón para que llegues tú y se lo entregues a cualquier cabrón". ¡No, señor! Tu seguridad y tu confianza se debilitan cada vez que las personas negativas te visitan. No dejes que un momento de sed te haga beber de los vasos equivocados.

#4 Aprende a decir "No": si un *cucaracho* no te busca en toda la semana pero te busca el sábado a las 2 de la mañana, ¿qué le contestamos?: "Déjame nada más me cambio la pijama". ¡No, señor! Le contestamos: "No". Una palabra, dos letras, la vida te cambia cuando te respetas. Aprende a decirle "No" a todo aquello que beneficie a otros y sacrifique tu dignidad, tu valor, tu buen humor o lo más importante: tu tiempo. Diles: "Mis tacones son lo único que aguanto por gusto, pero con un pendejito ni siquiera discuto". Diles: "Mi tiempo vale más y

NO DEJES QUE UN MOMENTO DE SED TE HAGA BEBER DE LOS VASOS EQUIVOCADOS.

honestamente, no les alcanza". No es fácil decir que "No" en una sociedad que nos ha entrenado para absorber todo.

Las redes sociales han abierto un flujo enorme de información y estímulos en el que entra todo a nuestra mente. Con la misma atención que vemos videos de mascotitas, nos llegan videos de personas siendo atropelladas.

La misma mente que absorbe lo bueno y bonito que te llega absorbe también violencia, contenido sexualizado, grosero u ofensivo. Y así como nuestras redes sociales no tienen un filtro, empezamos a aceptar lo que nos llegue a la vida. Justificamos a la gente pensando: "No es tan malo", "A veces solo hay que aguantarlo". ¡No, señor!

Una de las herramientas más útiles que podrás tener en la vida es aprender a poner fronteras, a decir un "No" de frente, sin dudarlo y sin miedo a herir sentimientos. Hazte alérgica a los *pendejos* y a lo que sabes que no te conviene. Que tu cuerpo lo rechace, lo expulse y lo aísle. Ya has aguantado demasiado por el miedo a herir sensibilidades. La respuesta es "No", le duela a quien le duela y le pese a quien le pese, la vida te cambia cuando defines lo que permites.

#5 No intentes complacer al mundo: mamacita, deja de hacer las cosas por ganarte la aprobación popular. No eres monedita de oro. Habrá gente a la que le caerás mal sin razón, gente que te va a odiar sin siquiera conocerte. A estas personas no queda más que decirles: "Yo sé que me odias, corazón, yo sé que te caigo mal, pero ni modo, no soy croqueta para que me trague cualquier perra". ¡Y vámonos!

Busca complacer al mundo entero todo el tiempo y terminarás por renunciar a lo que puede hacerte feliz a ti.

Yo crecí siempre buscando la aprobación popular, siempre esperando el aplauso de otros o la validación social. Me convertí en un esclavo de la complacencia. Siempre con miedo a decepcionar, a ser insuficiente. Deshazte de esa cadena inútil. La sociedad es un monstruo al que nunca podrás saciar. Te terminará comiendo entera antes de entregarte algo de felicidad.

El arte de ser una mujer segura, auténtica, plena y completa está en poner tus sueños, tus dones y talentos por encima de cualquier excusa que te impida perseguirlos. Mereces amor de sobra y no sobras de amor. Y recuerda, mamacita: Si alguien o algo se quedó en tu pasado, es porque tu futuro le quedaba grande.

Ser auténtica es uno de los regalos más grandes que te puedes dar a ti misma. Es honrar las cicatrices de tu pasado, agradecer lo vivido y vivir confiada y segura de que lo que viene siempre será mejor. En una sociedad que todo quiere estandarizar, no hay mayor acto de rebeldía que ser tú misma. Quédate con quien te quiera por dentro y por *fiera*.

LA IDEA DE SER SEXY

En el año 1999, en las pantallas de cine se estrenaba la que sería una de las películas más icónicas en la carrera de los actores Hugh Grant y Julia Roberts: *Un lugar llamado Notting Hill*. Una comedia romántica muy *noventera* con todos los elementos clásicos de las películas de su generación.

Éste fue el año de las *chickflicks*, con el estreno de memorables películas como *10 cosas que odio de ti*, *Jamás besada*, con Drew Barrymore, *Ella es así* y hasta *American Pie*. Un año en el que las mujeres más *sexies* de Hollywood eran Jennifer Aniston, Catherine Zeta-Jones, Cameron Diaz y por supuesto Julia Roberts.

Con esto en mente, transpórtate al día de la premier de la película *Un lugar llamado Notting Hill*, una sala de cine llena con los medios de comunicación más importantes de la época listos para la llegada de Julia Roberts, de entonces 31 años y en el máximo de su carrera. Entre resplandecientes luces, flashes y la atención de miles de personas, Roberts desfiló por la alfombra roja saludando a los asistentes con una deslumbrante sonrisa.

Justo antes de entrar a la sala, volteó hacia los medios una última vez, extendió su brazo y saludó con la gracia de una princesa de la realeza británica. Cuál sería la sorpresa de los medios al momento de darse cuenta de que un frondoso vello corporal salió de debajo de sus axilas.

Los medios de la época se escandalizaron, las revistas agotaron sus ediciones y todos los programas de televisión hablaban de lo mismo: Julia Roberts y el pelo de sus axilas. Este fenómeno detonó e inspiró una enorme corriente de ideas que redefinieron para siempre la palabra sexy. Si bien los brazos de Julia no iniciaron una moda global, sí inspiraron a miles de mujeres a apreciar la belleza natural, a no sentirse humilladas por su cuerpo y a renunciar a los estándares de belleza de la época.

¿Quién dijo que sexy tenía una definición universal? ¿Quién dijo que no puedes ser atractiva en la forma que tú quieras? Y no estoy diciendo que tengas que irte "al natural" en todo, pero quizá sea hora de empezar a desafiar algunos cánones de lo que es sexy. Hay muchos elementos que hacen atractiva a una persona y en este capítulo te compartiré algunos.

CÓMO SER UNA MUJER IRRESISTIBLEMENTE SEXY

Mamacita, para dominar la ciencia de la atracción no importa ni tu edad, ni tu estatura ni tu complexión. Necesitas astucia, estrategia y personalidad, y te garantizo que podrías encuerar a cualquier hombre con facilidad. Si tú supieras que para ser irresistible y sexy existe una ciencia secreta, muy precisa y científicamente comprobada.

Si alguien alguna vez te hizo sentir que no eras lo suficientemente atractiva, puedes decirle: "Qué lástima, *cucaracho*, yo tan comestible y tú tan a dieta".

Podrás pasar horas arreglándote, meses haciendo ejercicio, moviendo cielo, mar y tierra para gustarle al mundo, y al mundo parece no importarle. La ciencia de ser sexy y atractiva debe ser, como se dice en inglés, *effortless*. Sencillo, natural, no forzado y relajado. Dile: "Ay, *cucaracho*, tan amante del fútbol y no sabes el partidazo que te estás perdiendo".

Mamacita, va siendo hora de que lo vayas entendiendo: el ser irresistible es una ciencia que se practica, se pule y se perfecciona de forma relajada y no frustrada; cuando realmente lo logras, puedes atraer a cualquier persona.

Pero gobiérnate, mamá, ya sabes lo que siempre digo: un hombre al mes, qué bueno es; un hombre a la semana, que cosa tan sana; pero un hombre a cada rato, se te rompe el aparato.

La ciencia de ser irresistible se compone de tres áreas que debes dominar, las 3 P:

#1 Tu Porte
#2 Tu Presencia
#3 Tu Personalidad

El **porte** se percibe a la distancia. Es la manera en la que caminas, la cadencia con la que te mueves. La confianza con la que cargas tu propio cuerpo, el orgullo con el que te presentas a cualquier lugar. Es tu capacidad de proyectar autoridad.

¿Alguna vez has estado en un restaurante y ves entrar a una mujer caminando como si fuese la dueña? Eso es precisamente lo que el porte genera. No importa lo que lleves puesto, lo arreglada o producida, sino la manera en la que lo usas para sentirte confiada. Mamacita, ya sabes lo que siempre digo: la que tiene confianza se come lo que se le antoja, no nada más lo que le alcanza.

Tu **presencia**, en cambio, es la manera en la que cambias la atmósfera de los lugares a los que llegas. Es la manera en la que te haces notar de forma intencional o no intencional. Una persona con presencia atrae miradas. Ya sea por su elegancia, su sentido del humor, su conversación, sus cualidades físicas o inteligencia, es el foco de atención para quienes la rodean.

Quizá has notado cómo ciertas reuniones no son las mismas cuando una de tus amigas falta. Quizá es tu amiga la más loca, la más graciosa, la de la risa escandalosa, la que no se gobierna. Quizá no aporta nada, pero cuando falta, se nota.

Tu **personalidad** es mucho más compleja. Son distintas variantes que configuran tu forma de pensar, actuar y relacionarte con el mundo. Son tus características físicas, tu carácter, tu temperamento y tu inteligencia operando al mismo tiempo y en combinación.

Puedes ser introvertida, extrovertida, sentimental, intuitiva, sensible o la combinación de cualquiera de éstas. Podrás no tener mucho porte ni mucha presencia, pero si tienes una personalidad atractiva, créeme cuando te lo digo, no te faltará ganado fresco jamás en tu vida.

La clave está en conducirte ebria de autoestima, llena de confianza, sin miedo a hacer presencia y cargada de porte; y ni modo: la que soporte. Dile: "*Cucaracho*, a mí me descuidas en tu casa y ya toda tu familia me ama".

Tu personalidad es lo que te hace irresistible, lo que te hace una obra de arte. El físico atrae, no voy a negarte, pero no te hace quedarte.

Hay seis formas de descifrar la ciencia de ser irresistible que puedes empezar a practicar y cuando menos lo esperes, ningún hombre se te podrá negar. Cuando aprendas a dominarlas, te garantizo que vas a andar como pito de anciano: ¡imparable!

Empecemos con lo más complicado: **la personalidad**.

Primera recomendación: un hombre encuentra irresistible a una mujer a la que no le importa, no le interesa y no le urge. Recuerda, los hombres siempre vamos a ir detrás de lo que se vea más difícil de conseguir. Es el sistema de recompensa que tenemos integrado el que nos mueve tras lo más complicado. Por eso tienes que convertirte en su fruto prohibido, una misión que nunca se imaginó haber cumplido.

Cuidado, no estoy diciendo que lo trates mal o que le hagas la vida difícil, al contrario: trátalo increíble, hazle pensar que contigo puede tener el circo, la maroma y el teatro, y en el momento en el que decida intentarlo: Dile: "Tranquilo, mi niño. La carne es débil, pero no pendeja". Dile: "No te apresures, papacito, yo no le doy premio al perro si no me ha hecho el truco". ¡Y vámonos!

Tu personalidad debe reflejar que eres accesible, pero no fácil; inocente, pero inteligente. Si un sábado en la madrugada te envía un mensaje preguntándote: "¿Dónde estás?". Le dices: "Fuera de tu alcance, satanás". ¡Y vámonos! Que sepa que para todo esto no hay código de descuento.

Para ser irresistible y atractiva, necesitas tener una personalidad positiva. Si cada vez que hablas con él, tu conversación se basa en platicar puras tragedias, puras quejas o puro veneno, nadie se va a sentir atraído a eso.

Mamacita, si quieres ser irresistible, necesitas que la gente se enamore de sí misma cuando están contigo. Que salgan más sonrientes y felices de lo que llegaron. En otras palabras, te quiero como juguete erótico: vibrando alto. Siempre con una sonrisa y como prueba de embarazo: ¡positiva!

Pasemos a tu **presencia**: ¿quieres ser irresistible? Te muestro la ciencia. Cada cuarto en el que entras debe de ser más bonito con tu presencia.

Aprende a divertirte por ti misma y nadie podrá resistirse a tu compañía. Si cuando llegas a algún lugar toda tu atención está en atraer las miradas o provocar a los hombres, una sola cosa va a pasar: los vas a ahuyentar.

Pero si tu atención está en divertirte; sola o con tus amigas, en reírte de una broma, en bromear y simplemente buscar pasarla espectacular, nadie va a poder ignorarte. Mamacita, recuerda: tu risa enamora. No hay nada más irresistible para un hombre que verte divertirte.

Tú sonríe, mamacita, aunque esa mañana hayas amanecido toda destruida. Nunca sabes cuándo te está viendo por primera vez el amor de tu vida. Te va a ver así a lo lejos y va a decir: "Oh, my God, qué destruida, ¡pero qué contenta se ve!".

Una conversación fluida y amena es altamente atractiva. Usa gestos, movimientos y emoción cuando platiques. Que una conversación contigo sea animada. No te quiero tiesa como una momia recién desenterrada. ¡No, señor!

Ya te imagino:

—¿Cómo estás?

—Bien.

—¿Cómo va tu vida?

—Aburrida.

¡Claro que llevas una vida aburrida con esa conversación deprimente! Áspera como papel de baño de gasolinera esa conversación, fría como abrazo de suegra. Mamacita, ¿quién va a querer platicar cuando llegas a los lugares poniendo cara de perro amargado? ¡No, señor! Asegúrate de dedicar tiempo, atención y conciencia a tu comunicación. Y no te desesperes si no encuentras el amor. Quizá Dios ya tiene a alguien escogido para ti, solo lo está capacitando para que te soporte.

Por último, pero no menos importante, el **porte**: empieza cuidando tu postura y tu forma de caminar. Mamacita, ya te lo he dicho antes, tú camina encorvada, con flojera, arrastrando los pies, sintiéndote pateada por la vida y nunca te vas a sentir como una mujer atractiva. Al contrario, empieza a proyectar confianza, poder y seguridad. Te quiero caminando con un porte de potra, de leona, de *caballona*. Levanta la cabeza, mamacita, que se te cae la corona.

Recuerda, con clase se nace, eso no lo compras ni lo pasas. Diles: "Les pido una disculpa, pero entre las perras hay razas". ¡Y vámonos!

Mamacita, ser irresistible es una combinación que puedes practicar, lograr y perfeccionar; lo único que te recomiendo es que lo uses con quien verdaderamente lo vayas a aprovechar. Búscate hombre bueno, de calidad garantizada, no como ese mugrero al que estabas acostumbrada.

Y para llegar a ser irresistible y aumentar la confianza que proyectas, te recomiendo una fragancia distintiva. Escoge un perfume, uno que te encante y sepas que te hace oler auténtica, y no dejes de usarlo. No importa si tienes que invertir un poco porque está caro; es un gasto necesario.

Tu perfume es la firma que le dejas en la ropa a una persona cuando te saluda. Es un sello de porte que juega con los sentidos de quien lo perciba y estimula su memoria olfativa. Y no importa dónde vuelva a olerlo, siempre va a reconocerlo. No escatimes a la hora de tu fragancia. Cuando te la pongas, sé generosa y usa la necesaria.

Las fragancias florales, para una personalidad romántica, femenina y delicada, caracterizadas por notas comunes como rosas, jazmín, lirio y peonía. Las fragancias frutales tienden a reflejar una energía juguetona y optimista, con notas habituales de manzana, durazno y frutas rojas.

Aquellas de tipo oriental o amaderado se asocian a personalidades sofisticadas, sensuales y misteriosas, destacando elementos como vainilla, ámbar, sándalo y madera. Las fragancias cítricas, con notas de limón, naranja y pomelo, suelen ser elegidas por personas que buscan una sensación refrescante, enérgica y activa.

Por último, las fragancias gourmand, con toques de chocolate, caramelo, vainilla y almendra, se identifican con personalidades dulces, apasionadas y juguetonas. Aprende a escoger el mejor perfume para tu tipo de personalidad y lo vas a traer como sabueso, como perro detrás de ese hueso.

RECUERDA, MAMACITA: NADIE ES COMO TÚ, Y ÉSE ES TU SUPERPODER.

¿SE TE ACABA EL TIEMPO? LA CADENA DE LA EDAD

El problema de las cadenas, los miedos y las inseguridades es que a veces son tan sutiles y tan silenciosas que no nos damos cuenta de cuándo llegan. Van entrando como la humedad, se cuelan por debajo de la puerta; cadenas tan discretas como peligrosas, tan comunes y difíciles de ignorar. Cadenas como la edad.

¿Tienes amigas a las que les pesa tremendamente la edad? Para algunas, cada año que suman se va convirtiendo en una losa que cargan sobre sus hombros. Sienten sus sueños, pasiones y oportunidades esfumarse en la sombra del tiempo. Todos quizá alguna vez empezamos a ver la vida como algo que se escurre entre nuestros dedos y no podemos hacer nada para detenerlo.

Es como si el mundo entero nos vendiera la idea de que nos vamos acabando con los años; que hay cosas que empiezan a dejar de estar a nuestro alcance. Es irónico como, cuando somos jóvenes, somos muy inexpertos y poco sabios para hacer lo que queremos hacer, pero cuando envejecemos, ya es demasiado tarde para realizarlo.

La historia cuenta con innumerables ejemplos de personajes que han desafiado el número que la sociedad ha querido imponerles. Cleopatra VII fue una famosa gobernante del antiguo Egipto; fue diplomática, comandante naval y de guerra, política, escritora de múltiples tratados y lingüista. Antes de cumplir la mayoría de edad ya dominaba el etíope, hebreo, troglodita, árabe, sirio, medo, parto, latín y su griego koiné nativo; tenía solo 18 años cuando llegó al poder.

El rey Tutankamón tenía únicamente 9 años cuando asumió el poder, la reina Isabel II de España fue coronada en 1833 cuando solo tenía 3 años, igual que el rey Oyo Rukidi IV, quien es el actual rey de Toro en Uganda; asumió en 1995, cuando tan solo tenía 3 años.

Y aunque quizá es muy fácil hablar de personas que ascendieron en la vida por herencia, por esfuerzo o por un golpe de suerte en su juventud, quizá las historias que más inspiran son aquellas de quienes desafiaron el peso de los años. No sé tú, pero yo cada día me siento más golpeado por los años. Hay días en los que siento que se me está rompiendo la tortilla de este frágil taco llamado vida. Pero tenemos que andar con la actitud como prueba de embarazo: ¡positiva!

En un mundo que glorifica la juventud, la edad es una hermosa corona para quienes la saben aprovechar. La joya máxima en la que encuentras la sabiduría, la experiencia, las historias y las vivencias. Leonardo da Vinci pintó sus máximas obras, *La Mona Lisa* y *La última*

114

cena, después de sus 41 años. Coco Chanel, la icónica revolucionaria de la moda y la alta costura, continuó inspirando con sus diseños aun en sus 70. Nelson Mandela no fue elegido el primer presidente de raza negra hasta sus 76 años. Sea lo que sea que quieras hacer, ¿realmente es demasiado tarde?

Para muchos, la edad no es solo un número, sino una actitud frente a la vida. Seguramente conoces gente que a los 90 años no los detiene nada; ahí andan todavía para arriba y para abajo y hasta tienes que regañarlos: "Ya descansa, ya no puedes andar haciendo tanto esfuerzo". Así era mi abuela, 85 años y no se gobernaba.

Hay adultos que a sus 80 se inscriben a clases de baile, viven en compromisos sociales y se mantienen activos. Pero también hay quienes a los 25 parecen los muertos vivientes: no quieren hacer nada, a nada aspiran, en nada encuentran pasión.

Dicen que la juventud no es una etapa de vida, sino un estado del espíritu, y en 2022 Mathea Allansmith lo comprobó. Terminó el maratón de Honolulu en poco más de 11 horas y 19 minutos, a sus 92 años. ¿Tienes dudas sobre iniciar algo nuevo a estas alturas de la vida? Aunque envejecer no es algo que podamos evitar, la forma en la que disfrutamos nuestros años es lo único que nos queda por determinar.

Hay 3 verdades sobre la edad que no debes olvidar:

#1 Un corazón entusiasta es un corazón joven: uno solo es viejo en la medida en que renuncia a tener sueños y se resigna solo a tener límites. Nuestra capacidad física y mental cambia con los años pero nuestra capacidad de aspirar a más, de tener proyectos, de conquistar retos, mantiene joven el espíritu. No te compres la idea de quienes dicen: "Ya no tienes edad para eso". No escuches a quien te dice: "Ya llovió". O "Ya no es tiempo". Seamos conscientes de nuestras limitaciones pero abiertos a seguir luchando por nuestras ilusiones. Empieza hoy. Empieza a la edad que tienes, con lo mucho o poco que tengas. Los proyectos de vida nos mantienen con la sangre caliente y los pies en movimiento. Quizá la etapa más emocionante aún no ha llegado, deja de pensar que tu máxima plenitud ha pasado. Tú no eres la edad que un documento establece. ¡Acuérdate siempre de lo que vales y súmale los impuestos!

#2 Para tener una vida dulce, no se pueden tener días amargos: no seas de esas frutas que con el tiempo se vuelven amargas y agrias. Tú eres como un buen vino y de los caros. Eres como un queso maduro, selecto y con el sabor completo; de esos que, con la edad, toman más cuerpo y personalidad. No dejes que tus días se contaminen de berrinche, pequeños enojos, mal humor y frustración.

Las huellas del tiempo podemos esconderlas, operarlas, maquillarlas y producirlas, pero para un corazón amargo no existe botox. Para una fea personalidad no hay cirugía plástica. Vivir joven es sonreírle a la vida y entender que podrá no ser fácil con los años, pero vale la pena vivirla.

#3 Rodearse de juventud mantiene el alma joven: mantenernos cerca de gente con la misma mentalidad y ganas de deleitarse con los años es mantenernos inspirados a disfrutarlos. No se aleje de quien le recuerde lo que es vivir pleno. Uno florece más donde hay flores creciendo. Permanezca siempre humilde a aprender y adaptarse al cambio, que solo es viejo aquel que se convence de serlo.

No estoy diciendo que vivir joven sea regresar a la adolescencia, sino saber que la madurez y la juventud son un estado de consciencia. La juventud no tiene nada que ver con los años, sino con la manera de vivirlos. Porque si la juventud es un defecto, es un defecto del que nos curamos demasiado rápido.

Nunca te compres la idea de que vas muy temprano o muy tarde. La edad es una construcción mental. Una referencia numérica que nos pusimos para darle seguimiento a la vida de una persona. Eso no define ni tus capacidades ni tu potencial. Deja de asumir que hay cosas que están fuera de tu alcance. Tanto para lo profesional, la salud, lo emocional o incluso para el amor, no hay fronteras que no se puedan cruzar, más que las legales obviamente.

Es importante especificarlo ya que quizá tú vienes de una relación amorosa con alguien de tu edad o más maduro y tal vez últimamente te llama la atención el probar suerte con alguien más joven: una probadita de colágeno puro. ¡Eres tremenda!

¿UNA PROBADITA DE EXPERIENCIA O UNA PROBADITA DE JUVENTUD?

Hace un tiempo platicaba con una mujer que quería entenderse un poco más a sí misma. Se sentía aburrida en su relación; alegaba que su pareja era anticuada, aburrida, de otra época. Ansiaba contagiarse de nueva energía, llenar su vida de aventuras y nuevas experiencias. Quizá te has sentido así a veces y el primer lugar al que apuntas es a tu vida romántica. Se te hace una ecuación sencilla: una pareja diferente es igual a una vida diferente. Ojalá fuera así de sencillo.

Verás, los seres humanos tendemos a confundir la naturaleza de nuestros vacíos. Cuando sentimos que hay áreas de nuestra vida insatisfechas, con falta de plenitud y energía, apuntamos rápidamente hacia el ser humano más cercano y lo culpamos. Sin saber que nuestra pareja tiene muy poco que ver en la falta de aventuras y experiencias que estamos viviendo. Incluso si eres soltera. La ausencia de una pareja en tu vida tiene muy poco que ver con la falta de acontecimientos en ella.

Si no encuentras placer, plenitud y aventuras en tu vida actual, difícilmente llegará alguien a tu vida con un autobús lleno de nuevas experiencias y te dirá: "¡Hey! ¿Qué haces ahí en esa relación aburrida? Anda, sube, vamos a divertirnos". ¡Jamás! Es tu imaginación la que te quiere convencer de que tu pareja va a llenar lo que no tienes lleno ya. Y yo sé lo que estás pensando: "Pero Jorge, tú no sabes la aburrida rutina que tengo con mi pareja. Siempre es lo mismo, ya no aguanto". Lo entiendo. Cambia.

Empieza a evolucionar. Empieza a convertirte en esa persona que tanto te gustaría que llegara a tu vida. Empieza a invitarte a ti misma a vivir nuevas y emocionantes aventuras. Inicia un nuevo deporte, lanza ese negocio, pinta tu obra de arte. No pidas permiso, simplemente hazlo. Sorpréndete a ti misma con cosas que nunca te imaginaste que harías. Emociónate, ponte nerviosa, siente la adrenalina de tus propios actos correr por tus venas.

Hay dos cosas que muy probablemente pasarán:

#1 Experimentarás la plenitud que solo tú puedes darte: dejarás de voltear a ver las carencias de tu pareja y dejarás de culparla por vacíos internos. Dejarás de ver a ese hombre como una hamburguesa cuya única función es llenarte y empezarás a sentirte satisfecha sola. Ahí puedes reevaluar tu decisión. ¿Realmente era tu pareja la que te mantenía limitada?

#2 Entenderás la verdadera misión de tu pareja: cuando evolucionas en algún aspecto de tu vida, vas a encontrar mucha resistencia, mucha incertidumbre de parte de la gente que te rodea. Tu pareja probablemente te cuestionará, te retará y será renuente al cambio. ¿Realmente puedes culparlo? Es normal. Cuando uno empieza a bailar a un ritmo diferente que su pareja, sin duda habrá momentos en los que dudas si se podrá adaptar. Pero cuando el amor es grande y poderoso, uno aprende a bailar al ritmo que le toquen.

¿A tu vida le hace falta vigor, emoción y aventura? Evoluciona. La vida da muchas vueltas, pero quien te quiere las da contigo.

Una vez que estés en plenitud, puedes empezar a considerar la edad como un factor para escoger quien venga a complementar tu propósito. Hay muchas que me han dicho: "Jorge, a estas alturas de mi vida yo ya no busco una media naranja". Dicen: "Yo lo que busco es un buen exprimidor". ¡Válgame Dios!

Si no sabes por qué, por alguna razón, los hombres de tu edad te aburren o no te llaman la atención; si tú lo que quieres es a uno mayor, cayéndose de maduro o quizá tienes ganas de uno menor que tú; si dices: "Yo quiero colágeno puro"; si quieres saber cómo conquistar a una persona con diferencia de edad, a continuación te lo voy a mostrar.

Lo primero que tienes que saber es que es normal. Es normal que te llame la atención una persona principalmente porque tiene una edad distinta a la tuya. Eso puede reflejarse en muchas otras cosas. Siempre te gustan los gallos del otro gallinero. Quizá eres de las que no importa el postre que te sirvan en una boda, siempre te llamará la atención el del vecino.

No importa la edad que tengas, hay algo en ti que hace que se te acelere el corazón por un joven cervatillo. Quizá 5 o 6 años menor que tú, tierno y sin experiencia. Eres tremenda y lo sabes. O quizá lo que quieres es un hombre maduro, vivido, veterano. Quizá ya tuviste chile piquín y ahora quieres chile *poblano*.

Mamacita, sea cual sea tu caso, cuando te gusta un hombre de diferente edad, existen muchas razones por las que la sociedad te dirá que no puede funcionar. Pero mientras tengas oportunidad, vale la pena probar. Ya sabes lo que siempre digo: mientras no sea un delito, que sea un deleite.

Si te acusan de asaltar la cuna o de asaltar el asilo para encontrar el amor, si te han llamado una *cougar*, una *sugar momma* o una *chacala*, te comparto algunas formas de conquistar a una persona con amplia diferencia de edad:

Utiliza la diferencia de edad como un afrodisiaco: ésta es quizá la principal motivación para conseguirte a una persona mayor o menor: el deseo. A ti te gusta la carne añeja, maltratada por los años, curtida como pierna ibérica. Te gustan las carnes con olor a anciano; olor a crema para los dolores. ¿No te explicas por qué? Es psicológico.

La diferencia de edad contribuye a la eterna búsqueda de lo nuevo, lo inexplorado, las fronteras prohibidas por los cánones sociales. Sobre todo si eres de personalidad seria, muy bien portada o creciste en un hogar con muchas reglas; esa mente ingobernable buscará una manera de compensar su falta de libertad y se irá detrás de lo que su entorno le ha prohibido.

Quizá lo que te llama es la firmeza de un hombre más joven. De esos que no han vivido mucho todavía, los que todavía aguantan maltrato. Tú lo que quieres es un joven que no se canse de inmediato. Mamacita, lo primero que tienes que evaluar es si a estas alturas del partido estás para que te enseñen, o estás para enseñar.

La diferencia de edad genera jerarquías mentales. Quizá tú nunca fuiste buena siguiendo órdenes, siempre tuviste problemas con la autoridad. Te gustan las cosas hechas a tu modo y a tus formas y por eso tu mente intenta convencerte de que un hombre más joven es justo lo que tu personalidad necesita para vivir en paz. Si bien una persona de diferente edad al principio te puede emocionar, llega un momento en que su madurez o su juventud indudablemente te dejará de importar.

No te dejes llevar por tus expectativas: la edad no es garantía de nada. Hay hombres muy maduros de edad que se comportan como niños de preescolar; así también hay hombres muy jovencitos, pero tienen alma vieja o se comportan como viejitos amargados.

Lo que sí debes tomar en cuenta es que, si estás saliendo de una relación de muchos años, si pasaste por un divorcio difícil o simplemente necesitas reajustar tu paladar antes de continuar en tu búsqueda de un amor, un amorío con diferencial generacional no te vendría mal. La vida te manda sorpresas cuando la dejas. Si tus amigas se burlan de ti porque te gusta puro maduro, diles: "Ríanse perras, ya verán cuando cobre el seguro".

No confundas edad con madurez. Mamá, recuerda que la edad es solo un número, una construcción mental que alguien inventó para establecer una lógica generacional. Si realmente quieres un hombre que te ofrezca algo diferente, en lugar de enfocarte en la edad, enfócate en su madurez emocional. Recuerda que en esta vida hay *almas viejas* y *almas jóvenes*.

No importa de qué edad parezca. Si la persona es inmadura, insegura, o está llena de soberbia y amargura, a ese *cucaracho* me lo tiras a la basura. Vivir con una persona que no tenga la madurez que estás buscando es una cruz muy pesada para andar cargando.

No busques quien venga a resolver tus carencias: hay gente que busca personas con diferencia de edad para resolver carencias y no es ahí donde está la felicidad. Mamá, hay gente que no buscaba una pareja, buscaba una madre que la atendiera. Hombres que buscaban a una pareja menor para tenerla en todo momento bajo control. ¡No, señor!

No te lo voy a negar, las estadísticas indican que las parejas con diez o más años de diferencia sí tienen una probabilidad más alta de incompatibilidad; sin embargo, si tu encontraste el amor en alguien mayor o en alguien más joven, dátelo mamacita. Las diferencias nos unen y esa relación puede resultar en una experiencia interesante, solo no vayas buscando medicina al mismo lugar donde te enfermaste.

La edad es una cadena que no te puede dominar. Deja de ponerte como excusa el sentir que vas muy temprano o muy tarde. Quizá estás entrando justo a la temporada de tu vida que Dios tiene preparada para bendecirte. No podía ser antes porque no hubieras estado preparada, no podría ser después porque quizá no tendrías el hambre de tomarla. La oportunidad es ahora.

> TE MERECES TODA LA FELICIDAD QUE
> A LO LARGO DE LOS AÑOS HAS DESEADO
> PARA LOS DEMÁS.

CÓMO MEJORAR TU AUTOESTIMA PARA SIEMPRE

LA CAMISETA AGUJEREADA

Desde que me casé hay una cosa que mi esposa no soporta de mí, y sus intentos de deshacerse de ella son en vano porque me acompaña desde antes de conocerla. Es mi playera para dormir. Seguro tú me entiendes, esa playera que no sabemos de dónde salió, ni cuántas generaciones pasó, o que quizá pasó por un proceso de evolución.

Antes era tu camisa para salir, pero con los años, los hoyos y la bastilla descosida, se volvió tu aliada para conciliar el sueño. Es como magia, cada vez que me la pongo duermo como un rey. De hecho, cuando me veas en silencio y con la mirada perdida, en mi cabeza me estoy cuestionando si la reina Isabel dormía con camisón de seda o si tenía su propia playera agujereada y vieja.

¿Sabías tú que, en sus inicios, en un momento del siglo XV, las pijamas eran consideradas un lujo? Esta ropa para dormir solo estaba diseñada para la realeza y las clases sociales más altas, pero con el tiempo se fueron confeccionando pijamas hechas con tela más económica pero igual de cómoda. Se volvió una tendencia tan fuerte que Kurt Cobain, líder de la famosísima banda de rock Nirvana, se casó con una puesta. Por otro lado, Hugh Hefner, empresario multimillonario fundador de la famosa revista *Playboy*, tenía una colección envidiable de más de cien pijamas[5].

Resulta que usar una buena pijama es importante para honrar el sueño, que es una necesidad básica del ser humano, además de ser uno de los principales factores a considerar a la hora de cuidar nuestra salud. Imagina lo decepcionados que estarían nuestros antecesores si supieran lo que hemos hecho con las pijamas.

Sucede lo mismo con la colección de ropa interior de las mujeres, yo no sabía esa regla implícita de los calzones del periodo. Las mujeres tienen una colección completa de calzones, los seductores que

---

5 *La historia de las pijamas.* https://www.abanderado.es/blog/historia-del-pijama/#:~:-text=La%20historia%20conocida%20del%20pijama,para%20hombres%20como%20para%20mujeres.

son rojos de encaje, los color carne que son para funcionalidad, y los rotos de corte abuelesco, que son para los *días rojos*.

Cuando me enteré de eso, fue mi argumento final para convencer a mi esposa de que me dejara quedarme con la playera agujerada. He escuchado historias de terror, donde una se pone su calzón roto y viejo para no caer en la tentación en la primera cita con un hombre, y lo único que logra es caer en la tentación pero con vergüenza.

Mi esposa insiste en que yo compre una pijama nueva que encuentre igual de cómoda que la playera que ella odia, y yo me resisto. Sé que lo hace porque se preocupa por mí, pero me pregunto si no estará exagerando, pues a fin de cuentas nadie más la va a ver.

A veces pensamos que si nadie lo ve, no es importante, pero aunque no lo creas, basta con que tú misma los traigas puestos para que impacte. ¿Por qué te darías a ti misma un trato que te avergüenza en público?

Para mí esto cobra más sentido con la teoría de la *vajilla cara*. Esa vajilla cara y exclusiva que tienes en el fondo de tu despensa, la de colección, que solo sacas cuando llegan invitados a cenar a tu casa. Te parece importante que otros puedan gozar de la mejor versión de tu casa, tu propiedad, tu privacidad, pero tú no. Cuando estás tú sola, te sirves la cena en el plato de plástico rayado o en un plato desechable para no tener que lavarlo. Es difícil de creer, pero ese comportamiento nos revela algo muy importante: te cuesta ocupar espacios. Te cuesta ocupar espacios, dinero, esfuerzos y tiempo, cuando es para ti.

Estarás pensando: "¡Ay Jorge!, lo hago por practicidad, para no lavar". Pero si lavas platos para alguien más, ¿por qué no hacerlo para ti misma? El gran problema al que nos enfrentamos es que no solo te cuesta darte ese valor, sino que también las personas lo perciben y empiezan a tratarte con el mismo nivel de amor con que tú te tratas: escaso. Tu forma de tratarte marca la pauta para los demás.

No sirves la comida en la vajilla cara si no hay invitados porque quizá no te sientes merecedora de hacer ese esfuerzo adicional por ti misma. Te reto a empezar a poner la mesa completa, aunque seas tú la única que vaya a sentarse a comer en ella, a brindarte tu momento con mantel y cubiertos en orden, un plato bonito que te haga sentir digna, y comer tu comida caliente y bien sentada en la silla. Así atenderías tú a una persona que quieres. Cuando lo hagas, sube una foto a tus redes presumiendo el banquete que te diste porque así lo mereces y etiqueta mi cuenta para poder enorgullecerme: @jorgelozanoh.

Con tanta información que abunda en internet, el concepto de la autoestima se ha vuelto cada vez más complejo e impreciso, difuso e incomprensible para un simple mortal, pero empecemos a desmenuzar su significado real utilizando conceptos sencillos de tu cotidianidad. El amor, el respeto, el valor, la confianza, todos son conceptos complejos. Pero la pregunta que los va a aterrizar es: ¿cómo lo demuestras tú?

Tu respuesta seguro será un gran vistazo a tu "lenguaje" del amor. Tómate un momento para recordar y hacer conciencia de cómo te comportas tú con las personas más importantes de tu vida. Seguro respetas su espacio, les tienes paciencia, atiendes sus necesidades, los haces sentir importantes, validas sus emociones, crees en sus capacidades, los motivas a seguir adelante.

Indaga en tus recuerdos y encuentra un ejemplo más específico. Piensa en tus hijos, si es que los tienes. Pregúntate cómo los proteges, los animas a poner límites, apoyas sus sueños, los llevas a sus clases extracurriculares para que socialicen, para que pulan sus talentos. Los llevas a fiestas de sus amigos para que se diviertan, les haces de comer lo que les gusta, y te encargas de que coman nutritivo para que estén sanos y fuertes, les sirves la comida caliente, cuidas su sueño por las noches. *Les compras una pijama nueva cuando la suya está llena de agujeros.*

Ahora piensa en tus amigas. Seguro escuchas con paciencia un millón de veces la misma historia del cucaracho traicionero, les preparas una botana cuando llegan a tu casa, las felicitas y te emocionas con ellas por sus logros, por más mínimos que sean. Las consideras y las haces sentir capaces de todo. *Las recibes con la vajilla más bonita y por ellas desempolvas las copas de vino de vidrio.*

¿Cuándo te va a tocar a ti?

Quiero que cada vez que olvides amarte, recuerdes:

> **LAS PERSONAS NOS VAN A AMAR COMO ELLAS LO SABEN HACER, NO COMO QUEREMOS QUE NOS AMEN. DE LA ÚNICA PERSONA QUE VAS A RECIBIR AMOR A TU MODO ES DE TI MISMA.**

EL CONSULTORIO

He tenido la oportunidad de platicar con mujeres sobre su proceso de renacimiento a su mejor versión, y sobre cuál fue el momento en que se dieron cuenta de que necesitaban un cambio. Una de ellas me contaba cómo siempre vestía con su ropa más nueva, y se levantaba desde temprano para arreglarse el pelo y maquillarse. Sin creerlo necesario e impulsada por pura curiosidad y moda entre sus amigas, agendó una cita con un psicólogo. Como siempre, llegó en tacones altos y maquillaje intacto a su sesión.

Es una experiencia invasiva convivir con un psicólogo. No importa cuánto te esfuerces por ocultarlo, siempre saben qué traumas arrastras. No importa si a la autoestima le pones labial brilloso y tacones altos, se huele a kilómetros cuando está mal trabajada.

La secretaria la recibe y la guía hacia el consultorio del psicólogo, la mujer toma asiento en una esquina del sillón, y abraza su bolso sobre sus piernas cuando se sienta. El psicólogo fríamente le pregunta: "¿Cuál es el motivo de tu consulta?". La mujer intentó responder y sin pronunciar más de tres palabras, empezó a llorar desconsoladamente. Ella, muy apenada, limpia con sus manos las lágrimas que salían sin parar de sus ojos, pide perdón, se contiene, y con una voz que parecía ajena a la persona que estaba llorando, dice: "Ya, estoy bien", y sella con una sonrisa con dientes. Repite: "Estoy bien así, exageré".

El psicólogo le confiesa un secreto: su sala de consultas es un examen psicológico también; evalúa desde qué lado del sillón toma el paciente, dónde deja las pertenencias que lleva consigo, y si al momento de llorar, se permite hacerlo y honra sus emociones tomando los pañuelos estratégicamente acomodados en la mesa de al lado.

El psicólogo toma su pluma y voltea a ver su libreta.

Primera anotación:

- **La paciente no toma pañuelos:** no hay autocuidado, no satisface sus necesidades básicas. No cree que sus lágrimas sean merecedoras de ser limpiadas debidamente y con cuidado.
- **La paciente pide perdón por llorar:** además de ser válido vivir tus emociones, una consulta psicológica es el lugar por excelencia para llorar, y aun así no se lo permitió.
- **La paciente niega sus emociones:** dice estar bien, cuando todo su semblante muestra que no lo está.
- **La paciente se sienta en una esquina del sillón y no suelta sus pertenencias:** no ocupa espacios. Teme ocupar mucho tiempo y energía del psicólogo demostrando su emoción (cuando, literalmente, está pagando al psicólogo para eso).

En pleno llanto frena en seco su emoción. No quiere la atención sobre ella (cuando, literalmente, la consulta es personal e individual).

Hay señales que no podemos ocultar que revelan lo que sentimos que merecemos, y lo peor es que, aunque tú no puedas advertirlo de ti misma, pareciera que los que te rodean tienen una visión rayos X que ve a través de ti.

No, no es porque sean psicólogos, es porque una mala autoestima se puede percibir a leguas. La autoestima no es cuestión de sentirte menos bonita un día que otro, la autoestima es la perspectiva que has construido sobre ti misma durante años.

#1 NO TOMAS PAÑUELOS (AUTOCUIDADO)

El autocuidado no es sinónimo de una buena autoestima, pero con una se cultiva la otra, se nutren mutuamente. Si estás en un momento en que tu autoestima está llena de baches y calles mal pavimentadas, será difícil que te sientas merecedora de tener contigo misma los cuidados que necesitas. Es aquí cuando el modo automático debe reemplazarse por esfuerzo y consciencia, aunque al principio cueste mucho trabajo. Oblígate a tomar decisiones sabias, que te conduzcan a resultados sanos a largo plazo. Toma tiempo para ver por ti, convéncete a ti misma de que sí eres merecedora, convence a tu mente de que sí puedes usar la vajilla más cara porque lo vales.

Cuidarte a ti misma también es una forma de cuidar y amar a tu familia. Piensa en cómo te gustaría a ti recordar a tu mamá: feliz, libre, plena, social, relajada, fuerte. Eso mismo le gustaría a tu familia ver en ti, verte bien les dará la paz que necesitan que les transmitas.

En este momento de arranque, el ejercicio puede parecer un gasto de tiempo y de dinero si estás pagando un gimnasio. Quizá dejaste de hacer ejercicio porque era escoger entre eso o preparar el desayuno a tu familia, y entonces poco a poco empezaste a cortar y eliminar pedacitos de tu vida para lograr meterte a un molde, sin estorbar en la vida de los demás. Empezaste a recortar de tu vida hábitos y costumbres importantes para complacer necesidades ajenas. El ejercicio es de las formas más difíciles de quererte, porque no es placentero, pero son 30 minutos o una hora exclusivos para tu cuerpo.

> PERMITE QUE LA PERSONA QUE QUIERES SER
> TOME DECISIONES PARA TU VIDA
> Y NO LA PERSONA QUE ERES.

Dedicarle tanto cuidado a algo programa tu mente para pensar que es valioso e importante, aunque no tengas clara la razón. Si comienzas a cuidarte y dedicarte, pronto tu mente estará convencida de que lo haces porque lo mereces, y lo mereces porque tu valor es alto. Al principio con esfuerzo y después de forma natural y con convicción, verás que tu sentido de valor y autoestima comenzará a elevarse.

#2 PIDES PERDÓN POR LLORAR (MERECIMIENTO)

"Exageré", dice la paciente, luego de pedir perdón por llorar en una sesión psicológica. Una buena autoestima no es impecable, sino que te permite ser flexible y te acepta en todas tus dimensiones. Una buena autoestima también permite puntos de quiebre y no permite que éstos la definan.

¿Quién te habrá acostumbrado a pedir perdón siempre? "Perdón por molestar, perdón por quitarte tu tiempo, perdón por preguntar, perdón por llorar, perdón por hacer la conversación sobre mí". Te inundas en la culpa y prácticamente pides perdón por existir, como si lo merecieras menos que los demás. El perdón se pide cuando cometes un error, y que realices acciones de ser humana, como llorar, no es un error, es tu derecho a ser y estar.

Usa menos la palabra "perdón" y comienza a agradecer en su lugar. Usa frases como "te agradezco por tu tiempo, agradezco que me escuches, agradezco que me valides". Agradecer le da un tono positivo a cualquier escenario, pedir perdón le da un tinte oscuro y de culpa. Mereces ser escuchada, mereces tener un espacio seguro, mereces trabajar tu estado emocional. Date tú primero el lugar y verás cómo todos los demás comenzarán a hacerlo sin cuestionarte si lo mereces o si te lo has ganado.

> NO TIENES QUE ESFORZARTE MÁS POR GANARTE UN LUGAR, TIENES QUE HACERTE TÚ MISMA EL LUGAR.

No otorgarles seriedad a las cosas que nos suceden e ignorarlas es también una forma de devaluarte. Si una emoción viene a ti, entonces no estás exagerando. Los sentimientos nos revelan nuestro siguiente paso, si lo ignoras, entonces estamos perdidos. Indagar en tus pensamientos negativos es conocer tu voz interior[6].

Me di cuenta de algo: mi esposa no estaba exagerando cuando le preocupaba que durmiera con una camiseta con hoyos, mi esposa me estaba queriendo mejor de lo que yo supe quererme.

---

6 https://habilidadsocial.com/aumentar-autoestima-ciencia/

#3 NO SUELTAS TUS PERTENENCIAS, TE SIENTAS EN LA ESQUINA (NO OCUPAS ESPACIOS)

Nuestro cuerpo es una proyección de lo que vive en nuestra mente. La psicología nos ha presentado la postura de poder[7], que se refiere a que la postura del cuerpo causa efectos sobre la postura de tu mente. Con el cuerpo, con su acomodo, puedes programar tu mente y enviarle una señal de que estás en posición de poder, segura de ti misma, dando a tu presencia la importancia merecida.

Esta teoría habla de dos tipos de posturas: la expansiva y la retraída, y cada una de ellas provocaría en nuestro cerebro un efecto de espejo, nuestra mente imita lo que siente nuestro cuerpo. La expansiva es, por ejemplo, sacando el pecho, con las piernas abiertas sobre el piso, tomando espacio con tus pies, y con la cabeza hacia el frente y hacia arriba, como si jalaran de tu coronilla con un hilo como marioneta. Esa postura es la que siempre hemos visto en la Mujer Maravilla, una figura femenina dominante y de empoderamiento, cabeza alta y manos a la cintura, ocupando espacios también con los brazos.

La postura retraída es igual de poderosa, porque envía un mensaje al cerebro diciendo que debes contraerte, hacerte pequeña porque lo eres. Un ejemplo es estar con los hombros encogidos, con la vista y la cabeza hacia el suelo, abrazando tus brazos para proteger tu pecho.

Escoge siempre decirle a tu mente que tienes permitido tomar el espacio porque así lo mereces, porque tu presencia es suficientemente impactante. Toma espacios, siéntate al centro del sillón y extiende tus brazos, habla fuerte y claro en una conversación, ocupa tiempo, hazle honor a tu existencia porque es valiosa.

#4 TE CONFORMAS CON TU ESTADO ACTUAL (NO TE PREDISPONGAS AL FRACASO)

"Así estoy bien", dice la paciente, aceptando su oscuro destino como si no tuviera ninguna otra opción. Si nunca intentas mejorar, nunca intentas estar bien, nunca intentas elevar tu vida, te estás registrando para ser la siguiente en la lista del fracaso. Conformarte con tu estado de ánimo actual, encontrar comodidad en una autoestima pisoteada, no va a mejorar el panorama.

La baja autoestima tiende a volverse una condición crónica, porque fácilmente te envuelve en un círculo vicioso donde te crees incapaz de lograr lo que quieres, entonces es inútil intentarlo, por lo tanto te encierras y confirmas la idea de que eres inútil.

---

7 Postura de poder: https://presentastico.com/2016/12/22/el-efecto-wonder-woman-usa-tu-cuerpo-para-afrontar-mejor-tus-presentaciones/

Inténtalo siempre y réstale importancia al resultado, porque lo que una buena autoestima necesita no son puros éxitos, necesita retarse para siempre sentirse capaz.

> UN BUEN INTENTO SIN ACIERTO ES MÁS ÚTIL QUE LA COMODIDAD DE NUNCA HACERLO.

#5 CONOCE TUS FORTALEZAS Y DEBILIDADES

Reconoce en qué eres buena. No tienes que ser la mejor en nada, eso sería compararte y competir. Eres inigualable y no mereces ponerte a prueba en base a las virtudes de otros. Reconoce tus logros por más mínimos que sean, y apláudete cuando notes que has crecido, aunque sean pocos centímetros.

> CUANDO RECUPERES O DESCUBRAS ALGO QUE ALIMENTA TU ALMA y TE TRAE ALEGRÍA, ENCÁRGATE DE QUERERTE LO SUFICIENTE y HAZLE UN ESPACIO EN TU VIDA.
> JEAN SHINODA BOLEN

Priorízate a ti, a lo que usas para dormir, a la vajilla en la que comes todos los días, y a hacer de tu existencia motivo de una fiesta, prioriza tu salud mental, en terapia pagada o en casa, permítete conocerte, escuchar lo que tu alma te dicta que eres.

La autoestima es el amor más incondicional que vas a experimentar a lo largo de tu vida. Tendrás que estar contigo lo que dures en este mundo, no te idealices porque podrás fácilmente decepcionarte, pero no te hundas con tu propia fuerza porque la presión no te dejará ir a la superficie. Para evitar idealizarte, debes aterrizar con ayuda de tus debilidades, y para evitar hundirte debes salir a flote con ayuda de tus fortalezas.

Para encontrar un balance en tu vida y regresar a tu centro debes conocerte en todo terreno. Si te concentras únicamente en tus debilidades, estarás avanzando con freno de mano, apagando tu potencial y sintiéndote inútil. Actuar desde tu peor lado es como una fricción que no te permite deslizarte hacia el camino correcto.

¡DEJA DE DISCULPARTE POR TODO!

LAS TORTUGAS COLOR VERDE BRILLANTE

Hasta hoy, en mi familia somos tres: mi esposa, mi perro y yo. Desde que Keo llegó a nuestra vida he comprobado la teoría que tenía desde pequeño: con un perro voy a ser más feliz. Mi padre siempre refutó mi teoría, supongo que simplemente no contábamos con el espacio, ni con el dinero para adoptar una mascota tan grande como un perro, pero mi madre siempre se preocupó por nuestra felicidad y buscaba cumplir nuestros deseos a como diera lugar.

En el cumpleaños de mi hermana, mi madre se encargó de reunir a sus hijos en nuestro pequeño patio y nos dijo: "Yo sé que es el cumpleaños de su hermana, pero hoy les tengo un regalo a los tres". En mi mente ya estaba abrazando a un cachorro peludo, hasta sabía qué nombre quería ponerle: Yoko si era hembra y Ringo si era macho.

Entonces después de haber creado una película entera en mi cabeza en solo 15 segundos, mi madre destapó lo que parecía una jaula (por cierto, muy pequeña para contener un perro pero la esperanza es lo último que muere). Entre las rejas y hasta el fondo de la jaula, si te asomabas con atención y entrecerrabas los ojos para enfocar la vista, se podían ver dos pequeñas tortugas color verde brillante, moviendo sus brazos y piernas a toda velocidad en la poca agua que tenían.

No puedo negar que estaba un poco decepcionado, pero recibí a mis nuevas mascotas con mucho cariño. Mi mamá nos explicó que, igual que un perro, las tortugas necesitan mucho amor, cuidado y atención de sus dueños.

Fue una buena idea, finalmente me sentía importante por tener algo a mi cargo, y además no ocupaban espacio en mi casa, todo era perfecto porque no estorbaban. Estaban todo el día en su jaula con agua, moviéndose de un lado a otro, parecía que no necesitaban más.

Como orgulloso papá de tortugas, estaba emocionado por verlas crecer. Pasaron los años, y mientras a mí me salía mi primer bigote, ellas seguían del mismo tamaño, moviéndose como siempre de un lado a otro en su pequeña jaula.

Más tarde, tuvimos que mudarnos de esa casa. Un hermano de mi madre vino a ayudarnos con la mudanza y cuando vio a las *pequeñitas* tortugas, nos propuso llevarlas a su casa de campo, donde tenía un gran estanque lleno de peces y ranas. Aunque al principio me resistí, mi tío me prometió que allá serían más felices, y que podría ir a visitarlas cuando yo quisiera.

Al final, me despedí de ellas y confié en que encontrarían su lugar en un estanque más grande, quizá ahora en lugar de nadar de un lado a otro, podrían nadar en cualquier dirección que quisieran.

Tan solo cuatro meses pasaron cuando tuve la oportunidad de visitar a mis primeras hijas en su nuevo hogar, y ahí estaban, irreconocibles. Las dos habían crecido el triple de su tamaño, se veían fuertes, las vi escalar rocas, nadar distancias largas, y hacer un montón de trucos que jamás imaginé que serían capaces.

Mi tío me explicó que las tortugas, por su composición física, crecen en proporción al tamaño del espacio que les des. En algunos casos, si el espacio les queda demasiado pequeño, es posible que nunca se adapten y eso cause su muerte. Afortunadamente me di cuenta a tiempo. No podía dejar de pensar en la jaula tan pequeña en que las guardé toda su vida pensando que estaban cómodas y a salvo, y, al contrario, eso fue lo que las mantuvo pequeñas e incompetentes.

Si tan solo les hubiera dado más espacio.

Desde ese momento, aprendí dos cosas muy importantes:

#1 El hábitat le pone límites al desarrollo: si estás pensando tener una tortuga como mascota porque tu espacio es reducido, primero considera que cuanto más espacio le des, más libre podrá ser, más talentos va a desarrollar, y más feliz va a vivir. Tener una tortuga en una pequeña jaula va a limitarla en todos los aspectos.

#2 El hábitat nos pone los límites de desarrollo: las personas nos expandimos bajo esa misma condición. Según cómo sea el espacio disponible para crecer, será tu desarrollo. Hay que escoger bien el tamaño y acondicionamiento de nuestro hábitat. ¿Quieres vivir ingobernable? Necesitas escapar de esa jaula en la que vives y encontrar el lugar en el que puedas crecer.

Tu jaula se define a partir de qué tanto te permites a ti misma desarrollarte, qué cuidados te has dado, en qué ambiente escoges desenvolverte, por quiénes te rodeas. Si a pesar de que pasan los años, has crecido en estatura pero aun así te sientes chiquita por dentro, es momento de cuestionarte qué es lo que no te ha permitido expandirte y por qué te has reducido a un espacio tan pequeño.

Las personas, igual que las tortugas, buscamos adaptarnos, encajar y caber incluso cuando a veces ya sabemos que no es nuestro lugar. Pensamos que estamos mal diseñados, cuando somos mucho para un lugar tan pequeño, y como eres perseverante (y a veces un poco terca), en lugar de aceptar que no cabes, y alejarte, empiezas a moldearte.

Todo el tiempo piensas que estás mal, que estorbas, que molestas, que eres una incomodidad. A veces ni siquiera te das cuenta de que siempre te dejas al final, y cuando por fin te das cuenta, es porque estás a punto de explotar. Comienzas a recortar partes de ti que crees que están mal, que están de más, y poco a poco empiezas a hacerte más y más pequeña. Es momento de sembrar en tu cabeza la idea de que no estás haciendo nada malo al ocupar espacios.

Quizá eres muy empática, y la factura se ha cobrado. ¿Dónde te has equivocado?

La empatía es una cualidad, sería un error verla como una debilidad. Sin embargo, hay un momento en que si no sabemos controlarla, la empatía comienza a crecer desenfrenadamente y comienza a deformarse, y toma una nueva forma, que es dejarte pisotear. En la mayoría de los casos, esto les sucede a las personas del corazón más blando, porque buscamos la comodidad de los demás, dejando la propia en segundo, tercero o hasta último lugar. ¿Cuánto te has perdido a ti, por no perder a los demás?

Las personas con un alto grado de empatía también son las que poseen más sólido su sentido de responsabilidad afectiva. La responsabilidad afectiva es mantener una comunicación asertiva al expresar nuestros sentimientos y emociones a alguien más, cuidando también las emociones de la persona a la que queremos comunicar. La responsabilidad afectiva es aportar claridad en una situación para el beneficio de ambas personas. Saber pedir perdón cuando te has equivocado, ofrecer una explicación cuando sabemos que no hemos sido claros. La responsabilidad afectiva es señal de que tienes respeto por los sentimientos y necesidades de los demás.

Para que la responsabilidad afectiva se conserve como una medida sana, debe acompañarse también de respeto por ti misma, respeto por tus sentimientos, deseos y necesidades. Si tu amor y respeto propio están tambaleando, la responsabilidad afectiva comienza a ser "excesiva" y entonces empiezas a tomar responsabilidad por todo y más.

Te vuelves responsable de los sentimientos de los demás aunque a ti ya no te corresponda, y dejas de ocuparte de los tuyos. No absorbas las penas ajenas porque no quedará espacio para las tuyas, esas que sí te necesitan. Tener el talento de ver y sentir a través de otros, de ponerte en sus zapatos, podría provocar que siempre quieras solventar sus penas como si fueran tuyas.

Sí es tu responsabilidad lo que tú entregas, pero no es tu responsabilidad cómo lo toman los demás. Si vendes algo en perfecto estado, y la persona hace mal uso de él, tú no tienes responsabilidad sobre lo que hizo, lo que esperaba o cómo lo recibió.

Esto nos ha llevado a la sobreexplotación de la palabra "perdón". Cuando pides perdón, automáticamente se manda una señal a tu cerebro de que lo que hiciste estuvo mal, que causaste daño, y una voz te repite: "No vuelvas a hacerlo".

> SERÍA DESASTROSO QUE TU MENTE CLASIFIQUE TUS NECESIDADES Y TU EXISTENCIA COMO UN ERROR QUE NO SE DEBE VOLVER A COMETER.

Esta palabra es muy poderosa, y usarla indica que hubo un error de tu parte, esta palabra clasifica lo que debes y no debes hacer. El problema es que no cuesta nada decirla, te toma dos segundos pronunciarla, entonces la hemos sobreexplotado sin considerar que el impacto que tiene sobre tu comportamiento es impresionante.

La costumbre de pedir perdón es más que una simple muletilla sin significado. Pedimos perdón porque verdaderamente creemos que hemos molestado a alguien. El problema se siembra cuando creemos que poner un límite, expresar nuestras opiniones o ponernos como prioridad es un error, y que si molestamos a alguien haciéndolo, nos corresponde pedir disculpas.

Pedir perdón por hacer y decir cosas completamente válidas es mucho más perjudicial de lo que puedes imaginar. Todo esto viene del poco valor que creemos que tienen nuestros propios derechos, deseos y necesidades.

Hacer daño sí supone un perdón, pero ésta es una lista de cosas que quizá se sienten como un daño aunque no lo son, y jamás debes volver a pedir perdón por ellas:

Poner límites: es común que las primeras veces que pongas un límite sientas que has hecho daño a alguien más. Saber poner límites es un músculo que hay que entrenar, al principio lo único que vas a sentir es dolor porque tu cuerpo no está acostumbrado a hacer ejercicio, quizá pensarás que esto es porque no estás hecha para eso, o estás haciendo algo mal, pero con el tiempo el músculo comenzará a formarse, y todos los beneficios del entrenamiento comenzarán a notarse.

No permitas que te hagan sentir como una mala persona, como si fuera tu responsabilidad o tu obligación tolerar a los demás. Recuerda que los límites que pongas comenzarán a delimitar tu espacio personal, el espacio que tendrás para ti misma, para expandirte y crecer. Saber poner límites a tiempo y dejar espacio para ti misma es tu forma de escoger una jaula que esté a tu medida, que te permita estar en paz, desarrollarte adecuadamente y darles espacio a tus necesidades y tu felicidad.

Expresarte: expresarte y dar tu honesta opinión, así como estar en desacuerdo con el resto, es tu derecho. Darte permiso de expresarte es una forma de valorarte, de comenzar a creer con firmeza que lo que tengas que decir importa y aporta. Dar tu opinión nunca es un error, decir lo que sientes y piensas es darte libertad de las cadenas de la opinión de los demás. Expresar y dar a conocer lo que piensas es una de las formas más importantes de recuperar el control que tienes sobre tu vida, y disolver el control que tienen sobre ti las opiniones ajenas.

Decir que no: no tener que justificar tus decisiones, no dar explicaciones que no son necesarias es un superpoder infravalorado. Ser selectiva con tu tiempo y energía, y saber qué situaciones no merecen que te involucres te conducirá a dedicarte a lo que verdaderamente vale. Desasociarte de lo que no te merece es el primer paso para involucrarte en ti y en lo que importa. Así como saber marcar tu espacio entre ti y una situación que no te responsabiliza, no triangular en conflictos ajenos a ti, nunca participar como la intermediaria de personas que están en guerra.

Con frecuencia buscamos convencer a las personas de que estamos bien, y esto, antes que ser manipulación, es una necesidad de validación. Acercarte con explicaciones excesivas a tu mamá, a tu amiga, o incluso a un desconocido para justificar tu apariencia física, el trabajo que tienes, tu decisión de seguir o no seguir en una relación, todo eso te corresponde únicamente a ti, reserva temas íntimos solo para ti.

La intimidad contigo también es una forma de crearte un espacio seguro, que te pertenezca únicamente a ti, para poder expandirte y crecer.

Tus prioridades: ser tu prioridad sin pedir disculpas. Cada persona es responsable de su propia felicidad, de su propio crecimiento y de su propia comodidad. Reconocer esa frase como la verdad te va a quitar muchas cargas que tú sola te has puesto encima, cargas ajenas que te has asignado por un exceso de empatía. Por más que te desvivas por resolver los problemas de alguien más, nada en esa persona va a cambiar si no viene de sí misma, así que deja de ocuparte en lo de otras personas, y ocúpate de ti, que nadie más lo va a hacer.

Darte tu lugar es comenzar a hacer las cosas por y para ti misma, en lugar de hacerlo por complacer o agradar a las personas. Te adelanto y te lo digo para que encuentres la paz: nunca vas a lograr agradarle a todo el mundo. Así que deja de darle prioridad al resto, deja de enfocarte en lo que no es por ti y para ti. Si te enfocas en caer bien a los demás, cuando te des cuenta de que es imposible te vas a decepcionar, así que no lo intentes. Vas a comenzar a desagradarte a ti misma, y tu relación contigo comenzará a desgastarse. Si en tu versión más honesta no les agradas a los demás, el problema es suyo. No es tu responsabilidad, por lo tanto, no pidas perdón por no agradar.

Recuerda que si no estás para ti misma, nunca podrás estar bien para los demás. Una forma infravalorada de demostrar a tu gente que la amas es cuidarte y amarte a ti. Tu familia, tus amigas y tu pareja te necesitan, pero te necesitan bien.

Tener expectativas, sueños y metas: darle espacio en nuestra vida a un proyecto que nos importa implica reducir el espacio que les damos a otras cosas, comúnmente, a eventos sociales, salidas con amigas, compromisos en general. Es normal sentirse egoísta cuando empiezas a recortar el tiempo que dedicas a otros para invertirlo en proyectos personales, pero es necesario.

Recuerda que tus proyectos son crecimiento, son autorrealización, y todo eso suma a la autoestima, suma a tu amor propio. Invertir una parte grande de ti en cumplir tus sueños y alcanzar tus metas es autocuidado. No pidas perdón por hacer algo útil de tu vida que no incluya al resto, que implique desprenderte de hábitos viejos.

Recibir ayuda: la creencia de que no mereces el apoyo, el tiempo o la ayuda de los demás te ha llevado a enfrentarte sola a situaciones sin usar a tu equipo. Además, cuando recibimos un poco de su energía en lugar de agradecer, pedimos perdón: "Perdón por robar tu tiempo", "Perdón que te moleste", "Perdón por preguntar". No te generes el hábito de creer que eres una incomodidad o un desperdicio de tiempo, cuando recibas ayuda lo más sano para ti es agradecer, y eso es suficiente.

Todas estas situaciones, por las que seguido te disculpas, son simplemente parte de existir. Si sigues pidiendo perdón por hacerlas, estarías pidiendo perdón por tu existencia. No te dejes atrás, hazte prioridad.

TÚ DELIMITAS CUÁNTO CRECES HACIÉNDOTE TU PROPIO LUGAR

DATE TU LUGAR

Tú eres responsable de crear el hábitat en el que te desenvuelves, cuanto más espacio tengas, más crecerás. Cuanto más tiempo te des, más prioridad te concedas y más valor te asignes, más podrás poner límites a los factores externos, y no permitirás que tu necesidad de

encajar, adaptarte a todo y agradar a todos te lleve a abandonar partes de ti, a recortar partes de ti, a dejar de atender tus necesidades y
dejar de dedicar tiempo a tus sueños.

Sí, notarás que hay incendios a tu alrededor pero no tienes por qué
unirte a ellos. Los problemas y los procesos de los demás no son un llamado a que te abandones y acudas a apagar sus fuegos. Pedir perdón
por no estar para complacer a los demás, por complacerte a ti misma,
enviará el mensaje a las personas de que tus necesidades no son valiosas, y les estarás concediendo el permiso de atropellarlas, así como
tú misma las atropellas.

CONECTA CON TU ENERGÍA FEMENINA Y MASCULINA

ESCOGER TU ATUENDO PARA LA OCASIÓN (EXTERIOR)

Con más frecuencia en las mujeres que en los hombres, es una experiencia universal que cuando tenemos un evento en puerta queremos encontrar la vestimenta ideal. Son muchos los factores a considerar para saber qué vestido vas a usar. Toda mi vida me rodeé de mujeres y es así: es más sagrado el momento de escoger lo que te pondrás que llegar puntual al evento. Seguro te suenan familiares las llamadas y mensajes con tus amigas: "¿Qué te vas a poner?". Búscalo en tu conversación de WhatsApp y ahí lo comprobarás, vas a encontrar, más de cien mensajes iguales.

Hay quienes se preparan con días de anticipación, hay quienes van de compras para obtener la prenda perfecta para la ocasión. Encontrar el atuendo ideal para el momento es parte de la experiencia del evento. El momento de arreglarte parece el evento principal.

No es una exageración de las mujeres darle esa importancia al atuendo correcto, con el tiempo lo he entendido perfectamente. Lo hacen más las mujeres que los hombres porque tienden a ser más receptivas, y comprenden el impacto de mostrar la imagen adecuada. Esto tiene una razón, y tiene mucho que ver con la comodidad, con nuestra identidad y con nuestro papel en ese lugar. Debemos ir de acuerdo con el código de vestimenta necesario para poder vivir el evento como es esperado. Para poder entrar en una fiesta en la playa no escoges ir en ropa formal y entallada.

Seguro has notado esa polaridad que te habita, cuando tienes que decidir si hoy quieres potenciar tu versión más tierna o tu versión más intrépida. Esa decisión va a definir qué te pondrás, cómo te maquillarás, cómo te peinarás, incluso algunas veces cómo te comportarás. No es que una de esas versiones tuyas sea mejor que la otra, aunque es posible que sí una sea más dominante que la otra y que una de ellas la luzcas con más frecuencia que la otra.

Tener dos versiones no indica un problema de identidad, no es que solo seas una de ellas y la otra versión tuya sea un montaje. Puedes ser perfectamente las dos versiones para momentos diferentes, eso habla de tu desarrollada versatilidad.

Al final, escoges qué usar dependiendo de muchas variantes: con quién vas al evento, qué imagen quieres proyectar, cuál es tu rol en ese lugar, con qué intenciones vas, quizá vas a cazar a un hombre, o quizá vas a negociar. Entonces llegas a la conclusión del atuendo correcto para el momento. Consciente o inconscientemente adoptamos la mentalidad de que cómo nos vemos es cómo nos van a tratar.

La forma de vestir se ha convertido en la principal forma de expresión de muchos, cada vez son más las combinaciones extravagantes con las que nos topamos en las calles y en internet. La ropa que usas, cómo la usas y en qué momento la usas deja ver cómo es tu relación contigo misma y cómo buscas relacionarte con los demás.

Dar prioridad a la imagen exterior es un punto más a tu favor, pero sería un error dejar de lado la importancia de la vestimenta que escoges usar para tu interior, porque ésa es la vestimenta que más presencia tiene.

Seguramente te has topado en internet con las noticias más candentes de las celebridades, y siempre está la nota catastrófica de cómo dos celebridades usaron el mismo vestido, y la interminable batalla de quién lo lució mejor. Con tu buen ojo de crítica de moda escoges a tu favorita, pero es cierto que a las dos se les ve completamente diferente porque lo usan y proyectan de una forma completamente opuesta.

No me refiero únicamente a los accesorios, sino a la energía que irradia tan diferente cada una de ellas. La única prenda que no se puede accesorizar es la que escogemos para llevar por dentro. Como siempre digo: para una fea personalidad, no hay cirugía plástica.

ESCOGER TU ATUENDO PARA LA OCASIÓN (INTERIOR)

En tu rutina de mañana tienes una nueva responsabilidad, escoger qué prenda quieres usar por dentro dependiendo de lo que buscas proyectar. Así como tu closet de ropa, también tenemos un closet de diferentes energías hacia las que nos podemos inclinar. La ropa habla mucho de nuestra presencia física, pero la energía habla mucho de nuestra presencia mental.

Sucede que empiezas tu día preparándote para ir al trabajo, eliges por supuesto la ropa adecuada para tu nicho de trabajo. Quizá trabajas en una oficina y entonces te pones los pantalones de vestir color negro, con unos tacones cerrados, serios y discretos, acompañados de una blusa de color neutro, que proyecte formalidad porque hoy tienes una junta importante y quieres irradiar ser merecedora de admiración y respeto.

↓

PARA UNA PERSONALIDAD FEA NO HAY CIRUGÍA PLÁSTICA.

Junto con todo eso, sin darte cuenta quizá, seleccionaste vestir tu mente y tu actitud con la prenda de la energía masculina. El trabajo es un lugar común para usar la prenda de la energía masculina, porque la situación, el contexto y tu ocupación en el trabajo así lo demandan.

En tu closet tienes dos ganchos donde cuelgan la prenda de la energía femenina y la energía masculina. Lo estoy afirmando, porque todos las tenemos, aunque usemos más una que otra, aunque prefiramos una sobre otra, aunque salga con más frecuencia una que otra. Todos los seres humanos, mujeres y hombres, tenemos estos dos hemisferios.

Como no somos medias naranjas de nadie porque no somos mitades, en este mundo todos somos un círculo completo, una naranja entera, y no necesitamos de nadie que nos complete. En ese sentido, todos somos positivo y negativo, todos somos blanco y negro, a veces usamos un poquito más de blanco y a veces un poquito más de negro, pero están ahí ambos. Esta misma lógica rige la teoría de la energía masculina y la energía femenina.

Aunque tengamos estos dos lados energéticos, masculino y femenino, casi siempre predomina uno en nosotros. Cuando operas con más frecuencia desde tu energía femenina, entonces del exterior atraes energía masculina. Cuando operas con más frecuencia desde tu energía masculina, atraes energía femenina. Estas energías no son contrarias, son complementarias, cuando se usan en conjunto son el equilibrio perfecto, con el yin y el yang en un perfecto balance y en su centro.

Como en el yin y el yang, en toda esfera masculina hay algo de femenino y en toda esfera femenina hay algo de masculino. Ambas en sinergia tienen como resultado la velocidad e intensidad correcta para progresar.

CONOCE TUS ENERGÍAS

Sabemos universalmente cómo se ve el blanco y cómo se ve el negro, se distinguen por completo, y es evidente cuando los vemos complementándose en el símbolo de yin-yang. ¿Pero cómo se ven la energía femenina y la energía masculina? Es necesario conocerlas y distinguirlas para poder encontrar su equilibrio, y si falta sazonar más con una de ellas, agregarla a la mezcla en la medida justa.

Estas energías no se refieren de ningún modo al tema de género, ni a tu orientación romántica y sexual. Ni siquiera se trata de si escoges una falda afeminada o un pantalón holgado, se trata únicamente de la energía que irradias, ésa que no se puede escoger ni aunque la disfraces con prendas externas. La energía no se percibe por la vista, se percibe por el conjunto de nuestros cinco sentidos y es mucho más

potente, no hay forma de taparla y se huele a distancia. Esta vestimenta sí que va a sugerir cómo tratas y cómo te tratan las personas.

Ahora bien, no se trata de que escojas con cuál energía te quedas y a la otra la deseches. Las dos energías son completamente útiles y de hecho son ambas necesarias, pues para que una funcione sin fallas debe estar balanceada por la otra. Aunque efectivamente puede una subsistir sin la otra, esto provocaría un desequilibrio energético. La vida con sus variadas situaciones te va a exigir el uso de ambas energías, por eso de fábrica venimos integrados con las dos.

> CONOCE LA FUERZA DEL HOMBRE, PERO MANTÉN
> EL CUIDADO DE UNA MUJER.
> RAY BILLINGTON

La energía masculina es aquella que de manera inconsciente usas para ir a trabajar, porque precisamente es la energía que libera tu lado proactivo, proveedor, que resuelve, que entrega, que da resultados. Esta energía es tu lado arriesgado y metódico, aquella que se activa cuando estás frente a una situación que requiere que actúes y que ofrezcas resultados, es una energía dominante.

Recuerda que una no puede sin la otra. La energía masculina en el trabajo, sin una dosis de energía femenina, puede ser tóxica. La energía masculina es la que te da la iniciativa y las soluciones, y si la acompañas de tu energía femenina, puedes comunicarlas de manera asertiva, empática y receptiva a las críticas constructivas de los demás.

La energía masculina sin energía femenina es agresiva, juiciosa, y siempre está a la defensiva. No hay que olvidar complementarlas para que tu proyección esté perfectamente equilibrada.

La energía femenina es la que usas para momentos en que puedes y debes mantener la calma, que quizá salga a relucir más en tus relaciones, en conversaciones profundas, en tus momentos de introspección. Es tu lado de quietud, de calma y de reposo. Es la energía que empatiza, que conecta, que atrae calma, transforma, siente, intuye, está conectada con su interior.

Recuerda que una no puede sin la otra. Si usas tu energía femenina en tu relación, ésta te dará la habilidad de comunicar asertivamente tus emociones, de conectar profundamente con tu pareja, te habilitará ofrecer calma y paz a la relación. Si a esa energía femenina la acompañas correctamente de energía masculina, esta última será el vehículo para que cuentes con la seguridad en ti misma de poner

límites de forma clara y empática. Cuando a la femenina la equilibras con una dosis de masculina, evitas que tu lado emocional se apodere de ti en exceso, y puedas ser racional y objetiva en momentos clave.

La energía femenina sin su dosis de energía masculina puede manifestarse en falta de límites, en sumisión extrema, en falta de responsabilidad sobre tus acciones, inactividad y desmotivación.

EQUILIBRA

CUANDO HAY ARMONÍA, YIN EQUILIBRA EL YANG Y YANG EQUILIBRA EL YIN.
BRENDAN KELLY

La vida no siempre es el balance perfecto, y seguro te la ha puesto difícil para poder seguirle la pista. La clave está en dejar de buscar estabilidad y buscar equilibrarte sobre la cuerda floja. Por eso, en lugar de dejarte llevar por la corriente, lo mejor es bajarlo a nivel consciente y escoger todos los días a qué energía darle el papel protagónico. Si usas solo una de tus energías, se va a sobrecalentar, y como si fuera un aparato electrónico, va a dejar de funcionar, se va a dañar, va a crear heridas, y no va a ser igual de nuevo.

A veces llegas a tu casa directo a cambiarte de ropa, pero se te olvida desvestir algo, olvidas quitarte la prenda más importante que usas en tu oficina, que es tu energía masculina. La que toma decisiones, ofrece soluciones y es sumamente racional.

Estás en tu casa conviviendo con tu familia con la ropa de vestir adecuada, pero usando tu ropa energética cargada hacia la masculinidad, y la convivencia empieza a verse así: llegas a dar órdenes, a querer resolverlo todo, a tomar el control de todo y de todos, a activarte de más, y te agotas porque nunca descansa ese lado tuyo.

Lógicamente, alcanzas un agotamiento energético y pareciera que llegas de trabajar a tu casa para tener que trabajar aún más. Regañas, dar órdenes, nunca puedes conectar, disfrutar, descansar. Entonces, te surge la necesidad de regresar a tu paz, a tu tiempo, al reposo, a nutrir tus vínculos, a conectar emocionalmente con tus hijos, con tu mamá, con tu pareja, con tus amigas. Comienzas a necesitar tiempo para estar con tus sentimientos, para trabajar tu espiritualidad, te urge un momento de tranquilidad. Esa llamada de atención es precisamente tu energía femenina alzando la mano para que la uses. Es tu energía femenina en necesidad de que recuerdes que cuando sales de trabajar, puedes ponerte la prenda de la energía femenina y quitarle el protagonismo a tu energía masculina.

Si no dejas descansar a una de tus energías, si te aferras solo a usar una de ellas, la energía que no estés nutriendo se va a dañar, y las heridas en la energía femenina se reflejan cuando hay celos, necesidad de validación externa, apego tóxico, manipulación, carencia, sobrevictimización y falta de límites. Tu lado femenino no es débil, tu energía femenina es necesaria también, no la dañes, no la dejes morir de hambre, regresa a ella.

Cuando no permites que te ayuden, o te ofende que te ofrezcan ayuda, cuando sientes vergüenza en recibir regalos, cumplidos y atenciones, ahí estás dejando de lado tu energía femenina. Ubica esos momentos en tu vida, y recupera la energía que has dejado de lado.

Cuando eres mamá, por ejemplo, necesitas tus dos energías, porque necesitas la energía masculina para resolver y para proteger, y la energía femenina para conectar, empatizar y entender. Todas las situaciones de tu vida te van a exigir ambas, ¡las necesitamos! Desempolva aquella energía que nunca usas y dale otra oportunidad.

Para mayor claridad, piensa en tu pareja, seguro buscas en él su lado masculino, para que provea, proteja y resuelva. Pero si lo analizas bien, también buscas en él su lado femenino, que esté en paz y conectado con esa energía también. Lo necesitas receptivo para que te escuche, lo necesitas introspectivo para que trabaje en sí mismo, lo necesitas emocional, para que pueda comunicarte todo lo que siente, lo necesitas asertivo para una buena comunicación en pareja. Así como tú lo necesitas en sus dos energías, tu pareja te necesita en tus dos energías. Hay momentos para todo, hay atuendos para todo.

La forma más sencilla de encontrar el equilibrio en tus relaciones es primero encontrarlo dentro de ti. Para que una persona externa te acompañe, primero debes estar completa por ti sola, uniendo con sintonía las dos mitades de tu *propia naranja*.

Ponte la prenda energética adecuada según la ocasión, escoge con inteligencia qué lado debes usar, y cómo equilibrarlo para que funcione a la perfección. Cada aspecto de tu vida necesita diferentes energías tuyas, así como tienes tu closet repleto de diferentes atuendos, y haces diferentes combinaciones de ropa para cada ocasión, también tu vida necesita combinaciones de energías, balance. Te necesitas en tus dos versiones.

Antes de salir de tu casa, pregúntate: ¿hoy me necesito en mi lado más intuitivo o en mi lado más impulsivo? ¿En este momento me necesito en mi lado más controlador o en mi lado más relajado?

SI LO CREES, LO CREAS: CÓMO PLANTEARTE NUEVOS OBJETIVOS

TOMAR VINO CON LA REINA ISABEL II

Hace algunos años, conseguí por mis propios méritos compartir el vino blanco más refinado de Inglaterra con la reina Isabel II en el Palacio de Buckingham, sentados en su propia habitación. Mientras le contaba mis problemas, ella pacientemente escuchaba, tenía toda su atención pues estábamos solo ella y yo. No podía creer lo que estaba sucediendo, era un sueño para mí conocer personalmente a la reina y me parecía irreal por fin haberlo conseguido.

Cada cierto tiempo, la familia real extiende invitaciones a visitar el palacio a ciudadanos destacados. Te preguntarás qué teoría científica desarrollé, o cuál nuevo planeta descubrí para ser invitado a entrar al palacio. ¿Cuál fue la forma de alcanzar mis sueños tan locos? La realidad es que no fui invitado, solo encontré la forma de entrar. Sin invitación, a escondidas, una noche de borrachera se me hizo fácil y simplemente me colé en el palacio. ¿Ilegal? Probablemente.

Seguro estás leyendo y pensando: "¿De qué está hablando este tipo?". Por supuesto que no estoy hablando de mí. ¿Quién me crees, mamacita? Yo sí me gobierno. Ésta es la historia de Michael Fagan, un hombre que logró el sueño de muchos británicos de la forma equivocada. Un hombre que, si te cuento el resultado sin el proceso, es de admirar, pero cuando tienes la versión completa, dudo que lo consideres un logro respetable.

Michael Fagan era un ciudadano británico que en 1982 violó las medidas de seguridad más rígidas del mundo. Este hombre, pintor y recién separado de su pareja, a sus 32 años paseaba borracho de noche por las calles de Londres, cuando decidió trepar el muro de más de 4 metros que protege al palacio y, posteriormente, por una ventana que encontró abierta, entró al palacio sin ser detectado.

Casualmente, esa noche el palacio estaba lidiando con problemas de cortocircuito en las alarmas de detección de incendios, así que a pesar de que las alarmas se activaron dos veces por el traspaso de Michael a la propiedad real, los guardias de seguridad no le dieron importancia y simplemente las apagaron, suponiendo que las provocaba un falso contacto.

Fagan entró a la primera habitación que encontró. Para su suerte, la que escogió guardaba un montón de regalos que habían recibido por una celebración de días anteriores. Michael tomó una muy elegante botella de vino blanco y, abriéndola a su modo, su mano comenzó a sangrar. Ciertamente eso no lo detuvo, decidió beber de la botella y así, con más valentía corriendo por sus venas en forma de alcohol, comenzó a abrir las habitaciones que encontraba en el recorrido que emprendió en busca de un cigarrillo.

Eventualmente se encontró con la habitación de la reina Isabel II, estaba sentada en su cama, Fagan se acercó y ella lo recibió con calma mientras él estaba completamente alterado (claro, alguien debía neutralizar un poco la situación). Para la suerte de la reina, Michael le pidió un cigarrillo, a lo que ella contestó: "Yo no tengo, pero el mayordomo tiene, lo llamaré para que te lo traiga".

Tras cumplirse diez minutos de plática con Michael, la reina tomó el teléfono y llamó a seguridad diciendo: "¿Podrán traer un cigarrillo para el joven borracho sangrando que está sentado en mi habitación?". Fagan fue detenido y posteriormente enviado a un hospital psiquiátrico.

Fagan nos enseña algo muy importante: no hay meta inalcanzable; si lo crees, lo creas. A su "sabiduría" yo agregaría que el proceso con el cual logras tu meta es quizá más importante que la meta misma. Hay quienes sacrifican más de lo que deberían al perseguir un objetivo. He conocido mujeres que, con tal de conquistar al hombre con el que soñaban, sacrifican su dignidad, sus valores, sus amistades o inclusive el resto de sus lazos familiares; todo con tal de que las cosas se den en sus formas y a su modo. A veces nuestro orgullo nos juega en contra y nos quedamos en lugares que nos hacen mal, solo porque encajaban con nuestro ideal.

Lograr cosas increíbles de maneras equivocadas: metas grandes, procesos equivocados, caminos nublados, planeación incorrecta, ejecución cuestionable, resultado deforme.

Para lograr cosas increíbles, el primer paso es definir el objetivo, el segundo paso es fijar el recorrido, y el tercero, ejecutarlo.

DEFINIR EL OBJETIVO

La ciudad en la que vivo no tiene un desarrollo vial envidiable, es de hecho bastante desastroso manejar por las calles de Monterrey. Todos los días, cuando me levanto, agradezco por mi salud, la de mi familia, y por la existencia de los mapas digitales. Cuando me toca visitar lugares alejados de los que frecuento, necesito siempre llevar el GPS abierto.

Varias veces me he retado a mí mismo a regresar a mi casa sin tener que usar el mapa: "No puede ser tan difícil", me digo a mí mismo.

Entonces tomo la avenida más grande que se me atraviese y pienso: "No sé si llegaré, pero por lo menos no puedo estar alejándome" y en el 98 % de los casos he estado equivocado; efectivamente me estaba alejando. Todo por avanzar sin dirección concreta, sin conocer las rutas que debo tomar.

AVANZAR SIN CAMINO ES ALEJARTE DEL DESTINO

He ahí la importancia de definir una meta, y claro, conocer la ruta, pero vayamos paso a paso. Es importante tener metas reales (cuidado con confundir "reales" con mediocres). Cualquier meta puede ser real si sabemos trazar el camino hacia ella de forma aterrizada. Lo único que distingue a una meta real de una meta irreal es lo capaz que te sientes de alcanzarla.

Es decir, no importa lo descabellada que pueda sonar esa meta, mientras tú tengas la convicción de que puedes llegar a ella, esa meta está completamente a tu alcance. Lo único que distingue la fantasía de la realidad eres tú y tu mentalidad. **Cree que viene y vendrá. Crea espacios para recibir y llegará.**

Desde que naciste, se te asignaron talentos y dones, y aunque quizá de pequeña éstos eran evidentes, la vida tiende a oscurecerlos con las creencias limitantes que las decepciones y los golpes de realidad fueron construyendo. Tus talentos y tus capacidades no desaparecen, pero al estar abandonados y empolvados es difícil creer que podemos regresar a ellos en cualquier momento.

Cuando te sientas perdida, usa tus talentos para trazar tu camino de vuelta. Éstos vienen con grandes revelaciones de tu misión en esta vida. Pero aquí viene la parte difícil: los talentos no funcionan si no tienes enfoque, menos si no lo conoces.

Alcanzar una meta es tomar una decisión, en ningún caso es una casualidad, suerte, o azar del destino. Para escoger una meta que a ti te convenga, debes adoptar una mentalidad que también esté de tu lado, que tu voz interior sea tu aliada y no tu contrincante. Para eso, debes romper con tus creencias limitantes y deshacerte del concepto "inalcanzable".

Muchas veces creemos que los sueños nos los asignan y que, si no los conseguimos, es porque simplemente "no nos tocó"; pero la realidad es que la mayoría de las personas que sí los consiguieron no esperaron a ser escogidos, no quitaron el dedo del renglón hasta alcanzarlo.

La diferencia entre las personas que tienen lo que quieren y tú es que esas personas se creyeron capaces, o quizá no, pero a pesar de eso, decidieron intentarlo. No estás hecha para ser escogida, ni por un hombre, ni por la vida, Dios te dio la capacidad de escoger al hombre que quieres, escoger la pasión que deseas perseguir, la profesión a la que quieres dedicarte, el ambiente en el que prefieres crecer y crear la vida que te mereces.

Por otro lado, el gran problema de los "sueños frustrados" es que así los etiquetamos, y se quedan estancados. Plantearte una meta que consideres inalcanzable no te motivará más a llegar a ella, tendrá un efecto adverso en tu mente. Te sentirás siempre frustrada, inútil y fracasada por no alcanzar algo por lo que estás trabajando en vano porque tienes un enfoque equivocado.

No importa si el objetivo es económico, laboral, de salud, de ejercicio o personal. Recuerda las 11 palabras: quiero, puedo, me lo merezco y me lo voy a dar.

Incluso si el objetivo es amoroso, una persona a la que por mucho tiempo llevas poniéndole el ojo. La próxima vez que lo veas, manifiesta. Decreta en voz alta: "El cielo es azul y la noche es negra; y este año tu mamá, mi suegra".

> ¿ESTÁS CORRIENDO EN CÍRCULOS O ESTÁS AVANZANDO? AUNQUE SEA CAMINANDO, AVANZA. MÁS AVANZA QUIEN TIENE DIRECCIÓN QUE QUIEN VA MÁS RÁPIDO.

El ser humano necesita siempre de esa chispa de ambición, ese proyecto que perseguir, algo que nos saque de la rutina diaria y nos dé razones, motivo y propósito. Quizás tienes grandes ideas, pero te sientes apagada al momento de perseguirlas, sientes que no tienes los medios, las facilidades, las capacidades.

Para ayudarte a elaborar un diagnóstico, te comparto las tres razones más comunes por las cuales nos sentimos desmotivados con nuestras metas:

#1 Nuestra meta no nos pertenece: a veces nos ponemos objetivos que inconscientemente buscan impresionar a nuestros familiares o amigos y no llenarnos a nosotros mismos. Tu mente siente que al lograrlos obtendrá validación, estatus, un reconocimiento especial. Vivimos según las expectativas de la gente que nos rodea. "Mi padre siempre quiso que fuera la mejor cirujana", me decía una reconocida escultora local. "Siempre me dijo que el arte me mataría de hambre". Increíblemente una de las herencias más peligrosas que pueden dejarnos nuestros padres es la herencia de la frustración.

En un intento por heredarnos motivación, un rumbo o una dirección a veces nuestros padres también nos heredan los sueños que ellos no pudieron cumplir, las metas que no pudieron alcanzar, los reinos que no pudieron conquistar. Es el orgullo y el ego intentando vivir a través de los logros ajenos. Por eso alcanzar las metas heredadas podrá darte satisfacción pero si no nacieron de ti, la satisfacción no será de corazón.

#2 Estamos acostumbrados a salir huyendo: a veces el problema no es lanzarse a empezar cosas nuevas, sino mantenernos en ellas. A cuánta gente conoces que cada mes empieza un negocio nuevo o una remodelación en casa o inicia un deporte nuevo, pero nada más se complican un poco las cosas y tiran la toalla, dejan la misión tirada.

Éste es un círculo vicioso. Cuantas más tareas, por más pequeñas que sean, dejes sin conclusión, mayor será tu nivel de insatisfacción. Más difícil será iniciar algo nuevo porque tu mente automáticamente te arrojará una duda: "¿Otra actividad más que no vas a lograr?", "¿Otro deporte que no vas a dominar?", "¿Otro negocio que seguramente va a fracasar?". Recuerda que la voz de la insuficiencia te visita cuando quieres lograr cosas grandes, no dejes que te convenza de dejar de intentar.

#3 Tenemos miedo de ser asociados con el fracaso: "¿Qué van a pensar si no resulta?", "Ya les había dicho a todos que nos iba a ir muy bien. Y hasta lo había puesto en Facebook". Mamacita, papacito, a la gente le gusta juzgar a las personas que se la juegan. Porque desde un sillón en casa, es muy fácil juzgar. Un chisme sobre alguien a quien le fue mal da mil vueltas más rápido que uno sobre alguien a quien le fue bien. No tengas miedo a las palabras necias, al contrario, úsalas como motivación.

Curiosamente, la gente que nunca se atrevió a edificar es la primera que se presta para criticar.

A veces, el que nos digan que no podemos es lo único que necesitamos para poder. La gente criticona es la que nos da la mejor excusa para superarnos. No desaproveches la oportunidad de demostrarles lo contrario. Recuerda que lo que conseguimos con el logro de nuestras metas nunca será tan importante como en lo que nos convertimos con el logro de nuestras metas.

Un excelente plan es inútil si no se acompaña por acciones, esfuerzos reales y constancia. La forma de ejecutar tus sueños se configura por dos grandes elementos:

• **La infraestructura material:** cómo vas a moldear tu sueño, la forma que le darás, qué acciones vas a tomar. Cómo se verá tu día a día para alcanzarlo, definir las metas a corto plazo que lo componen. Determinar el tiempo que tomará cumplirlo, poner fechas reales, establecer metas diarias y metas por semana. ¿Tu plan de acción es escalar el muro del palacio o es destacar hasta lograr que te abran las puertas?

• **La infraestructura emocional:** debes hacer que tu meta empate con tus emociones. ¿Cuál es la motivación detrás de ese sueño? ¿Qué te inspira a seguirlo? ¿Dónde encontrarás la inspiración y la disciplina cuando el camino se ponga difícil?

Cuando te enfocas en el proceso, el resultado llega más fácil y el tiempo pasa más rápido. Una meta a largo plazo bien enfocada comienza a rendir frutos desde antes de concretarse en su forma final, se actualiza a diario ofreciendo beneficios colaterales por el proceso que se está siguiendo. El enfocarte siempre en el resultado te va a dejar obsoleta; te desmotiva y extingue la innovación. Importante: no perder de vista el objetivo, pero concentrarte en el proceso.

LA MAÑANA ES EL MOMENTO MÁS IMPORTANTE DEL DÍA

Con los años de viajar, me he vuelto más hábil en reconocer los vuelos que seguramente se van a retrasar. Ya puedo, con mucha mayor precisión, comprar vuelos en horarios en los que sé que no habrá retrasos. Aprendí que el secreto para predecir un buen vuelo en una aerolínea es el mismo que para predecir un buen día en la vida: todo está en el primer vuelo de la mañana.

Si el primer vuelo sale a tiempo, inicia una cadena de eventos positivos que muy probablemente desembocarán en que mi vuelo salga a tiempo. Pero si el primer vuelo de la mañana sale retrasado, es muy probable que genere una cadena de retrasos que seguramente terminarán complicando el mío. Lo mismo pasa con las actividades en tu día: la manera en la que enfrentas tu mañana y tus primeras responsabilidades determinará el flujo completo de tu día. Por eso la mañana es el momento más importante del día.

Triunfas en la mañana, triunfas en el día; triunfas cada día y triunfas en la vida.

Un reciente estudio realizado hace unos años por el *New York Times* determinó que puedes saber mucho de una persona por la cantidad de alarmas que necesita para despertarse a la mañana. Si tú eres de las personas que disfrutan del fino arte de dormir, si cada vez que te levantas sientes que tu cama te llama, éste es un dato que deberías saber:

TRIUNFAS
EN LA MAÑANA,
TRIUNFAS
EN EL DÍA;
TRIUNFAS
CADA DÍA
Y TRIUNFAS
EN LA VIDA.

¿NECESITAS DE UNA SOLA ALARMA PARA DESPERTAR?

(¿Quién te hizo tanto daño?) Según el estudio, eres quizá una persona que tiene una disciplina o rutina bien establecida en su vida. Tiendes a ser más orientada y organizada en tus actividades diarias. Valoras la puntualidad, la formalidad, la planeación y el orden. Yo sé lo que estás pensando: "¡Sí, soy!". Dice el estudio que eres tan disciplinada que probablemente eres renuente al cambio. Te gustan las cosas a tu propio modo y prefieres mantener el control.

Eres quizá muy controladora de todos los factores que vives a la segura. Es probable que duermas en la noche con calcetines puestos. Es aún más probable que hagas el amor con calcetines puestos. Todo con tal de que ni el frío pueda darte sin tu autorización o consentimiento.

Nada hay de malo en cualquiera de las características anteriores; son aspectos de tu personalidad. Pero a veces buscamos llevar una vida tan controlada en todos los aspectos que no le permitimos a Dios sorprendernos. Por eso sientes que cada día es lo mismo. Dentro del orden tan apretado y nuestra agenda tan planeada, dejamos muy poco margen para simplemente improvisar. Este año, ponte como propósito dejarte sorprender por la vida.

Sorpréndete a ti misma con un viaje, una cita inesperada, un día de vacaciones en medio de una semana complicada. Haz este año una actividad, por lo menos, que te saque un susto. Algo en lo que dependa más de tener fe que de tu planeación, y verás cómo les agregarás a tus días una sazón de emoción. Que cada mañana puedas levantarte pensando: "¿Qué nuevas sorpresas tendrá para mí hoy Dios?".

¿NECESITAS DE DOS A CUATRO ALARMAS PARA DESPERTAR?

Válgame Dios. Dice el estudio: persona de carácter difícil. Es probable que se quede soltera toda la vida. Sé lo que estás pensando: "Eso explicaría muchas cosas". Según el estudio, una persona con alarmas intermitentes puede tener patrones de sueño más irregulares. Quizá acostumbras dormir tarde y muy fácilmente te quedas despierta hasta la madrugada viendo TikTok. Quizá te envuelves en una película o en una serie que puede mantenerte despierta. Tienes días inestables y una vida inestable.

Eres una persona que no quiere perderse nada de lo que ocurre a su alrededor. Tienes lo que inglés llaman *FOMO: Fear Of Missing Out*, el miedo a perderse algo, a no enterarse, no participar. Como tu lista de prioridades es muy variable y ocurren cosas en el día que te roban la atención, es probable que tiendas a procrastinar en tus actividades. Todo lo dejas para el final. Vives siempre apurada, siempre en la línea y tu día tiene picos de adrenalina.

Esto con los años te ha hecho una persona más creativa. Debes encontrar maneras inteligentes de salirte de problemas en los que tú misma te metes. Haces malabares y maravillas entre tus citas, pendientes y compromisos. Como no estás en control de tu agenda, tu agenda te controla a ti y es una batalla constante. Terminas tus días agotada, cansada, pero si antes de acostarte se publica una noticia, un chisme o un TikTok sobre algún tema de tu interés, es probable que te quedes despierta y que el ciclo se repita.

Desde que era un niño aprendí que la mañana es el momento más importante del día. Logras conquistar tu mañana, logras conquistar tu día. Conquistas cada día y conquistas tu vida.

TRES CONSEJOS PARA INICIAR TU DÍA

¿Cuál es tu rutina para iniciar el día? Quizá acostumbras levantarte de tu cama con mucho esfuerzo, estirarte para activar el cuerpo, dirigirte al baño, ducharte, desayunar e ir a trabajar o empezar tus actividades. Como lo verás más adelante en este libro, llevar una rutina sana significa tener una vida sana; sin embargo, ésa es únicamente tu rutina física.

Así como preparas tu cuerpo para iniciar el día, es igual de importante preparar tu mente, tu corazón y tu espíritu. Por eso quiero compartirte tres recomendaciones que sin duda activarán partes de tu cuerpo que no puedes ver desde el exterior. En la gran mayoría de las mujeres exitosas, plenas e ingobernables que he entrevistado, he podido comprobar la presencia de estos tres elementos esenciales.

#1 ORACIÓN

Incluye en tu día un poco de oración. Quiero aclarar que esto no tiene nada que ver con religión, pero tengo la creencia de que así como tenemos citas de trabajo, compromisos con amigos y momentos que separamos para las personas importantes, diariamente necesitamos separar tiempo para platicar con el Creador. Recomiendo que tu primera cita de la mañana sea con Dios. No es necesario que sea en una iglesia, ni frente a un altar. El verdadero altar es ese lugar en tu corazón en el que simplemente te sientas o te arrodillas a platicar con Dios.

En el tiempo que llevo de conocerlo, me he dado cuenta de que Dios no requiere de oraciones muy elaboradas. A Dios no le importa si utilizas palabras pomposas o enunciados sencillos. Puede ser en la privacidad de tu closet, en el carro mientras estás en el tráfico o incluso desde el tapete de tu baño. El lugar es lo de menos cuando tienes un corazón sincero.

No es ni siquiera necesario tener una oración memorizada. De hecho, yo creo que Dios aprecia mucho más el hecho de charlar con Él de forma natural. Los seres humanos fuimos hechos a imagen y semejanza de Dios. ¿A qué ser humano le gustaría que su hijo llegara y le recitara un discurso que ni siquiera siente profundamente? Relájate y simplemente disfruta la conversación.

Platícale de ti, de tu día, de tu familia. Incluye en tu día un poquito de oración. Sobre todo si eres soltera. Mamacita, a veces no te queda más que voltear a ver a Dios y decirle: "Señor, no te pido nada para mí". Dile: "Pero a mi madre, a mi pobre madre... Mándale un yerno sabroso. De preferencia millonario, árabe, petrolero y barbón". Las solteras digan conmigo: "Te lo pedimos, señor". Seguimos en cadena de oración, mamacita.

Quizá Dios ya tiene a una persona para ti; quizá solo la está capacitando para que te soporte.

#2 RESPIRACIÓN

Ésta es mi segunda recomendación. Cuando despiertes en la mañana, que lo primero que hagas sea llenar tus pulmones de aire. Cuando respires profundamente, agradece. Da gracias por la oportunidad de levantarte un día más. Cuando iniciamos el día con un corazón agradecido, abrimos la puerta a que la vida nos mande más motivos para agradecer.

Respira a conciencia. Se dice que el ser humano pasa el porcentaje más alto de su día respirando únicamente por instinto. Respiramos únicamente para mantenernos vivos. Pocas veces en el día llenamos nuestros pulmones de aire y oxigenamos nuestro sistema completo. La oxigenación te trae claridad mental, te relaja, te activa, pero sobre todo te recuerda que sigues viva y mientras haya vida, siempre hay esperanza.

Intenta el siguiente ejercicio de respiración conmigo:

Inhala durante 5 segundos
Sostén la respiración durante 5 segundos
Exhala durante 5 segundos
Quédate vacía por 5 segundos

Inhala durante 4 segundos
Sostén la respiración durante 4 segundos
Exhala durante 4 segundos
Quédate vacía por 4 segundos

Repite el ejercicio hasta llegar a 2 segundos y reviértelo hasta volver a llegar a 5 segundos. Este proceso relajará tu sistema nervioso, oxigenará tu mente y te abrirá la atención a soluciones que no habías considerado. Respira a conciencia.

#3 DETERMINACIÓN

A veces no queda más que seguir avanzando. Verte a ti misma en el espejo y decir: "Ni modo, una lloradita y a darle". Con tristeza y con dolor tienes que levantarte; siempre he pensado que Dios no te trajo tan lejos como para abandonarte.

Contesta con franqueza:

¿Alguna vez has llorado en el tráfico de tu ciudad?
¿Alguna vez has llorado en el trabajo?
¿Alguna vez has llorado en un baño? Ya te imagino: tú en llanto y la caca flotando.
¿Alguna vez te has acercado al espejo a verte a ti misma llorar y eso te hizo llorar más? Válgame Dios.

De todos los talentos que te dio Dios, quizá el que más has usado es tu talento para llorar. Lloras por todo, por nada y por si las dudas. Has llorado con una canción, con una película, con un comercial en la televisión; a veces lloras sin razón. Mamacita, no te sientas mal, no hay nada más sano que llorar. Nunca reprimas tu llanto ni critiques tu sensibilidad emocional. Ese corazón empático y noble reacciona ante el mundo y necesita descargar lo que a veces las palabras no saben explicar. Una lloradita y a darle. Avanza, aunque duela, aunque tenga que ser lento y caminando, un paso a la vez, con fe y agradecimiento. Si esta mañana amaneciste, ya lograste tu primer milagro; ya triunfaste hoy, ya veremos cómo triunfamos mañana.

Así como el primer vuelo de la mañana determinará si el resto de los vuelos del día saldrán a tiempo, cuando inicias tu día con oración, respiración y una ferviente determinación, el resultado de tus actividades sin duda será positivo. Mamacita, tú sonríe, aunque te hayas levantado toda jodida; como dije, nunca sabes cuándo te está viendo por primera vez el amor de tu vida.

A veces le pedimos a Dios que nos dé todo para disfrutar la vida, cuando ya nos dio la vida para disfrutarlo todo.

CAPÍTULO #3

CICATRICES DE GUERRA

LA HERENCIA DE LA FAMILIA DISFUNCIONAL

ASIMILARLO

En el año de 1993, una joven tenista se disputaba los cuartos de final del torneo de tenis Citizen Cup, frente a un público de seis mil asistentes y cámaras de televisión por todos lados. Habiendo ganado por 6-4 el set anterior, se preparaba para disputar el segundo set del partido contra Magdalena Maleeva. Era un partido que muy probablemente ganaría. Después de todo, se trataba de la mejor tenista del mundo en aquel momento: Mónica Seles.

No había sido nada fácil llegar hasta ese punto de su carrera. Desde que apareció en el mundo deportivo del tenis, había tenido que enfrentar a tremendas rivales para ganarse un lugar en el circuito profesional más cotizado del mundo, la WTA. Con mucho esfuerzo había logrado por fin arrebatarle el título a la famosa Steffi Graf, tras el abierto de Estados Unidos en 1991; Mónica se perfilaba a convertirse en la tenista más ganadora de la historia.

Daban las seis de la tarde con cincuenta minutos y tras finalizar el set, tomó asiento y se secó el sudor de su frente con la toalla. Maleeva, su rival aquel día, tomó asiento en su lado de la cancha y ambas ajustaban las cuerdas de sus raquetas preparándose para continuar. Fue justo entonces cuando el mundo entero escuchó un grito de dolor. Las cámaras rápidamente apuntaron hacia la banca de Mónica Seles para percatarse de una terrible escena: Mónica había sido apuñalada por un miembro de la audiencia.

Horrorizados por la escena, los miles de asistentes gritaron de pánico mientras el personal de seguridad sometió al desquiciado fanático. Günter Parche, quien luego declaró haber agredido a Seles con el fin de lograr que Steffi Graf recuperase el número uno en la clasificación, fue sometido y arrestado al momento. Sin embargo, Mónica se desvaneció y tuvo que ser atendida de urgencia por la herida.

Mónica sobrevivió, pero su vida nunca fue la misma. Quedó fuera del torneo y fuertemente afectada física y emocionalmente. Steffi Graf volvió a ser la número uno del circuito, tras derrotar a Mary Joe Fernández, mientras Mónica cayó en una profunda depresión tras sumarse la muerte de su padre a manos del cáncer. Fue tal el impacto de sus heridas emocionales, que eso le desarrolló un trastorno alimentario que parecía que acabaría con ella; pero no lo hizo.

A veces la vida nos golpea tan fuerte, que levantarnos puede sentirse imposible. Cuando vives una tragedia, una pérdida familiar, una depresión o un evento que marca tu caída, es muy fácil sumergirse en una espiral incontrolable en donde otras áreas de tu vida empiezan también a fallar: tu economía, tu salud, tu estabilidad mental. A veces una tragedia lleva a otra, como un dominó derriba a otro en una fila; y esa tendencia no acaba en nosotros, se va heredando de generación en generación hasta convertirse en una maldición.

¿Cómo detenemos una cicatriz que se expande? Dejando de cubrirla. Mónica Seles hoy no es una reconocida tenista, pero sí una reconocida autora del best seller *Getting a Grip: On my body, my mind, my self*, que en español sería: "Tomando el control: De mi cuerpo, mi mente y mí misma". Inspira a miles de personas a aprender a lidiar con la crítica, el autosabotaje y el difícil camino de volver a levantarse después de una tragedia.

¿Has pensado para qué vas a usar tus cicatrices? Lo primero que necesitas es asimilarlas.

Cuando mi familia se separó, todo en mi vida se vino abajo, como esa fila de dominós. Te doy el contexto: mi padre acababa de renunciar a su trabajo hacía no mucho y había emprendido un pequeño negocio de impresión. Con lo último de sus ahorros se había embarcado a comprar un par de máquinas para imprimir folletos, volantes, revistas y anuncios.

Toda la familia trabajábamos en eso. Mi madre se encargaba de administrar la imprenta mientras mi hermano y yo vendíamos trípticos, tarjetas de presentación y cupones para revistas. Recuerdo haber recorrido muchos de los pequeños restaurantes y comercios de mi ciudad en busca de clientes. Quizá incluso tú, que estás leyendo este libro, alguna vez me viste llegar por la puerta de tu local comercial buscando una venta. Esas experiencias me forjaron.

Mi padre se encargaba de conseguir clientes grandes mientras nosotros salíamos tras los chicos. El negocio no estaba funcionando. Nos costaba asimilarlo, pero todos sabíamos que íbamos directo a la bancarrota. Fue justo entonces cuando explotó la bomba.

Mi madre descubrió que mi padre se veía con otras mujeres y no estuvo dispuesta a aguantarlo. Mi padre se fue de casa. Todos habíamos sacrificado mucho por la familia, pero especialmente mi madre, quien por años había impulsado a mi padre, criado a sus hijos y ahora trabajaba de sol a sombra administrando esa emproblemada imprenta; se sentía traicionada, herida, acuchillada por la espalda, como Mónica Seles.

Y así como la vida de aquella tenista, nuestra vida se vino abajo. Mi madre no quiso volver a saber del negocio, ni de mi padre. El negocio siguió su cauce natural y se fue a la quiebra. Nada tenía sentido. De la noche a la mañana mi familia se había separado, se había quedado endeudada, sin dinero y el autor de este libro no era más que un estudiante becado que ahora, junto a su madre, debía sacarse adelante a sí mismo y a sus tres hermanos.

A veces no nos queda más que dejar de llorar, asimilar, soltar y enfrentar. Si estás hoy en un lugar similar, mamacita: una llorada y a darle. Repite conmigo: "Todo lo malo lo vivo, lo aprendo y me desprendo".

> ALGUNOS PENSAMOS QUE NOS HACEMOS FUERTES CUANDO NOS AFERRAMOS, PERO A VECES LO QUE NOS HACE FUERTES ES SABER SOLTAR.
> HERMANN HESSE

DESPRENDERSE

No me da pena decir que crecí en una familia que la sociedad etiquetaría como "disfuncional". Como seguramente has aprendido junto conmigo en este libro, las etiquetas nunca dicen la verdad, nunca explican la fotografía completa.

Ser testigo de la separación de mis padres fue quizá uno de los capítulos que más marcaron mi vida personal y profesional. Sin duda dejó una deuda emocional cara que tuve que saldar con los años; una herida profunda en el corazón que sangró en personas que nada hicieron para provocarla, pero me dejó una gran lección: hay heridas que te abren la piel y heridas que te abren los ojos.

El día en que mi padre se fue de casa todo cambió. Mi tía Lety, que ni siquiera era mi tía biológica, sino la mejor amiga de mi madre, llegó a mi casa al día siguiente. No habían pasado ni 24 horas y mi madre tenía a su amiga tocando a la puerta de la casa. A veces no es hasta que estamos en nuestros momentos más vulnerables cuando realmente vemos cuáles de nuestras amistades son las más reales.

Pasaron horas encerradas en la habitación de mi madre, dándole vueltas y vueltas a la situación. A veces escuchaba llantos asomarse por debajo de la puerta, a veces escuchaba risas descontroladas. Vivir una traición, una infidelidad o una humillación desemboca en un mar de emociones. A veces, empezar a reírnos de las tragedias que nos pasan es la primera señal de que empezamos a superarlas. "Mañana vuelvo con todo lo necesario", dijo mi tía Lety, cerrando la puerta de la habitación de mi madre y dirigiéndose a la salida de la casa. "Cuiden mucho a su madre, denle mucho amor. Ahora los necesita más que nunca", recuerdo que nos dijo antes de subir a su carro.

A la mañana siguiente, la tía Lety regresó con su carro cargado. "¿Qué tanto trae esta mujer?", dije yo desconcertado. Cajas y cajas de cartón desfilaban desde su cajuela hasta nuestra cochera. Apiladas una encima de la otra, algunas armadas y otras pendientes de armar, mi tía Lety entró directo a la habitación de mi madre. Yo tenía 17 años, era un adolescente. No hice más que observar. "Levántate, Dolores", le dijo en voz directa a mi madre, quien tardó unos minutos en reincorporarse. "Que no quede nada, todo va en las cajas", le dijo, mientras armaba una caja de cartón corrugado justo sobre el tapete que mi madre tenía en su habitación.

No había transcurrido ni el tiempo suficiente para que la sala de la casa dejara de oler a mi padre y ya todas sus pertenencias estaban siendo lanzadas al fondo de cajas de cartón usadas. Mi madre, como buena acumuladora que es, intentaba rescatar cuanta cosa se le atravesaba. Decía: "De esto no me puedo deshacer, qué tal si le encuentro un uso". "¡Suéltalo, Dolores, se va a la caja!", decía mi tía con voz firme y determinante. Nunca olvidaré esa escena: todas las pertenencias de mi padre en cajas de cartón y la casa llena de huecos.

Todas las fotografías donde aparecía mi padre desaparecieron, los álbumes familiares se fueron, toda su ropa del closet, sus sandalias de baño y hasta el champú con el que se bañaba ahora estaban pudriéndose en el fondo de una caja. "Los artículos tienen memoria", decía mi tía. Qué gran lección de vida había recibido en esos últimos dos días.

¿Alguna vez has tenido que deshacerte de algo o de alguien que ocupaba un lugar importante en tu vida?

Desprenderse es una de las experiencias más dolorosas que uno puede vivir cuando realmente amó. El voltear por el espejo retrovisor y darse cuenta de que se está dejando una vida entera allá atrás puede ser lo más difícil que tendrás que hacer jamás. A veces es tan difícil, que no puedes hacerlo sola. No tengas miedo de levantar el teléfono y llamar a esa amiga de confianza, a esa compañera de batallas y decirle: "Amiga, te necesito".

Arráncate del corazón el sentimiento, aunque duela y arranca de tus manos y de tu casa todo lo que te recuerde a esa herida.

Dejar ir no es rendirse, es liberarse. Soltar no es fracasar, es volver a empezar. Despojarse no es perder, sino decirle a Dios: "Tú sabes por qué me lo diste y sabes también por qué me lo quitas". Le lloramos tanto a ese mal amor, sin saber que la vida nos estaba haciendo un favor.

> NO TODO LO QUE SE ENFRENTA PUEDE SER
> CAMBIADO, PERO NADA PUEDE SER CAMBIADO
> HASTA QUE SE ENFRENTA.
> JAMES BALDWIN

ENFRENTA

Una de las preguntas más frecuentes que recibo a través de mis redes sociales y en persona cada vez que me presento en alguna ciudad es: "Jorge, ¿por qué te diriges tanto a las mujeres con tus consejos? ¿Por qué empoderas tanto a las mujeres y criticas tanto a los hombres malos, a los *cucarachos*, y no te enfocas también en las problemáticas que enfrentan los hombres?". Es una pregunta legítima y agradezco cada vez que me la hacen. Después de todo, significa que muchos hombres también me ven como una persona que puede apoyarlos.

La respuesta realmente es muy simple: hablo de lo que me tocó vivir. Verás, cuando mi familia se separó y nos quedamos sin dinero, no solo tuve que enfrentar la situación y ponerme a trabajar, también me tocó estar en primera fila para ver a mi madre levantarse. Yo soy el hijo mayor de una madre que tuvo que resurgir de las cenizas, como el fénix, y enfrentar que sus días de esposa engañada habían terminado. Ahora debía convertirse en cabeza de su casa.

¿Recuerdas la última vez que tuviste que enfrentar una cruda realidad? No es fácil dejar atrás lo que nos hizo daño para empezar a reconstruirnos. Mi madre tenía su misión clara: debía llevar comida a la mesa primero. Ella había aprendido a trabajar desde muy joven pero en el momento en el que llegaron sus cuatro adorables criaturas al mundo, tuvo que dedicarse de tiempo completo a su crianza. No fuimos un trabajo fácil.

Para cuando pasaba por su divorcio, mi madre llevaba casi 18 años sin formar parte del mundo laboral. En esos 18 años el mundo dejó de usar máquinas de escribir y empezó a usar computadoras, la tecnología, las comunicaciones, las prácticas laborales, absolutamente todo había cambiado. Era como si mi madre hubiese vivido en una isla desierta por años y ahora despertaba a enfrentar el mundo real. Con cuatro hijos, no sabía ni por dónde empezar.

Cuando la vida te acorrala y te enfrentas a una situación para la que nadie te preparó, cuanto antes apliques este proceso, más pronto revelarás lo que se esconde del otro lado:

ASIMILAR, DESPRENDERSE Y ENFRENTAR:
UN DÍA TODO TENDRÁ SENTIDO.
CORRER DE TUS PROBLEMAS ÚNICAMENTE
INCREMENTA LA DISTANCIA HACIA LA SOLUCIÓN.

UN DÍA TODO TENDRÁ SENTIDO

Siempre tendré un lugar importante en mi corazón para aquellas madres que debieron sacar adelante a sus hijos solas. Ellas son las únicas que saben las noches que pasaron en vela, los sacrificios que hicieron y la fortaleza que tuvieron que encontrar para salir adelante. Quizá hoy que lo estás viviendo no puedas percibirlo, pero un día todo tendrá sentido.

Mi madre comenzó vendiendo joyería de fantasía. Ella la llamaba "joyería de chapa de oro"; yo la llamaba "joyería de dudosa originalidad". Una de sus amigas la introdujo al negocio y le dio un pequeño maletín negro de piel. Un exhibidor plegable en el que mostraba anillos, collares, dijes y pulseras. Recorría toda la ciudad vendiendo en consultorios médicos, locales comerciales, casas de sus familiares y conocidas.

Recuerdo que se escondía en los baños de las oficinas y llamaba a todas las ejecutivas, asistentes y trabajadoras. Una a una desfilaban al baño y le compraban a mi madre joyería para sus regalos y eventos importantes. Yo la esperaba largas horas en el lobby de las oficinas, porque me daba miedo que fuera sola.

Mi madre tenía una particularidad: cuando peor le había ido en las ventas, más sonriente salía. Cada vez que salía de alguna cita con una clienta yo le preguntaba emocionado: "Mamá, ¿cómo te fue?". Y me decía: "¡Muy bien, hijo!". En el momento en el que veía esa sonrisa, lo sabía: "Ya valió madre", decía yo. Una expresión muy mexicana para decir que algo es oficialmente un caso perdido. "Nos van a cortar la luz", pensaba.

A pesar de que fueron épocas muy difíciles para mi familia, mis recuerdos son bastante gratos. Nos recuerdo, a mis tres hermanos y a mí, conviviendo felizmente en la mesa del comedor, todos juntos. Nos podrán haber faltado comodidades, lujos y hasta necesidades básicas, pero Dios nos había dado la bendición de estar unidos alrededor de mi madre. Todos teníamos claro que debíamos salir adelante.

La mañana era nuestro momento favorito. Recuerdo que un par de veces a la semana, mi madre preparaba de desayunar la especialidad de la casa: el pan tostado con mantequilla y miel finamente cortado. Mis hermanos y yo nos emocionábamos cuando mi madre preparaba la especialidad de la casa. Corríamos a la cocina para alcanzar el pan calentito. Salíamos de casa bien desayunados y con una sonrisa en el rostro.

Aunque las sonrisas nunca faltaron en la mesa, había un gran misterio que nos invadía de vez en cuando. Después de largas jornadas de trabajo y horas dedicadas a las ventas, mi madre llegaba a casa y, en lugar de disfrutar viendo una película o quedarse charlando con nosotros, sonreía, nos daba un beso a cada uno y se metía a su cuarto a las 9.30 de la noche. "¿Por qué tan temprano, mamá?", la cuestionábamos constantemente. Nunca nos daba una explicación coherente. Yo llegué a pensar que quizá ya tenía a un muchachito que le diera cariño, pero no.

Una noche decidí aclarar la interrogante. Mi madre se despidió y se dirigió a su cuarto como cada noche, puntual a las nueve con treinta, como marcaba el reloj. "Buenas noches, hijitos", nos dijo con su característica sonrisa de madre amorosa. Entró en su habitación y lentamente cerró la puerta. Yo me coloqué a un lado de la entrada, pacientemente esperando a que no se diera cuenta de mi presencia.

Poco podía imaginar que la escena que me encontraría en esa habitación marcaría mi carrera, mi corazón y mi vida. Con mucha honestidad puedo decirte que ese momento es singularmente responsable de que tengas este libro en tus manos. Es gracias a esa escena que decidí dedicar mi vida a la motivación, al empoderamiento y al desarrollo humano, enfocado en mujeres que han vivido situaciones difíciles.

Al abrir la puerta de la habitación de mi madre, me percaté de una triste realidad. Cada noche que mi madre se despedía temprano, entraba en su cuarto, se arrodillaba frente a la cama y se ponía a llorar. Yo vi a mi madre llorando desconsoladamente y hablando con Dios. Vi en sus ojos la frustración de haber sido abandonada, la enorme carga que representaba tener que sacar a sus hijos adelante, el peso del sacrificio. Ella solo lloraba y lloraba.

Cuando un hijo ve a su madre o a su padre llorar, algo cambia en su interior. Es como si algo se rompiera. Haber crecido con una persona que te ha cuidado, procurado y amado, que siempre ha visto por ti y te ha protegido, y luego verla sufrir, es una herida muy diferente a cualquier otra en la vida. Esta herida te inyecta furia, coraje, te roba la inocencia y te hace madurar rápidamente.

Quizá lo has vivido alguna vez. Tal vez un día entraste al cuarto de tus padres buscando algo y sorprendiste a alguno de ellos llorando porque el dinero no alcanzaba, por una enfermedad o una frustración muy grande. Quizá te dijeron que no pasaba nada, que estaban bien y no te dieron muchas explicaciones. A veces los padres ocultan que sufren, para no hacer a sus hijos sufrir, y a veces los hijos ocultan que se dan cuenta, para que sus padres no sufran más.

Aun cuando mi madre había superado enormes desafíos, se había convertido en una mujer trabajadora, determinada y enfocada, en el fondo la herida seguía sangrando. Yo me hice una promesa ese día: prometí que no dejaría que nada ni nadie volviera a hacer sentir a mi madre así. Prometí hacer lo que fuese necesario para regresar la paz y la felicidad a mi hogar. Prometí ayudar a reparar lo que yo no rompí.

Hay heridas que te abren la piel y heridas que te abren los ojos, y las lecciones que aprendes en la adversidad forjarán tu carácter, tus habilidades y te permitirán desarrollar talentos especiales. Es como si Dios te mandara esas herramientas para ayudarte a enfrentar las pruebas que la vida te pone. Refúgiate en tus dones cada vez que sientas que el mundo se viene abajo.

Cuando la vida te sorprende con un evento difícil, inicia el proceso:

#1 Asimila: deja de negar lo evidente, deja de engañarte, esto está ocurriendo y te está ocurriendo a ti.
#2 Despréndete: limpia la herida, deshazte de recuerdos, ideas o inseguridades que te contaminen. Eso acelerará la sanación.
#3 Enfrenta: tarde o temprano necesitarás levantarte y seguir adelante. Deberás enfrentar a los fantasmas y miedos que la herida te dejó.
#4 Un día todo tendrá sentido: debes confiar y tener fe en que el regalo que este evento dejará en ti será mucho más grande de lo que puedes percibir. Toda lección se convierte en bendición.

EL INGREDIENTE SECRETO

Con el tiempo, mi madre logró salir adelante y convertirse en una mujer plena, feliz, exitosa y bendecida. Mi padre tuvo que enfrentar sus demonios y seguir adelante hasta encontrar su camino. Al final, todo río, por más turbulento que parezca, encuentra su cauce natural y empieza a fluir en paz. Pero aun con el tiempo, uno continúa descubriendo tesoros que las heridas nos dejan.

Para mí, lo más interesante de toda esta historia no se encuentra en los retos que superó mi madre para sacarnos adelante, sino en las lecciones que nos dejó, sin que nosotros supiéramos. Y es que con los años, algo no salía de mi cabeza: la especialidad de la casa. Ese platillo especial que nos preparaba de desayunar dos o tres veces a la semana. El pan tostado con mantequilla y miel finamente cortado. Algo en ese recuerdo no me quedaba claro.

Porque con los años, recuerdo haber visitado la casa de otros niños y darme cuenta de lo que desayunaban. A algunos les preparaban

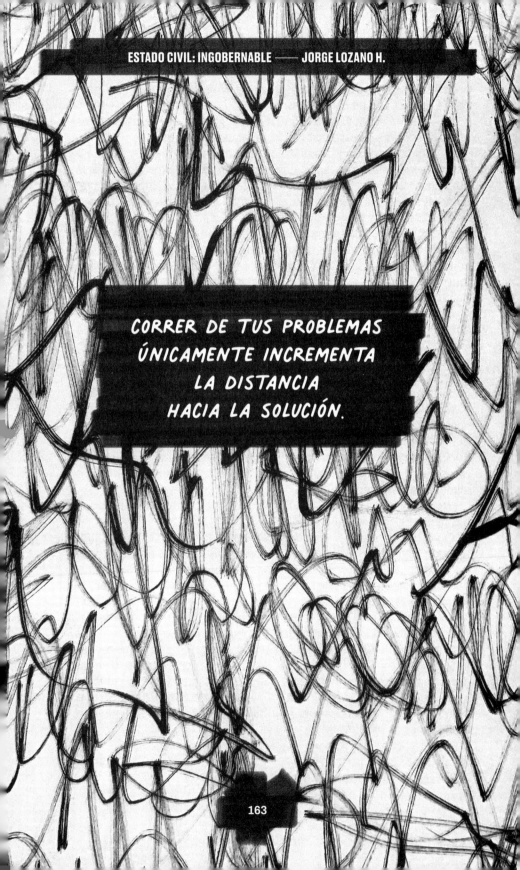

CORRER DE TUS PROBLEMAS
ÚNICAMENTE INCREMENTA
LA DISTANCIA
HACIA LA SOLUCIÓN.

huevo revuelto con salchicha, jugo de naranja recién exprimido, pancakes, cereal con leche o fruta...

Un día le pregunté a mi madre: "Mamá, ¿por qué en casa de otros niños les preparaban desayunos tan elaborados y nosotros nos emocionábamos tanto cuando preparabas un simple pan tostado con mantequilla y miel?". Y mi madre, esa misma madre que cuando peor le iba en las citas de ventas más sonriente salía, me miró con ternura; como si algo en su corazón se alegrara de que por fin pudiera revelarme el secreto.

Me dijo: "Hijo, porque cuando ustedes crecían y yo trabajaba, no teníamos dinero para más, pero yo les preparaba ese pan tostado y se los vendía como si fuera lo más gourmet". Hizo una pausa: "Y ustedes me lo compraban". No pude evitar romper en llanto. Mi madre no era tan mala vendedora después de todo.

Dentro del momento más difícil que estábamos viviendo, mi madre se aseguró de dejarnos una lección que nos iba a acompañar toda la vida: las cosas, cuando se hacen con amor, saben diferente. Con una barra de pan, un botecito de miel y un cuadrito de mantequilla, mi madre nos había revelado el ingrediente que endulza cualquier momento amargo: el amor.

Ésa era la razón por la que, aun cuando no teníamos dinero, las risas y la alegría en mi hogar nunca faltaron. Ésa es la razón por la que yo crecí tan pleno, tan positivo. Porque en medio de la tormenta, aunque ni ella misma supiera si el día de mañana sería mejor, mi madre se aseguró que, desde primera hora de la mañana, sus hijos se alimentaran de amor.

Esa lección me cambió la vida y por eso, para mí, la mañana es el momento más importante del día.

Quizá tú vienes de un contexto similar. Tal vez tus primeros cumpleaños los festejaste en el patiecito de tu casa porque no había para un lugar de fiestas, quizá cuando te lastimabas o algo te dolía te curaban con remedios caseros, porque no había dinero para médicos; tú nunca te enteraste. Nunca sabremos los sacrificios que otros tuvieron que hacer para que nosotros estuviéramos aquí, y eso es parte del regalo: fue dado sin esperar nada a cambio; ni siquiera tu gratitud. Por eso, no te quejes de la manera en la que creciste, no guardes rencor ni te sientas mal por las carencias que tuviste; al contrario, disfruta del camino recorrido, de lo lejos que has llegado y de lo bendecida que eres. Y así como aquellos que vinieron antes que tú: hagas lo que hagas, haz las cosas con amor. Porque las cosas que se hacen con amor saben diferente.

VINISTE A DEJAR HUELLA, NO CICATRICES

Nunca subestimes el poder que heredaste. ¿Te has preguntado de dónde viene la valentía? ¿Quién programó en ti el coraje o la garra con la que defiendes tus ideales? ¿De quién sacaste ese carácter de leona protectora o defensora de su territorio? Hay algo que vive en ti, muy dentro de tu ADN, que ha recorrido un largo camino para protegerte. Sale desde lo más profundo cuando lo necesitas y regresa cada vez que pierdes tu rumbo en la vida. Yo pude verlo en mi madre.

Nosotros crecimos con una madre sensible, tierna, amorosa y cariñosa. Siempre muy sabia, cercana a Dios, creía fielmente en la disciplina y la corrección; pero cuando descubrió que le estaban viendo la cara y había sido engañada, algo diferente emergió desde su interior. Fue como si una fiera que había estado dormida se hubiese despertado súbitamente y saltado frente a los ojos del mundo con la misión de defenderla.

Mi madre sacó las garras, rugió, se puso en modo de ataque y encontró lo necesario para tomar decisiones difíciles. Sabía que no tenía el dinero para salir adelante sola; que separarse de su pareja iba a traer caos a su vida, entendía que nada iba a volver a ser lo mismo, sin embargo, hizo lo que tenía que hacer. ¿Cuántas veces te has sentido lista para saltar, pero no das el salto? Sientes a la leona que llevas dentro rugiendo en tu interior, pero prefieres ignorarla que enfrentarla.

Con los años, la misma duda circulaba mi mente: ¿De dónde sacó mi madre la determinación y el valor para liberarse, si ella era de carácter tan dócil? Cada vez que tengas una pregunta como esta sobre ti o sobre alguien que conoces, te doy esta recomendación: investiga su historia familiar; hurga un poco más profundo en su herencia genética. La gran mayoría de las veces, ahí se esconde la respuesta.

Te soy honesto: no soy un hombre que crea en la reencarnación. Vivo bajo la filosofía de que tenemos una sola vida en la tierra y el resto de nuestro camino se encuentra en la eternidad, en presencia de nuestro Padre Celestial: Dios. Sin embargo, sí creo que hay partes de tu linaje familiar que reencarnan en ti y se aparecen cuando menos lo esperas. Este fenómeno se explica científicamente bajo el término: herencia epigenética transgeneracional.

Nuestro código genético es tan complejo, que el mismo ADN que corre por la sangre de un hombre que vivió en el viejo oeste y era adicto a las apuestas puede estar hoy corriendo por las venas de su tátara-tátara-tátaranieta, que no se explica por qué es adicta a las apuestas por internet. Nunca se conocieron, quizá los padres de esta mujer jamás le inculcaron el gusto por las apuestas, pero el gen predominante saltó entre las generaciones hasta llegar a ella. La huella que dejamos en este mundo es más poderosa de lo que nos imaginamos.

Cuando me puse a investigar la historia de mi familia, hubo algo en particular que cautivó mi atención: la historia de vida de mi abuela. Aquí estaba yo pensando que mi madre había sido una mujer ingobernable, cuando me di cuenta de que realmente mi abuela había sido la ingobernable mayor. En retrospectiva, las batallas que había librado mi madre parecían una caminata en el parque comparadas con las batallas de mi abuela.

Tengo que empezar por decir que mi abuela era tremenda. Tenía hasta el nombre ingobernable. La bautizaron con el nombre más raro que yo he escuchado. Te diré cuál era, pero necesito que me prometas que si conoces a alguien más que se llame así, me lo harás saber por medio de mis redes sociales. Llevo años de gira por el mundo y aún no he encontrado quién se llame como mi abuela.

Mi abuela fue registrada bajo el nombre Pasión. Así como lo lees: Pasión Garza López era su nombre completo. ¿Quién llamaría a su hija Pasión? Quizá tiene algo que ver con la manera en la que fue concebida o algo. No lo sé, pero mi madre se llama Dolores.

Pasión no solamente fue mi abuela, fue la mujer más peculiar que me ha tocado conocer. Un verdadero caso de estudio para los científicos del comportamiento humano. A continuación te platicaré algunas escenas de su vida, únicamente con el fin de darte contexto. Es importante aclararte que todo lo que te voy a contar a continuación es completa y absolutamente real.

Pasión siempre portaba su viejo recetario, sufría de diabetes, por lo que tenía que estar controlando el azúcar en su cuerpo. Lo extraño del padecimiento de mi abuela es que ella lo sufría de forma selectiva: únicamente le daba cuando le convenía.

Tengo recuerdos de ella postrada en el sillón viendo en la televisión series de narcotraficantes (le encantaban las series de narcotraficantes).

—Hijito —me llamaba desde la sala—. ¡Hijito!

—¿Qué pasó, abuela?, ¿todo bien? —llegaba yo rápidamente a asistirla.

—Cámbiamele a la tele —decía en un tono casi moribundo, mientras le apuntaba al control de la televisión ubicado a escasos veinte centímetros de ella, sobre el sofá de enfrente—. Ayúdame, porque se me sube el azúcar. —Siempre usaba la excusa del azúcar para todo.

—¡Hijito! Tráeme un vaso con hielos por favor, que no me puedo mover mucho.

—Claro, abuela —iba yo corriendo.

—¡Hijo, alto! Antes de que regreses, ponle un poco de Coca-Cola a ese vaso.

—Abuela, ¿no te hace daño? —preguntaba en mi inocencia.

—Cállese, usted tráigamela. ¿Que no ve que tengo azúcar? —me decía mientras yo, desconcertado, le suministraba azúcar a una mujer que había enfermado del azúcar por comer tanto azúcar.

Mi abuela había crecido en un pequeño pueblo olvidado por Dios. Un lugar llamado Camargo, justo en la frontera de México con los Estados Unidos. Un pueblo conocido por los altísimos niveles de criminalidad. Cuna de los grupos criminales y cárteles del narcotráfico más violentos en la historia de nuestro país. Pero ella ahí era feliz.

Cuando cumplí 16 años, mi abuela me pidió una fotografía tamaño pasaporte. "Es para mi cartera", me dijo. A la semana siguiente llegó con una licencia de manejo emitida en Camargo. Nunca nadie me hizo un examen de manejo, ni siquiera me preguntaron si sabía manejar. Pero a partir de ese momento, yo era ya el chofer oficial de la Sra. Pasión Garza.

Recuerdo que un par de veces a la semana me hacía llevarla con un doctor que yo siempre pensé que era milagroso; el doctor Kellerman, se llamaba. Un médico cubano que parecía sacado de una película: alto, moreno, delgado, bronceado, bien dado. "Hijo, llévame con el doctor Kellerman", me decía, mientras exageraba su voz para escucharse al borde de la tumba.

Al llegar, mi abuela bajaba del carro como una viejecita cansada y maltratada por la vida, pero en el momento en el que veía al doctor Kellerman, con esa brillante dentadura blanca y ese físico digno de un Ken cubano, la mujer mágicamente recobraba fuerzas. Su columna se enderezaba, sus ojos volvían a la vida, aventaba su bastón y se levantaba como si fuese una muchachita de 14 años saltando charcos en la calle. Hasta hacía un saltito como si fuese el duendecillo de los Lucky Charms y aplaudía con las plantas de sus pies. El maravilloso poder de la hormona golosa, le llamaba yo. ¡Esta mujer era tremenda!

Mi abuela me enseñó a manejar, a chocar y a huir de la policía: todo el mismo día.

Yo tenía 12 años cuando iba con ella en su carro y personalmente fui testigo del momento en el que, sin querer, atropelló a un pobre cristiano. "Oh no, no otra vez", se le escapó decir en un susurro. Yo estaba petrificado y hundido en pánico en el asiento del pasajero. Pasión, con total calma, como si hubiese atropellado a una paloma que voló frente a su auto, giró la manivela para bajar la ventanilla. "¿Está bien?", gritó ella, mientras un silencio sepulcral y eterno invadía la cabina de su viejo auto. "¡Sí!", se escuchó el grito del pobre hombre reincorporándose desde abajo de la rueda derecha.

—¿Sí? ¿No le pasó nada? —intentó confirmar mi abuela.

—No creo —dijo el pobre caballero que aún batallaba para ponerse de pie.

—¡Pues, si no le pasó nada, levántese cabrón! —exclamó la dulce ancianita mientras volvía a acelerar de forma maniática su viejo carro con una calcomanía de "Cristo te ama".

Cabe recalcar que mi abuela Pasión tenía el carro más golpeado que yo he visto en mi vida; estaba chocado de todas partes. Desde raspones, hasta burbujas en las llantas, marcas amarillas de banquetas en las que seguramente se había subido. El carro de mi abuela estaba chocado del techo, ¡del techo!

¿Cómo chocas un carro del techo? Tienes que haberlo volteado y desvolteado para chocar un carro del techo. El auto era un viejo Mercury traído de los Estados Unidos; ancho como una lancha, beige como un camello y pesado como un piano; pero llevaba a mi abuela a todos lados.

Pasión vivía sola desde hacía muchos años. Sus hijos habían emigrado del pueblo en búsqueda de una mejor vida, pero ella siempre fue feliz ahí, a pesar de que el pueblo era violento e inseguro. Nosotros nos moríamos de miedo cuando, en las noticias, hablaban de una balacera o un enfrentamiento cerca de su casa.

Un día, un delincuente tomó la errónea decisión de entrar a robar a su casa. Rompió el mosquitero de la ventana en uno de los cuartos y se introdujo sigilosamente intentando pasar desapercibido. Mi abuela, quien al parecer tenía un sentido casi arácnido, pudo detectar el momento en el que el iluso delincuente puso pie en su casa. Quizá tú, como yo, te imaginarías que se escondería como buena anciana desprotegida: eso no ocurrió.

Mi abuela se escondió, pero con el propósito de asustar al ladrón.

Esperó a que estuviera completamente adentro de su casa para súbitamente aparecerse frente a él en un terrorífico grito digno de una película de horror. "¡Venga para acá hijo de la chingada!", exclamó la viejecita con una cabellera que lucía como si un tanque de gas le acabara de explotar en la cara. La mujer se apareció en una posición casi de combate, con las piernas y los brazos abiertos, como si quisiese abarcar todo el pasillo, portando únicamente una bata de baño deslavada y percudida y ni una sola pieza de ropa interior. La brisa de la ventana abierta hacía que la bata ondeara como si se tratase de una heroína de película enfrentándose a un indefenso villano.

La leyenda cuenta que ese ladrón emitió un grito de pavor; un clamor sonoro que se escuchó hasta en los barrios más lejanos del pueblo. Nunca volvió a robar ese pobre hombre; se dice que hasta se convirtió al cristianismo después de eso.

Nunca olvidaré todas esas particularidades que hacían a mi abuela un personaje digno de una película. Sin embargo, de todas las cosas que recordaré de ella, hay una en particular que me acompañará siempre: la herencia que le dejó a mi madre.

Al principio de este capítulo te cuestioné: ¿te has preguntado de dónde viene tu valentía? ¿De dónde viene el coraje con el que enfrentas las cosas? Cuando esa duda te invada, te recomiendo que vayas a investigar tu herencia familiar. Yo empecé a investigar sobre la vida de mi abuela y me di cuenta de una verdad que me abrió los ojos.

Al indagar sobre su historia, me enteré de que mi abuela había sido dada en adopción desde muy temprana edad. Sus padres biológicos la regalaron; nunca supimos quiénes fueron ellos en realidad. Mi abuela creció en un hogar adoptivo y al cuidado de una familia de buen corazón que la acogió.

Creció en el mismo pueblo donde siempre vivió y un día conoció a un hombre guapo del cual se enamoró. (Quizá era el único hombre del pueblo.) Ese hombre fue mi abuelo. Con él tuvo tres hijos. Mi madre fue la hija del medio. Tuvieron una infancia feliz viviendo en el campo, pero un día, la tragedia volvió a tocar la vida de la joven Pasión: un ataque al corazón le arrebató a su esposo.

Me di cuenta de que, así como mi madre había tenido que sacar adelante a sus hijos sola, mi abuela, antes que ella, había tenido que hacer lo mismo. A veces parecería como si las historias familiares estuvieran condenadas a repetirse. Pero eso no era todo, mi abuela tendría un amargo capítulo más que enfrentar en su vida: la muerte de su hijo mayor.

A los pocos años de quedar viuda y enfrentar la enorme carga de sacar adelante a una familia completa, un accidente automovilístico se llevó a su hijo mayor. Una vez más mi abuela tuvo que desfilar por el panteón del pueblo, ahora para poner a descansar a su primogénito. Yo no podía creerlo. ¿Cómo era posible que una misma mujer había sufrido las tres pérdidas más duras y difíciles del ser humano? Había crecido huérfana, llegó a la adultez siendo viuda y en su madurez perdió un hijo. No hay palabras que alcancen a describir esa acumulación de dolor.

Mi abuela estaba curtida en la tragedia. A pesar de todo lo que había vivido, había encontrado la fuerza para elevar la cara, salir adelante, limpiarse las lágrimas y levantarse. A veces no queda más que aprender a sonreír en medio del valle.

Cuando mi madre estaba pasando por lo más difícil de su divorcio, cuando había sacado todas las pertenencias de mi padre de nuestra casa y se había quedado sola en ese cuarto que antes compartió con el amor de su vida, una terrible depresión la invadió. Era como si una nube negra la acompañara diariamente. No quería comer, no quería salir, no veía televisión, no platicaba con nosotros. Era como si su separación se hubiera llevado también su resplandor.

Aun cuando mi abuela vivía en un pueblo distante y no se había enterado de todos los detalles, algo detectó en el tono de voz de su hija; no hizo más preguntas, no indagó más y no lo pensó dos veces: empacó unas maletas, cargó su viejo carrito y emprendió un largo viaje al rescate. (No sabemos cómo lo logró en ese carro tan viejo, pero llegó). Era como si su sexto sentido maternal le estuviera alertando que su hija la necesitaba.

Mi abuela llegó a nuestra casa en el año 2007 con una maleta y su viejo recetario, se instaló en un pequeño cuarto en el sótano y comenzó una terapia intensiva de madre a hija. ¿Alguna vez has sentido que lo único que necesitas para aclarar tu mente es sentarte con tu madre por unos minutos? Hay quien daría lo que fuera por regresar el tiempo y volver a tener a su madre para charlar sobre los problemas de la vida.

Ahí me di cuenta de que mi abuela no necesitaba de mucho para disfrutar la vida. Mientras tuviera harina para hacer tortillas, su viejo recetario y sus series de narcotraficantes, ella vivía tranquila y en paz. Había días en los que pasaba junto a su cuarto y me la encontraba hablando sola.

—¿Con quién hablas, abuela? —recuerdo que solía decirle.

—Con un pajarito que viene a cantarme por las mañanas —me contestaba.

—Estás bien loca, abuela —replicaba.

Pero en los momentos más difíciles del divorcio de mi madre, cuando no teníamos dinero para completar el pago de la renta y vivíamos a la expectativa de un milagro, nunca voy a olvidar lo que hacía mi abuela: absolutamente nada, pero ahí estaba. En las buenas, en las malas y en las feas. Mi abuela fue el brazo para recargarse, el corazón para refugiarse y el hombro para limpiarse las lágrimas de mi madre.

Con el tiempo me di cuenta de que hay un nombre para eso; se le llama el ministerio de la presencia. El ministerio de la presencia es el acto de estar presente de manera compasiva y solidaria en la vida de las personas, ofreciendo apoyo, consuelo y ayuda práctica cuando sea necesario. Hay gente enfrentando batallas para las que no necesita un consejo, no necesitan que hagas algo por ellos: lo único que necesitan es que estés ahí.

Hay madres de familia que no saben cómo quitarles la tristeza a sus hijos, esposas que no saben cómo motivar a su marido, amigas que no saben cómo apoyar a otra, buscas las palabras perfectas, practicas discursos en el espejo, cuando quizá lo único que necesita la otra persona es tu presencia.

Un 21 de abril del año 2021, mientras yo me encontraba de viaje en Baja California, México, mi abuela falleció. En un pequeño cuartito acondicionado para ella en un sótano. Mi hermana Mónica escribió esto al día siguiente:

Ayer nos despedimos de nuestra hermosa Pasión, amigos. Fuimos las mejores amigas. Compañeras de shopping, chisme, cafecitos y pan dulce. Voy a extrañar cómo se sienten sus manitas en las mías, pero me siento agradecida por haber podido tomar su mano hasta que ella tomara la de su Papá, camino a su Hogar. La reina madre se fue acompañada de sus hijas y nietas, llena de besos, caricias y oraciones. Gracias a todos por su amor, por pensar en ella y por el cariño que le tuvieron. Aleluya, estás en casa.

Mónica Lozano

Todavía me llena de tristeza leer estas líneas y saber que no estuve ahí con ella para tomar su otra mano. A veces la gente nos entrega tanto, nos hace compañía cuando ni nosotros mismos queremos acompañarnos y nos carga cuando no podemos levantarnos, pero por los afanes de la vida no estamos nosotros ahí cuando nos necesitan.

Mi corazón descansa tranquilo sabiendo que, aunque mi abuela se fue, su presencia vive en todos nosotros. Esa alma guerrera que salía al acecho de asaltantes, esa alma liberada que vivía sin pena ni vergüenza de ser auténtica, todo eso fue heredado a mi madre y resultó ser la inspiración para un joven conferencista que un día decidió inspirar a mujeres que han sufrido mucho y atravesado duras pruebas. Mi abuela es la razón por la que este libro está en tus manos.

Al regresar a casa de mi viaje, me encontré con un panorama triste. Los servicios funerarios de mi abuela habían pasado ya y mi familia aún estaba muy dolida por la pérdida. Encontrábamos consuelo en saber que ya no padecía dolor ni malestar. Aunque fue dada en adopción desde muy pequeña, sabíamos perfectamente que ahora se encontraba en manos de su verdadero Padre, que finalmente había regresado a su casa.

Abracé a mi madre y a mis hermanas, lloramos juntos por un momento y empezamos a revisar las pertenencias que guardaba en un viejo baúl en la esquina de su cuarto. Mi abuela nunca conservó joyas ni pertenencias de mucho valor, sin embargo, el baúl era enorme. Estaba lleno de fotografías, recuerdos de su difunto esposo, artículos que la habían acompañado a lo largo de su vida.

Mi gran sorpresa vino cuando nos encontramos un sobre lleno de cartas. Mi abuela escribía hermosas cartas para sus amigas, escribía pensamientos, memorias, versículos de la Biblia. Yo revisaba todo aquello con mucha nostalgia y tristeza, hasta que mis ojos encontraron una carta con mi nombre en ella: "Para Jorgito", decía.

Mi madre volteó a verme y me dijo: "Ésta es la herencia que te dejó tu abuela: una carta y su viejo recetario". Mi corazón se detuvo, la sangre en mi cuerpo se congeló en ese momento. Cuando mi madre dijo la palabra "herencia" no te mentiré. Por mi mente pasó un pensamiento fugaz: "¿un terrenito?", dije hacia mis adentros.

¿Por qué había una carta dirigida a mí que jamás me había entregado? ¿Por qué me habrá dejado a mí su viejo recetario? ¿Qué quería que hiciera yo con él? Mis manos me temblaban mientras delicadamente desdoblaba la carta escrita a mano y en una preciosa letra cursiva.

Lo primero que captó mi atención es que la carta había sido escrita el día de mi cumpleaños: el 2 de noviembre. Como te dije anteriormente, yo cumplo años el día en que en muchos países se conmemora a los difuntos: el Día de los Muertos. Mi abuela había dejado una carta narrando el día en que festejé mi cumpleaños, platicaba lo feliz que se sentía y decía que no sabía cuánto tiempo más la iba a dejar Dios en esta vida, pero quería que supiera lo mucho que había disfrutado con sus nietos.

La parte que más me impactó fue ésta:

Jorgito, recuerdo que te dediqué un Proverbio
(Proverbios 4:1-10). Adquiere sabiduría, adquiere inteligencia;
Yo sé, Jorgito, que el Señor te ha dotado de esta inteligencia.
Aprovéchala para bien.

Aprovecha esa sabiduría y esa inteligencia para bien. No solo mi abuela me había dejado con una misión, un encargo, una comisión, lo más interesante de todo, es la fecha en la cual escribió la carta: Noviembre 02 del año 2005.

En el año 2005 yo tenía 17 años. Era un estudiante que jamás se hubiera imaginado que iba a dedicar su vida a inspirar y motivar audiencias. Nunca me imaginé el papel que iba a tener en las redes sociales, la televisión, la radio, las conferencias, los libros. Nada de eso cruzaba por mi mente en ese momento, estaba a años luz de lograrlo, sin embargo, mi abuela ya lo había visto.

Veía en mí un potencial que ni siquiera yo había podido imaginar. Y como ella, en tu propia vida hubo personas que apostaron por ti cuando nada eras y nada tenías. En tu momento más bajo, alguien creyó que lo lograrías; quizá fue tu madre, tu padre, alguno de tus abuelos.

No te rindas; te lo debes a ti misma y a todos aquellos que, como mi abuela, dejaron una huella en tu vida al creer en ti. Hay gente que viene a tu vida a dejar cicatrices y personas que fueron puestas en tu camino para apuntarte hacia la dirección correcta y rodearte del ingrediente más importante para el camino: el amor. Porque cuando las cosas se hacen con amor, saben diferente.

NO ERES TU TRAGEDIA, NO LE PONGAS TU NOMBRE

Es impresionante el poder de nombrar las cosas. Cuando yo crecía era un niño muy curioso. Mi familia tenía una casa en un pequeño pueblo en la sierra del norte de México: Rayones se llama el pintoresco lugar. De esos pueblos en los que la atracción principal del fin de semana es caminar alrededor de la pequeña plazoleta y simplemente saludarse los unos a los otros.

Había una curiosa tradición en ese lugar: la mayoría de los autos tenían nombre. La camioneta de nuestro vecino se llamaba "el Viejo Paulino" y lo tenía escrito en el parabrisas trasero. La vecina de la calle de atrás tenía uno llamado "el Coqueto", un pequeño auto rojo con los vidrios polarizados. Había una camioneta blanca viejita que decía en una de las puertas "el Palomo", pero mi favorito era el camión de la basura, ese se llamaba "Rayo McQueen" y transitaba por el pueblo levantando desperdicios y escombro a 5 kilómetros por hora.

De hecho, antes de casarnos mi esposa y yo, tenía un pequeño carrito blanco en el que pasaba por ella. Ella le llamaba "el *Cucaracho*". Nunca me imaginé que esa palabra me llevaría a darle la vuelta al mundo hablando de los malos amores.

Nombrar a las cosas es una práctica altamente poderosa. Cuando nombramos algo, le damos identidad, individualidad, importancia, pero sobre todo, poder. El lenguaje humano es tan poderoso que el hecho de nombrar una posesión, un artículo, un comportamiento o una acción nos permite visualizarla y separarla de lo ordinario. Es una forma de categorizar, acentuar y otorgarle valores a algo, de forma que podamos comprenderlo.

No es lo mismo que se muera tu perrito mascota a que se muera "Bolita", tu perrito mascota.

El ser humano les pone nombre a las enfermedades, las tormentas, los proyectos, las mascotas y hasta a las personas. El problema surge cuando algo llega a nuestra vida y nos rompe. Un evento desafortunado toca a nuestra puerta y pasamos por temporadas de sufrimiento, incertidumbre o depresión. Quizá el evento marca un capítulo jamás experimentado, un antes y un después en tu vida. ¿Qué es lo peor que podemos hacer en esos momentos? Ponerles nombre.

Hay un término en lo particular que simplemente no me gusta escuchar: divorciada.

Hace un tiempo me encontraba en la fila para hacer un trámite de gobierno, cuando escuché que le preguntaron a la mujer que iba delante de mí: "¿Cuál es su estado civil?". Si llevas un tiempo siguiéndome en mis redes sociales, seguramente te pasa que tu mente siempre responde automáticamente: "¡Ingobernable!". Ella claramente no era mi seguidora porque lo primero que respondió con una voz casi apenada fue: "Divorciada".

El nombre "Divorciada" penetró en mi cabeza como si hubiese sido un alfiler y me incomodó profundamente. No tuve más remedio que interrumpir diciendo:

—Usted no es divorciada. —La mujer, junto con la cajera, voltearon a verme con una cara desencajada.

—¿Perdón? —dijo ella.

—Usted no es DIVORCIADA —le enfaticé mientras ella giraba su cuerpo hacia mí en búsqueda de una aclaración—. Usted pasó por un divorcio, que no es lo mismo —puntualicé.

—Tiene usted razón —me dijo, esbozando una sonrisa y regresando a lo suyo.

Realmente no tuve tiempo de explicarle completamente a lo que me refería, pero quizá tú que estás leyendo este libro tienes la misma duda. Quizá llevas años siendo "divorciada" así que necesito que pongas mucha atención a lo que voy a decirte a continuación.

Tú no eres divorciada. Tú pasaste por un divorcio. Son dos cosas completamente distintas. El autonombrarte "divorciada" significa que has quedado sellada. Que después de pasar por ese mal amor, esa infidelidad o ese dolor, todavía tienes que cargar con un sello que te caracterizará toda la vida como: "Divorciada" ¡No, señor! Usted no es divorciada, usted es soltera y soltera codiciada.

Es como si un día, al salir del trabajo, te atropellan. Pasa por encima de ti un camión de carga y por un milagro de la vida, sobrevives. ¿Acaso eso te convierte toda la vida en "Atropellada"? Imagínate: "¿Con quién vas a la reunión?". "Voy con Sandra, con Pamela y con Atropellada". ¡No, señor!

El nombrar las cosas, los eventos o las circunstancias simplemente hace que las empoderemos. Les demos vida propia, identidad y espacio; el nombre es aquello que le damos a lo que está vivo.

Nunca más serás conocida como "Divorciada", a partir de ahora, cuando te pregunten por tu estado civil, espero que tu respuesta sea: ¡Ingobernable!

LA LECCIÓN DEL NOVIO FEO

Mucho puedes saber de una persona por las cicatrices que carga. Yo tengo una cicatriz en el dedo que me recuerda que no soy nada bueno en la cocina y no debería volver a intentar cortar verduras como los chefs de la televisión. Las cicatrices son a veces un recordatorio a no volver a intentar lo que te hizo daño, sin embargo, a veces son un ancla que intenta convencerte de no volver a intentar algo que quizá te vaya a hacer bien.

Voy a darte el ejemplo perfecto, pero necesito que seas muy honesta con lo siguiente que voy a preguntarte: ¿alguna vez has tenido un novio feo? Seguramente algún personaje de tu vida se te vino a la mente. Quizá tú como yo tienes entre tus pertenencias una cajita de recuerdos. De esas en las que guardas cartitas de amor, recuerditos, fotografías, quizá hasta un calzoncillo viejo del *cucaracho*.

¿Alguna vez has hurgado entre esa cajita de recuerdos y te has encontrado la fotografía de algún viejo amor? De esas veces que observas detenidamente la imagen; la alejas y la acercas para notar todos los detalles y no puedes evitar preguntarte: "¿Cómo pude haber andado con esto?". Te dan ganas de enviarles la fotografía a tus amigas y reclamarles: "Estúpidas, ¿cómo me dejaron?". Mamacita, yo siempre he pensado que hay exes que son como una vaca en un techo: no sabes cómo semejante animal llegó tan alto.

¿Quieres saber qué es lo más gracioso de todo? ¡A ti te encantaba! Tú lo veías con ojos de amor. Todavía tuviste el descaro de llevarlo a tu casa a presentarle a tu madre y a tu padre. Lo sentaste en tu mesa a compartir los sagrados alimentos. Ahí estaba el *chupacabras* ese comiendo frente a los ojos de todos. Hoy no sabes cómo pudiste verlo tan atractivo.

Quizá tú que me estás leyendo, no te explicas por qué, pero tenías una suerte tremenda con los feos. Tú movías una piedra y te salían diez feos que andaban detrás de ti, pero que no se te atravesara uno solo guapo, decente o ligeramente atractivo porque se te complicaba tremendamente entablar una conversación. Por alguna razón atraías a todos los que no te gustaban y el único al que verdaderamente querías no se te acercaba.

Ésta es una lección muy importante que este libro quiere enseñarte y es más profunda de lo que te imaginas. ¿Te has preguntado por qué con los feos tenías tanta suerte? La respuesta es: Porque con los feos eras divertida, espontánea y graciosa, pero con los guapos ¡te ponías nerviosa! Y lo mismo pasa con tus planes, metas y objetivos.

Es muy común que la vida nos deje cicatrices justo en la autoestima, la seguridad y la confianza. El efecto directo es que veamos lo que nos apasiona como algo demasiado lejano. La voz de la insuficiencia toma el control y nos dice que no hay manera de que logremos obtenerlo, ni siquiera vale la pena intentarlo, está totalmente fuera de nuestras posibilidades. Vemos la meta "demasiado guapa" y, como lo explica el ejemplo pasado, te pones nerviosa.

¿Qué ocurre cuando te pones nerviosa? Tus dones, talentos y habilidades se reducen significativamente. Todo aquello que generalmente se te facilita se vuelve más complicado. Así como cuando hablas con un hombre extremadamente atractivo, no te salen las palabras, no hilas las ideas, te tropiezas, te distraes y terminas por arruinarlo. ¡Lo mismo ocurre con tus proyectos!

En el momento en el que te das cuenta de que estás sobrepensando las cosas, de que cuanto más inalcanzable veas a una persona menos utilizas tus principales atributos y más te autosaboteas, más te queda claro que necesitas renunciar a escuchar desde tus heridas y empezar a escuchar más desde tu fe.

A partir de hoy, no hay nada que esté fuera de tu alcance, nada que esté demasiado bonito, demasiado grande o demasiado alto como para que tú no puedas alcanzarlo. Honra a todos aquellos que apostaron por ti, honra tus capacidades, pero sobre todo siéntete cómoda siendo tú misma. Es ahí en donde tus dones, talentos y principales atributos brillan. Recuerda: nadie es como tú, y ése es tu superpoder.

Antes de continuar, repite una vez más las 10 palabras que adoptamos:

LA FAMILIA ELEGIDA: TU GRUPO DE SOPORTE

En 1972, un avión uruguayo que transportaba a un equipo de rugby conformado por jóvenes entre 18 y 25 años se estrelló en la cordillera de los Andes. Después del accidente, los sobrevivientes enfrentaron condiciones extremas de frío y aislamiento, lo que los llevó a tomar decisiones desgarradoras para sobrevivir.

Quizá hayas visto series, películas o leído libros escritos alrededor de esta tragedia; la lucha por la supervivencia, la solidaridad entre los compañeros y las difíciles decisiones éticas que tuvieron que tomar para mantenerse con vida. Sobrevivieron 16 de ellos y todos concuerdan en el elemento que fue crucial para lograr salir adelante: mantenerse unidos.

Sin duda, pasar por episodios difíciles en nuestra vida nos muestra mucho de nosotros mismos, pero también nos muestra mucho sobre quiénes son nuestros verdaderos amigos. ¿Alguna vez has comprobado la fidelidad de tus amistades? ¿Recuerdas quiénes han estado a tu lado en los momentos más complicados?

Ser "ingobernable" significa no solamente ser una persona liberada y sin cadenas, sino también tener el respaldo de un grupo de personas que, así como tú, han decidido romper con mecanismos de opresión. A veces lo único que necesitas es a una amiga que te recuerde lo fuerte que eres, antes de tomar una decisión difícil.

Hay 5 tipos de amigas que toda "ingobernable" debe tener en su grupo de soporte y te las enumero a continuación:

#1 Las amigas que son brutalmente honestas: en un mundo acostumbrado a darnos lo que queremos ver y lo que queremos escuchar, no hay nada que te vaya a ayudar más que una amiga que sepa decirte las cosas como son y sin aderezo. Una amiga en cuya opinión puedas confiar ciegamente porque sabes que no te miente.

¿Tienes una amiga que a veces hasta se pasa de honesta? Que si llega algún buen prospecto preguntando por ti: "¿Quién es tu amiga y por qué sigue soltera?", ésta sería la amiga que contesta: "Porque no hemos encontrado quién la quiera". "¡Cállate estúpida!". Te dan ganas de decirle. "¡Miénteles!"

Ésta es la amiga con la que llegas a presumirle tu nuevo vestido ajustado y te dice: "Pareces un tamal mal amarrado". Quizá te duele, pero a veces necesitas escucharlo. Mamacita, quédate con la amiga que te diga la verdad aunque pese. La honestidad es un regalo caro, no lo esperes de gente barata.

#2 Las amigas heroínas: ¿tienes una amiga que te ha rescatado de las situaciones más extrañas en las que te metes? Esta amiga es la amiga que si, algún día, por alguna razón, terminas en prisión y solo puedes hacer una sola llamada, sería a la primera a la que llamarías. Pero nunca revisa su teléfono celular, así que probablemente, no te contestaría.

Ya te imagino escribiéndole: "Amiga, estoy en prisión, sácame por favor". De ahí a esperar a que vea el mensaje para que te conteste: "¡Amiga, voy para allá!". Y tú: "Estúpida, te lo mandé hace siete años".

Ésta es la amiga que no sabes si va a llegar puntual, pero puedes estar segura de que va a llegar. Por eso te recomiendo que si un día sales a una mala cita, tengas lista una palabra clave con tu mejor amiga.

Sobre todo si a veces te toca salir con un hombre patán, aburrido, presumido o con el que simplemente estás incómoda, pero no quieres hacerlo sentir mal. No salgas a una cita romántica sin tener una palabra clave con tu mejor amiga.

Una palabra que tu amiga sabe que, si se la envías por mensaje de texto, tiene que llamarte en ese momento para inventarte que tu abuelo se está muriendo. Una palabra discreta como "empanadas". Que en cualquier emergencia social, puedas enviarle la palabra "empanadas" y ella sepa que tiene que sacarte de ahí rápidamente.

Pero asegúrate de que tu amiga tenga buena memoria porque ya te imagino: "Empanadas, empanadas" y tu amiga: "No, gracias, ya cené". Válgame Dios: "¡Empanadas, estúpida! Sácame de aquí, pendeja", te imagino diciéndole. Mamacita, una gran lección necesito compartirte: En los cuentos te rescatan los príncipes, pero en la vida real te rescata tu mejor amiga.

#3 Las que saben escuchar sin juzgar: ¿quiénes que están leyendo este libro son psicólogas de sus amigas, amigos, compañeras de trabajo o vecinos? Hay quienes tienen un don para aconsejar, asesorar, guiar y dar tranquilidad a sus amistades.

Y seguramente tienes una amiga que es Doña Tragedias. De esas amigas a las que todo les pasa. Tienen mala suerte en el amor, en el trabajo y en la vida. De esas que su vida parece un cubo Rubik de colores: para cuando arreglan un lado ya se les arruinó el otro. Esa gente necesita de mucho soporte emocional y siempre hay un miembro del grupo de amigas que se encarga de otorgarlo.

Quizá tú eres la amiga que da los mejores consejos, ¡pero no sigues tus propios consejos! Y eres la que siempre termina enamorada de puros pendejos. ¡Ay, mamacita!

#4 La mala influencia: en todo grupo de amigas debe de haber una que le traiga sabor a tu vida. Ya sabes a qué amiga me refiero: la loca, la de la risa escandalosa, la que tiene ideas que siempre terminan metiéndote en problemas, pero que generalmente tiene las mejores historias. Ésta es la amiga que no suelta el micrófono en las fiestas de karaoke, la que no se mide a la hora de hablar y que no se gobierna ni a sí misma.

Y yo no sé por qué, pero generalmente tu amiga que es la peor influencia es la de la estatura más pequeña. No lo digo yo, lo dice la ciencia. Mide como "una sana distancia" pero es tremenda; quizá es porque su estatura la pone un poquito más cerca del infierno.

Aunque no lo creas, la amiga que es "la mala influencia" es la que inyecta al grupo de energía nueva, trae frescura a las conversaciones y aumenta la calidad de vida de todas con sus locuras. Si tú eres la mala influencia de tu grupo de amigas, envíales una fotografía de este fragmento del libro:

VALÓRENME

#5 La amiga incondicional: esta es quizá la más importante de todas. La incondicional es aquella que ha estado contigo en los momentos en los que has atravesado enfermedad, depresión, un divorcio, un despido del trabajo. Es aquella que te conoce en tu mejor y tu peor y jamás te ha abandonado.

Tu amiga incondicional te dice: "Amiga, si cincuenta veces lloras por ese *cucaracho*, cincuenta veces estaré contigo. Estarás pendeja, pero no sola". Quizá ni siquiera recuerdes cómo llegó a tu vida, pero sin duda ya no te imaginas lo que sería vivir sin ella.

Quizá se convirtió en tu amiga en las circunstancias más extrañas, tal vez ni recuerdas cómo llegó a tu vida, pero las amigas incondicionales son como un perrito de la calle: un día solamente llegan y por más que quieras alejarlos, nunca se van. Te persiguen hasta tu casa y se comen todo lo que encuentran.

Si tienes la bendición de tener a una amiga así, alguien que ha estado contigo en las buenas, en las malas y en las feas, te quiero pedir un favor: Llámala en este momento. Toma tu teléfono celular y llámala. No le escribas, necesita ser una llamada. Y cuando te conteste, dile desde el fondo de tu corazón: "Amiga, mientras me tengas en tu vida… no tienes por qué preocuparte por dinero jamás".

No te veo llamándola, tacaña.

Dile: "Mientras me tengas en tu vida, no tienes por qué preocuparte por dinero jamás. Cualquier cosa, yo seré quien te abra tu Only Fans".

Así como hay circunstancias en tu vida que dejan cicatrices, las amigas llegan a sanarte, a hacer tu vida más llevadera, a orientarte y mantenerte poderosa. Valora, cuida y procura a tus amigas, pero sobre todo, asegúrate de ser tú una amiga digna de valorar, cuidar y procurar. Hay amigas que vienen a cumplir su ciclo a tu vida y hay algunas que no importa lo lejos que físicamente se encuentren, siempre estarán unidas.

La Biblia cuenta la historia de cuando Israel, el pueblo escogido para ser liberado por Dios, se enfrentaba en combate contra la tribu de los amalecitas. La batalla encrudecía, pero Moisés, que lideraba a los israelitas, sabía que portaba un bastón con el que Dios le daba gran poder. Fue con ese bastón con que abrió las aguas para que el pueblo pasara. Así que cuando la batalla se intensificaba, Moisés subió a la cima de una montaña.

Sucedió que cuando Moisés levantaba sus brazos, Israel ganaba la batalla, pero cuando bajaba sus brazos, Amalec comenzaba a ganar. Cuando se le cansaron los brazos a Moisés, le colocaron una roca debajo. Él se sentó en la roca mientras Aarón y Jur, uno a cada lado, le sostenían los brazos. De esta manera sus brazos se mantuvieron arriba hasta que anocheció. Así, a filo de espada, Josué derrotó a Amalec y a su ejército.

Yo siento que así Dios ha puesto un gran poder en tus brazos: dones y talentos que te llevarán lejos y te traerán grandes bendiciones. Pero a veces, por más poderosos que nos sintamos, nos agotamos. Es ahí donde entran nuestras amistades a ayudarnos a sostener nuestros brazos y seguir avanzando. Nunca sabes cuándo necesitarás el apoyo o cuándo serás tú la persona que necesita sostener a alguien más.

↓

NO HAY MAL QUE CIEN AÑOS DURE, NI PENA QUE UNA AMIGA NO CURE.

APRENDE A ELEGIR TUS AMORES

Una de las grandes críticas al sistema educativo occidental es la difícil tarea de darles orientación vocacional a los jóvenes. Tenemos, como sociedad, la expectativa de que para el momento en el que los jóvenes se gradúen de la preparatoria, tengan una idea clara de qué será la tarea que desempeñarán en el futuro y de la que vivirán.

Gastamos tanto en la educación de los jóvenes, que los presionamos para que esa decisión sea tomada a conciencia, meditada y evaluada cuidadosamente. Esperamos que un individuo de 17 años, con las hormonas quemándole por dentro, la dopamina de la juventud fluyendo por sus venas y el poco o nulo conocimiento de cómo funciona el mundo, pueda tomar una decisión de lo que supuestamente le dará de comer los próximos cincuenta años.

¿Y qué si la persona que era a los 17 años no tiene nada que ver con la persona que seré a los 20? ¿Y qué si la persona que serás en 10 minutos no tiene nada que ver con la que eres en este momento? A veces subo una historia de Instagram y a los 15 segundos me siento con la necesidad de borrarla porque ya no soy la persona que era hace 15 segundos.

Así está diseñada la vida. Curiosamente, las encrucijadas más importantes, las decisiones más trascendentes y los parteaguas más drásticos nos llegan en momentos en los que no nos encontrábamos ni emocional, ni física, ni psicológicamente listos para tomarlas. Tantos "hubiera" que inundan nuestra cabeza cuando nos imaginamos lo diferente que habría sido nuestra vida si hubiésemos tomado otro camino.

¿Alguna vez has sentido lo mismo cuando recuerdas el día de tu boda?

Cuando mi madre se iba a casar, estando en una pequeña sala del salón de la iglesia, dándole el toque final a su vestido de novia y su arreglo, mi abuela Pasión entró al cuarto y se sentó en un sillón en la esquina. Mientras veía a mi madre ir y venir, dar vueltas en círculos y consumirse a sí misma en una tormenta de pensamientos intrusivos.

El sexto sentido de una madre es agudo y preciso. Mi abuela no tuvo que indagar mucho, ni siquiera iniciar su enunciado con una pregunta, simplemente lanzó su comentario como un dardo certero: "Hija, si no quieres continuar con esta boda, si no te quieres casar, solo dímelo. No importa que estén los invitados listos ni los preparativos hechos. Yo en este momento les comunico que se cancela y me encargo de finiquitar este asunto. ¿Estás segura de que te quieres casar?". No podía creerlo cuando mi madre me lo contó.

Ahí en la privacidad de esa sala, en lo más profundo de la confianza entre madre e hija, mi abuela no dudó en respaldarla. "No te preocupes, mamá, estoy bien, solo estoy nerviosa", le contestó mi madre. Sin saber que estaba a punto de embarcarse en un matrimonio destinado al naufragio.

Después de salir de la iglesia, mi abuela nunca volvió a mencionar nada al respecto. La apoyó, aconsejó y acompañó durante cada etapa de su relación y estuvo ahí cuando todo se vino abajo. Mi abuela entendía que una decisión es una decisión, sin importar bajo qué circunstancias fue tomada.

Cuando uno firma un contrato en la vida, a veces escrito o a veces por medio de una decisión, uno no entra con la idea de que puede ser estafado. Nunca le apuestas a un matrimonio en el que veías la posibilidad de una infidelidad, una traición o maltrato. Aun cuando la persona te haya mostrado rasgos de su personalidad que lo indicaban, en el fondo, nunca te imaginas que te vaya a pasar a ti.

El ser humano siempre piensa que será la excepción a alguna regla, que si el avión en el que va se estrella, de alguna manera será de los únicos sobrevivientes, que si la gente muere de cáncer por fumar, de alguna manera, a ella o a él no le ocurrirá. Es con esa ingenuidad con la que a veces tomamos decisiones trascendentales o cruzamos estos parteaguas de la vida: con una seguridad que solo nuestra ignorancia puede darnos.

Mamacita, quizá por más que buscas y buscas, siempre te va igual en el amor. Por más que conoces hombres de distintas categorías siempre te salen con las mismas fechorías. O inseguros, o jugadores, o perros manipuladores. Quizá has probado tanta variedad que más de una vez te has puesto a pensar: ¿seré yo la que tiene mal gusto para los hombres, será acaso que no sirve mi paladar?

No importa si ese hombre tiene cara de cachorro, de mascota recién adoptada, si tiene dinero heredado, un buen trabajo o un cuerpo de bombero europeo: un hombre mal elegido puede hacer que te arrepientas toda la vida del tiempo perdido. Vas a terminar como alfombra: toda pisoteada y con la dignidad en la esquina olvidada. ¡No, señor!

Mamacita, recuerda hay hombres que son como una muela del juicio: sacarla te va a dejar hinchada y jodida, pero dejártela adentro te va a arruinar la sonrisa de por vida.

Te voy a enumerar los 6 tipos de hombre que debes evitar si no quieres arruinar tu vida. Y sé lo que estás pensando: "¡Pero Jorge, qué dramático!". Mamacita, muchas que están leyendo este libro hoy pueden confirmarte que cuando te quedas con un hombre malo, cada año que pasa es más difícil dejarlo. Quizá tú no tienes ex, tú lo que tienes es testimonio de cómo el Señor te sacó del valle de sombras.

Si te escapaste de uno de esos *cucarachos*, no olvides buscarme en mis redes sociales y escribirme con el #tengotestimonio. Lo peor de un hombre malo es que cuando los dejas, regresan. Si los aceptas de regreso, vendrán cosas peores, dice la Biblia. Si ese *cucaracho* te llama y te pregunta dónde estás, le dices: "Fuera de tu alcance, Satanás". ¡Y vámonos!

Quizá dices: "A mí no me han tocado hombres infieles, ni violentos ni mentirosos, yo sí he sabido elegir". Hay muchos *cucarachos* que a simple viste se ven inocentes y amables, pero así como no eres la misma persona que eras cuando iniciaste la universidad, nunca sabes el momento en el que va a cambiar.

Hay 6 tipos de hombres que debes evitar a toda costa o te arruinarán la vida:

#1 El que recibe, pero nunca da: mamacita, ya te lo he dicho, las relaciones son estira y afloje; porque ya sé cómo eres tú: afloje y afloje y afloje. ¡No, señor! Si estás con un hombre al que por más que le das, nunca muestra reciprocidad, le das cariño, detalles, atención y le inviertes trabajo a la relación, pero él simplemente asume que ésa es tu obligación, ¡huye!

Si ya estás perdida en su sonrisa encantadora, cómprate un mapa, Dora la Exploradora, y sal de ahí volando antes de que te vuelvas una más de su ganado. A este hombre solo le importa una cosa: él mismo. Todo tendrás que hacer por él, siempre tendrás que tener la iniciativa, tendrás que darle todo el crédito o llegar ahí con un problema masticadito y en la boquita como a los niños. ¡No, señor!

Mamacita, recuerda, a los hombres que no les cuesta no lo valoran. Si con la boca te dice que toda la vida va a amarte, pero con hechos no ves que ponga de su parte, éste es el momento para largarte. Deja de hacerte pequeña para caber en un lugar que nunca te dieron. Te traen como Gandhi: bien mal alimentada emocionalmente. Cuando pruebes a qué sabe un amor completo, no te vas a conformar con migajas de afecto. ¡Y vámonos!

Mamacita, es que eres impresionante: sabes distinguir entre 200 colores de esmalte pero a veces no sabes distinguir entre el hombre que te quiere bien y el que nada más quiere usarte. Si tú das demasiado y él no da nada, hoy mismo le das una patada en la nalga.

#2 El hombre infantil: un hombrecito "verde maduro" es un niño en cuerpo de adulto. De esos que, aunque tengan aspecto de adulto completo, tienen mentalidad de niñito inmaduro. Claramente, la edad no es sinónimo de madurez y muchas veces te resulta al revés: tanto que te cuidabas de no embarazarte, tanto que tardaste en decidir traer al mundo a una criatura, sin saber que cuando te enamoraste adoptaste una...

Porque así será, mamacita, al hombre inmaduro ¡lo tendrás que terminar de criar! Desplantes de celos, vive con sus amigos porque quiere verlos, un día te ama hasta la muerte y otro día no sabe lo que quiere. A estas alturas de la vida, tú ya no estás para niños, tú lo que quieres es un hombre, de preferencia millonario, árabe, petrolero y barbón.

Como decía una gran sabia: "La que se acuesta con niños amanece meada". Deja de perder tu tiempo, tu atención y tu cariño intentando convertir en un hombre a un niño. Dile que Dios te guarde *cucaracho* y se le olvide dónde. ¡Y vámonos!

#3 El hombre "on and off": ¡uy! Ya lo sé, mamacita, tu favorito. El que te trae como estúpida, pero por lo menos te trae. El que juega contigo, pero dices: "Por lo menos es conmigo y no con alguien más". ¡No, señor! Presumes que es tu relación más larga, porque llevan años jugando a las atrapadas, pero esos son los típicos hombres que un día conocen a otra, te dejan y se casan.

Éste es el hombre que vive confundido: no sale, no entra y no quita el pie de la puerta. No invierte pero tampoco quiere que otros inviertan. ¿Y tú? La Madre Teresa de las causas perdidas, a la que siempre regresa a complicarle la vida. ¿Qué dijo aquél? "¿No funcionó con mi nueva pareja? No pasa nada, regreso con mi pendeja". ¡No, señor!

Hay demasiados peces en el mar como para andar sufriendo por un camaroncito de sopa instantánea. Dile a ese *cucaracho* que cierre la puerta cuando se vaya. Recuerda: Nunca serás suficiente para un hombre que no sabe lo que siente. A veces solo queda decirle: "*Cucaracho*: perreando te conocí y perreando te olvidaré". ¡Y vámonos!

#4 El hombre que te recuerda a tu ex: no me lo puedes negar, por alguna razón parece que te sigue llegando tu ex en el cuerpo de alguien más. Cada hombre nuevo que conoces, o se parece, o viene igual de dañado, o te la vives comparando. Cuando llevas tanto probando lo malo, lo malo se vuelve costumbre y lo bueno te sabe raro.

Mamacita, si la vida te hizo el favor de eliminarlo, necesitas convencer a tu mente de que deje de tratar de reemplazarlo. El mundo está lleno de nuevos bocados y tú sales a buscar en la bolsa de basura las sobras del recalentado. ¡No, señor! Reinvéntate a ti y a tus gustos. Diles: "Si me van a lanzar los perros, que sean de raza, porque corrientes ya tuve suficientes". ¡Y vámonos!

Mamacita, si vas a cometer errores, asegúrate de que sean nuevos. Y si un día te vuelves a encontrar a tu ex y notas que se te queda viendo, dile: "*Cucaracho*, tendré cuerpo de tamal, pero tú ya no te lo estás comiendo". ¡Y sáquese!

#5 El hombre controlador: éstos son peligrosos. Al hombre controlador puedes llegar a confundirlo por un hombre protector que busca tenerte cuidada, cuando lo que quiere es tenerte vigilada. ¡No, señor! Hace unos meses me mostraron una conversación de un hombre que le pedía a su novia que le mandara foto de todo lo que traía puesto para aprobarlo. Imagínate nada más el tamaño de ese *cucaracho*.

Te ponías como perra cuando tu mamá te decía: "No salgas". ¿Le vas a hacer caso a tu novio el tóxico cuando te dice que no te pongas faldas? ¡No, señor! Dile: "*Cucaracho*, mis tacones son lo único que aguanto por gusto, y porque me costaron mucho, pero con un peladito, ni siquiera discuto". Dile: "Si me vas a dar órdenes, que sean de tacos". ¡Y vámonos! A estas alturas del partido, tú ya estás para hombre serio, maduro, veterano, no para un pimiento verde jugando a ser chile poblano.

#6 El hombre holgazán: ese hombre que vive bajo la ley del mínimo esfuerzo. No mueve un solo dedo ni en defensa propia. No aspira a nada, nada le incomoda porque nada quiere hacer al respecto, y a veces, hasta se cansa de no hacer nada. ¿Te ha tocado conocer a uno así?

Éste es el hombre al que le preguntas: "¿Qué quieres hacer hoy?" Y te contesta: "Lo que quieras". Le preguntas: "¿De qué tienes ganas?". "De nada". "¿Vamos al cine?". "Mejor no, me da flojera". Mamacita, nunca te enamores de un hombre flojo; no quieres que tu vida entera se vaya al pozo. Enamórate de un hombre con potencial, si no vas a tener que andar toda la vida teniendo que arrastrar a ese animal.

No lo aplaudas por hacer lo que le toca, un hombre como éste te va a volver loca, y no de amor, ¡de terror! Lo verás por el resto de tus días tumbado en el sillón, pastando como una vaca. A veces hasta la persona más enamorada se cansa de darlo todo, por un bueno para nada.

No todo hombre malo va vestido de pandillero, de hecho, los peores usan traje y maletín de cuero. Necesitas ser de voluntad fuerte y de colmillo grueso. A veces, nada más te hacen ojitos y se te olvida, que los de los ojos más bonitos son los más malditos. Recuerda: La que no es perra no prospera, y la que no es astuta no disfruta.

Bonita, ya sabes que estás, quédate con quien se enamore de todo lo demás.

Cuando elegiste a la pareja con la que te ibas a casar, ¿realmente estabas preparada para tomar esa decisión? Mamacita, nunca estamos preparados para tomar las decisiones que tomamos.

Hay millones de factores cambiando todo el tiempo. Si tuviéramos un termómetro midiendo la idoneidad de nuestras decisiones pasadas, probablemente se encontraría oscilando todo el día entre "buena" y "mala", por lo que realmente no hay manera de saber cuál era el camino correcto hasta que lo veamos en retrospectiva, es decir, desde el futuro. E inclusive entonces, las circunstancias podrían cambiar. Por eso, no te arrepientas de haber sido correcta, aunque haya sido con la persona incorrecta.

Mi poema favorito habla de eso precisamente. Se llama "El camino no elegido", del poeta Robert Frost, y te habla de la disyuntiva entre tomar un camino y otro. Hay muchas interpretaciones sobre el significado del poema. Cada vez que lo leo, yo recibo paz. Me recuerda que realmente no existe un universo paralelo en el que un camino pudo haber sido mejor que otro; tomamos las decisiones con la visibilidad que tenemos en ese momento. Solo Dios conoce el panorama completo.

EL CAMINO NO ELEGIDO
por Robert Frost

Dos caminos se bifurcaban en un bosque amarillo,
Y apenado por no poder tomar los dos
Siendo un viajero solo, largo tiempo estuve de pie
Mirando uno de ellos tan lejos como pude,
Hasta donde se perdía en la espesura;

Entonces tomé el otro, imparcialmente,
Y habiendo tenido quizás la elección acertada,
Pues era tupido y requería uso;
Aunque en cuanto a lo que vi allí
Hubiera elegido cualquiera de los dos.

Y ambos esa mañana yacían igualmente,
¡Oh, había guardado aquel primero para otro día!
Aun sabiendo el modo en que las cosas siguen adelante,
Dudé si debía haber regresado sobre mis pasos.

Debo estar diciendo esto con un suspiro
De aquí a la eternidad:
Dos caminos se bifurcaban en un bosque y yo,
Yo tomé el menos transitado,
Y eso hizo toda la diferencia.

TUS NO-NEGOCIABLES

Seleccionar a las personas de las que te rodeas es la mejor forma de evitar que lleguen a tu vida cadenas externas. A veces te encuentras a ti misma cargando con una cadena de preocupación o angustia y con el tiempo te das cuenta de que no tienes nada de qué estar angustiada o preocupada. Pero cuando analizas a tu amiga más cercana y las conversaciones que tienes con ella, como siempre vive hablando de tragedia, drama o sucesos terribles, te das cuenta de que estás absorbiendo su cadena.

Por eso, sobre todo en el amor, debes tener una lista de no-negociables. Características, comportamientos, valores o formas de ser que conscientemente decides evitar en tu vida. Puedes rodearte de todo tipo de personas, puedes incluso enamorarte de personas completamente diferentes a ti, es sano dejar que la vida nos sorprenda, siempre y cuando tengamos claro lo que no queremos.

En una cultura que confunde la tolerancia con la falta de guía, es sano poder establecer parámetros para nuestras relaciones. Que nadie te haga sentir mal por ser selectiva.

PERDER LA MEMORIA

Estoy seguro de que las computadoras lentas y traicioneras sacan el peor lado del ser humano. Las computadoras y las impresoras huelen la prisa y el estrés, teoría empíricamente comprobada por mí: cuando más prisa tengas, más fallarán.

Entre los momentos más memorables de mis estudios profesionales está la madrugada previa al día de la entrega de mi proyecto final. La computadora en la que trabajé tantos días se burló de mí a carcajadas; después de una lenta tortura de diez minutos con su notificación "No responde" se apagó por completo, cerró el programa que contenía mi calificación final y borró lo que contenía mi sangre, sudor y lágrimas en cuestión de dos segundos.

Se reinició como si nada y siguió su vida con mucha normalidad, sin rastros de haber tenido el futuro de mi carrera bajo su amparo. Apuesto que no hay mayor estrés que ver cómo se disuelve, se borra y se destruye tu trabajo de horas, meses o años. En fin, qué mala memoria tienen las computadoras.

Claro, ahora tengo clara la función del botón "guardar". Son problemas que quizá las generaciones modernas nunca tengan que enfrentar. Me llevé mi merecido. Desde aquel momento, presiono 15 veces "guardar" cada 10 minutos; no vuelvo a arriesgarme. Algunas veces he pensado con envidia en lo fácil que es para una computadora olvidar información, y para nosotros los humanos es imposible borrar la memoria deliberadamente.

Espero no ser el único que en algunos momentos de la vida anhela tener la opción de borrarlo todo, como lo hizo mi computadora traicionera hace algunos años.

Ojalá se pudiera escoger qué memorias conservar y cuáles olvidar, pero normalmente, cuando olvidamos información, no es porque así lo buscamos. Cuando una persona pierde la memoria es motivo de alarma, nadie en realidad desea perder años de vida que suponen recuerdos, aprendizajes, personas, momentos, valores y personalidad.

Entre las más comunes causas de una pérdida de memoria humana, tenemos:

#1 Enfermedades como el Alzheimer
#2 Fuerte contusión en la cabeza
#3 Consumo excesivo de alcohol
#4 El amor

Así como lo lees: el amor. Cuando hablamos de que el amor es ciego, no solo nos referimos al efecto que explica cómo el exnovio de tu amiga Lucía era muy feo, pero ella lo presumía como el hombre más guapo; no es únicamente la ciencia detrás de cómo los sentimientos embellecen el aspecto físico del amado en cuestión, es mucho más.

Cuando hablo de esta "amnesia por amor", me refiero a cómo el amor por una persona crea un velo que cae sobre nuestros ojos que causa el olvido completo de tus valores, gustos, prioridades y percepción de la realidad. Hace que los dejes en segundo plano, y nos convierte en personas excesivamente tolerantes.

¿Recuerdas las incontables cosas que toleraste con el *cucaracho* de tu ex? A veces de solo hacer memoria, piensas: "¿En qué estaba pensando?", "¿Qué me hizo ser tan estúpida?".

¡Vamos! Es cierto que en una relación madura, de pareja, la tolerancia es completamente necesaria, finalmente implica respetar las ideas de tu pareja con las que no estés parcial o totalmente de acuerdo, así como lo tolerarías de cualquier persona. También es cierto que una relación se trabaja, requiere esfuerzo, llegar a acuerdos constantemente y entablar conversaciones difíciles e incómodas. Todo eso es necesario si tu intención es estar en pareja.

Así como hay aspectos en una relación que deben aceptarse sin más, es necesario distinguir aquellos aspectos que deben refutarse sin más, ésos que son factores decisivos para terminar una relación. Si has tenido una relación seria y formal, seguramente en algún momento te preguntaste: "¿Estoy tolerando muy poco?", "¿Es lo correcto o es demasiado?". Ante la constante duda, buscamos respuestas en nuestro círculo social, te acercas a tus amigas a consultar si ellas lo tolerarían y, seguro, cada una tendrá una respuesta diferente.

Es imposible comparar tu relación con la de alguien más, si cada persona es un mundo, y en una relación son dos personas, imagina la galaxia que es cada relación. Pero hasta en las galaxias hay sistemas, hay órbitas, y hay mucho orden. Mamacita, hasta en las perras hay razas y hasta la basura se separa.

Al unirse dos personas, la flexibilidad es clave para encontrar puntos medios, la evolución es normal en las personas, cambiar de parecer es válido, y ceder en algunos aspectos es sano, siempre y cuando no invadan el terreno de tus no-negociables.

En un mar de amor, en una relación sacudida, que tiene pronóstico de huracanes, como todas las relaciones en algún punto, tu único salvavidas será tu lista de no-negociables. Sin duda hay muchos temas que se pueden tolerar, dar oportunidad, tener paciencia para ver cambios, o dejarlos pendientes para ver cómo van evolucionando. Sin embargo, para frenar la infinita flexibilidad y no dejar que se rompa por llevarla a un extremo insano por pura emoción, hay que siempre tener a la mano los 5 aspectos que tienes claro que no tolerarías bajo ninguna circunstancia, en ninguna medida, a ninguna persona y sin importar el amor que le tengas, o el tiempo que lleves con ella.

Un ejemplo de tu lista de no-negociables puede ser:

Disponibilidad emocional: la disponibilidad emocional es innegociable para mí. Necesito una pareja que esté dispuesta a participar en conversaciones profundas, expresar emociones y estar presente tanto en los momentos buenos como en los difíciles. No puedo prosperar en una relación en la que las conexiones emocionales sean superficiales o descuidadas.

Ambición profesional y equilibrio vida-trabajo: equilibrar la ambición profesional y la vida personal es no-negociable. Valoro a una pareja que sea ambiciosa y trabajadora, pero que también comprenda la importancia de mantener un equilibrio saludable entre el trabajo y la vida personal. No puedo estar en una relación donde las metas profesionales eclipsen el bienestar personal y el tiempo juntos.

Responsabilidad financiera: la responsabilidad financiera es no-negociable en mi pareja. Necesito a alguien que entienda la importancia de la planificación financiera, la elaboración de presupuestos y la toma de decisiones financieras prudentes. La falta de responsabilidad financiera puede generar estrés y conflictos, aspectos en los que no estoy dispuesto a comprometerme en una relación.

Aventura e intereses compartidos: un espíritu aventurero e intereses compartidos son innegociables para mí. Prospero explorando nuevas experiencias y teniendo intereses compartidos con mi pareja. No puedo estar en una relación donde mi sentido de la aventura o mi pasión por ciertas actividades sea menospreciado o incompatible con el estilo de vida de mi pareja.

Resiliencia ante desafíos: la resiliencia ante los desafíos es no-negociable. Valoro a una pareja que pueda enfrentar la adversidad con gracia, comunicarse eficazmente durante los momentos difíciles y trabajar colaborativamente para encontrar soluciones. No puedo estar en una relación donde los desafíos lleven a la evasión, la culpa o una ruptura en la comunicación.

Quizá al leerlos, hay quien pueda decir: ¡Cuánta exigencia! ¿Quién pondría tales límites a la hora de escoger pareja? Pero ésa es la maravilla de los no-negociables. No tienes que negociarlos ni con tu pareja, ni con nadie. Tienes derecho a tenerlos. Quizá creciste en una casa en la que tu padre despilfarró el dinero, vivió endeudado o apostaba lo que no tenía. No es descabellado que tengas "responsabilidad financiera" como un no-negociable.

Hay 5 características de los no-negociables:

Son aplicables indiscriminadamente: no es importante el contexto para que éstos sean vigentes. El amor no va sobre todas las cosas, el amor no sobrepone los no-negociables, el amor no los justifica, ni los borra. Los no-negociables encabezan la jerarquía. Los no-negociables no cambian por amor, por tiempo, ni por nada. Los no-negociables son como tus lentes ante la neblina que genera estar en una relación larga, cómoda o estar perdidamente enamorada. Cada vez que tengas duda entre si debes irte o quedarte, regresa a tus principios que estarán plasmados en esos 5 incisos.

Para concretarlos tienes que ser honesta contigo misma, hallarte en un momento de calma para escuchar tus necesidades y respondiendo a las siguientes preguntas en forma de guía:

¿Qué ofrezco? ¿Cómo soy yo? ¿Qué merezco?

Evolucionan junto contigo: es válido que tu lista de no-negociables vaya cambiando con el paso del tiempo, de hecho es recomendable que, con la sabiduría de la experiencia vayas haciendo los ajustes necesarios para que estén más atinados. La condición es que la evolución sea exclusivamente tuya, y no que evolucionen por alguien más.

La exigencia de tu paladar cambia, vas aprendiendo qué sí te gusta o puedes tolerar porque te hace bien, y aprendes qué ya no te sienta tan bien.

No se insisten: ilústralo con este ejemplo: si llegas a un restaurante, revisas el menú y te das cuenta de que no hay nada que te guste comer, lo ideal es ponerte de pie e irte del restaurante a buscar otro que sí tenga un menú que te guste. Sería absurdo quedarte en ese primer restaurante e insistirle al mesero que te preparen algo que no tienen el menú. Tu responsabilidad para pasarla bien tanto en un restaurante como en una relación es asegurarte de que tenga lo que estás buscando, no quedarse con el que no lo tiene e intentar cambiarlo.

Recuerda, mamacita: es más fácil cambiar que cambiar a un hombre. ¡Y vámonos!

Aunque puedan confundirse, los no-negociables jamás son exigencias, ni límites. Un límite se sujeta a una negociación, un límite se puede pedir, un límite se puede medir y se ajusta al contexto. Un límite se avisa y se conversa. Cuando hablamos de no-negociables, no obligas a las personas a cumplir con ellos. Los no-negociables se tratan de ti, no del otro.

Sé sumamente específica al momento de establecerlos: las personas no se moldean a tus no-negociables empatan o no empatan. No hay segundas oportunidades: es o no es. Si vas dejando pasar, cediendo poco a poco, lo que era inamovible se va debilitando, y desaparece, deja de ser un no-negociable y se convierte en algo completamente negociable.

Piensa en las reglas que pones en tu casa, un parámetro de uso a tus hijos en el iPad: "20 minutos máximo". Pasan los 20 minutos y te acercas a decirles que su tiempo se acabó, y entonces empieza la negociación: "Cinco minutos más mamá", "Solo acabo esto, y ya", "Hoy lo uso más tiempo y mañana no lo uso para nada". Y si tú permites que la regla pierda firmeza, entonces poco a poco se desvanecerá por completo.

Los no-negociables son para ti: tú eres responsable de respetarlos, no los demás. Los no-negociables son para ti, no son limitaciones. Los no-negociables no se hablan, no se discuten, son tus parámetros que solamente son. La fuerza de los no-negociables la pones tú, no la exiges. Si una persona no está segura de querer estar contigo, no le dices: "Yo no merezco a alguien que no quiera estar conmigo". La consecuencia es: tomas tus cosas y te vas, sin más, sin conversaciones, sin negociar.

Al enamorarnos, necesitamos algo que nos aterrice. Al apegarnos demasiado, necesitamos algo que nos dé un panorama nítido. El amor lo puede todo, menos alterar un no-negociable. Tienes 5 no-negociables, todo lo demás es negociable.

No son una checklist que, si se cumple, entones es el indicado, pero tampoco son sugerencias que pueden ser ignoradas si el hombre es demasiado guapo. De tantos hombres que hay en este mundo, muchos van a satisfacer tus no-negociables, y sobre ésos, empezarás a seleccionar con mayor criterio y exclusividad.

Hablamos de los acuerdos en pareja, pero falta hablar de los acuerdos que debes hacer contigo misma. Todos tenemos una parte consciente y una parte impulsiva, y si no dominamos a la bestia, o le permitimos tomar riendas a la hora de tomar decisiones de por vida, se volverá un problema. Cuando se trata de pensar qué es lo que quieres de verdad, tienes que consultar contigo cuáles son tus planes a futuro. No puedes cubrir la vacante de por vida con una decisión impulsiva.

¿De qué te sirve tener a muchos a tus pies, si no hay ninguno a tu altura? Es mejor tener 1 o 2 candidatos, pero de calidad. Buscar sin especificaciones es mucho más tardado, y te irás sin encontrar nada de lo que quieres. Es como cuando vas a tu tienda de ropa favorita sin saber lo que necesitas, y tienes esta sensación de que hay tanto y nada a la vez, que te vas con las manos vacías o con puras prendas que no usarás más de un día.

SI UN HOMBRE HACE ESTO, NO TE QUIERE

Si tan solo los hombres fuéramos claros. ¿Te ha tocado conocer a un hombre con el *síndrome del hombre extraño*? No te busca, no te escribe, se desaparece de la nada y justo cuando estás a punto de olvidarlo, resulta que sí te amaba y quiere regresar porque te extraña. ¡No, señor! Dile: *"Cucaracho*, te me vas a la farmacia y te me compras un botecito de agua oxigenada, y con dos deditos te untas el agua oxigenada en la frente, a ver si con eso se te aclara la mente". Dile: "Porque yo no voy a estar perdiendo mi tiempo con un hombre que no sabe lo que siente". ¡Y vámonos!

El problema es que, con cada día que pasas engañándote a ti misma, más ciega te vuelves. Empiezas por aceptar una excusa: "Perdón por no llamarte, no tuve mi celular en todo el día". Luego otra: "Se me fracturaron los dedos pulgares, no podía escribirte". Luego otra: "Este fin de semana mi abuela falleció, no te podía buscar". Mamacita, te están haciendo pendeja y no lo quieres aceptar.

Por eso pon mucha atención a lo siguiente. Si sales con un hombre que hace las siguientes 7 cosas, por más que pienses que le atraes, por más que te esfuerces por él, ese hombre no te quiere y muy probablemente no te va a querer:

#1 Pone su tiempo libre por encima de su tiempo contigo: cuando se trata de ti, nada se le antoja, de nada tiene ganas. Ah, pero cuando se trata de sus amigos, es capaz de cambiar y modificar cualquier plan con tal de no quedarles mal.

Quédate con quien te diga: "Vamos a vernos 10 minutos por lo menos". No con quien te diga: "Para vernos 10 minutos, ni para qué nos vemos". ¡No, señor! Mamacita, cuando aprendes lo que vales, dejas de dar descuentos. Cuando a ese hombre se le antoje la caricia, también mándalo con los amigos. ¿Quiere beso? Dile: "Ahí está Juan". ¿Quiere apapacho? Dile: "Ahí está Pancho". ¡Y vámonos!

#2 Opera bajo la ley del mínimo esfuerzo: amanece pensando "¿Qué es lo mínimo que puedo hacer hoy por ella, pero que sea suficiente para no perderla?". Su inversión en tiempo, atención y cariño es mínima y lo único que quiere es que no te vayas. ¡No, señor! Mamacita, deja de mover montañas por quien no mueve ni una piedra por ti.

No es correcto. Recuerda: Tú no eres una salsita verde, mamacita, tú eres el guacamole completo. A partir de hoy: ¿quiere todo esto? Cuesta. ¿Cuánto? Compromiso. Deja de poner como prioridad a quien solo te considera una opción.

#3 Nunca está disponible cuando lo necesitas: cuando tú quieres verlo o tú lo necesitas, jamás puedes contar con él, pero cuando a su majestad se le ofrece, no importa la hora, te busca: "Hey, perdida", "Olvidos", "¿Dónde estás?", "Sal a saludarme". Siempre esperando que estés lista y a disposición.

¿Y qué le dices tú? Ya te imagino: "Tú crees que voy a salir así como así, después de todas las que me has hecho?", "Espera, solo deja que me arregle". ¡No, señor! Mamacita, repite esta regla para que se te guarde en la conciencia: Hombre que no brinda constante presencia abre paso a la competencia. Dile: "*Cucaracho*, si cuando pudiste, no estuviste, no regreses llorando porque me perdiste". ¡Y vámonos!

#4 Te oye, pero no te escucha: hay veces que estás hablando con el *cucaracho* y le platicas cómo estuvo todo tu día, le das detalles y te emocionas contándole; todo para que al final te conteste: "Ok. ¿Y cómo estuvo tu día?". Tú nada más volteas a ver a Dios diciendo: "Señor, dame paciencia o dame pa' la fianza". Si de repente dejaste de importarle, no cometas el error de rogarle. Qué lástima, mamacita. Quizá fuiste mucha dinamita para esa mecha tan cortita.

#5 Es bueno para prometer, malo para cumplir: mamá, cuídate del hombre que solo habla, habla y habla pero no hace nada. Es de esos que te dicen: "Este fin de semana, prepárate: Ve estirando, ve calentando, porque te voy a dar como a control sin baterías, como a pandereta de evangélico". Y a la hora de la hora, resultó muy triste la cosa. ¡No, señor! Dile: "Cucaracho, no me vengas a prometer con manzanitas lo que me tengas que demostrar con huevos". ¡Y vámonos! A estas alturas del partido, tú quieres a un hombre de palabra, maduro, veterano, no a un pimiento verde jugando a ser chile poblano.

#6 Te da por sentado: mamá, ya te lo he dicho, hay hombres que en el momento en el que te sienten segura pierden toda su dulzura. Un hombre que sabe que te tiene en la palma de su mano ya no se va a estar esforzando. Por eso diles a tus amigas: "Váyanle avisando a la veterinaria que a partir de hoy ando más perra que humana".

A veces necesitas darle una desconocida a ese *cucaracho*. Que sepa que todo esto no es de una vez a la semana, es de una vez en la vida. Dile: "*Cucaracho*, a mí me dejas para luego, y para luego ya no estoy". ¡Y vámonos!

#7 Utiliza cualquier excusa para discutir: ese hombre ya no te quiere en su vida y lo único que está buscando es la salida. Se va a inventar problemas, se va a inventar ofensas, va a buscar cualquier excusa para pelear. Mamacita, que ni te afecte y que ni te duela.

Después de todo lo que has vivido lo tienes más que claro: a la fuerza, ni los zapatos. Ni él es para tanto, ni tú para tan poco. Aquí no se le ruega a nadie para quedarse. Te quiero bien fiera, bien perra y bien astuta. Al final del día, él se lo pierde, tú te lo ahorras y alguien más se lo disfruta.

QUIZÁ FUISTE MUCHA DINAMITA PARA ESA MECHA TAN CORTITA.

APRENDE A VIVIR CON TUS TRAUMAS: ABSORBE LA REALIDAD

Cuando era adolescente, cada vez que me rompían el corazón, siempre estaba esa canción que parecía particularmente escrita para mi situación. Pero más allá de ella, siempre encontraba dos o tres líneas en la canción que parecía que me leían la mente, y eran esos 15 segundos los que más disfrutaba poner a todo volumen y cantar fuerte. Una vez que terminaban esos 15 segundos, regresaba la canción para volver a disfrutarlos, porque sentía que no los disfrutaba suficiente, y así varias veces hasta que ya había gastado todo el sentimiento que llevaba por dentro.

Es curioso, pero, seguido experimento de nuevo esa misma sensación. Esa de querer regresar a un momento porque sentí que no lo disfruté como debí haberlo hecho. No en un modo de arrepentimiento, más bien en un modo de querer conectar con el momento con más fuerza. Cuando estoy frente a vistas hermosas e impresionantes, atardeceres pintados de todos los colores, busco conectar con lo que estoy viviendo, hacerme completamente consciente de dónde estoy parado y lo que estoy viendo. La eterna necesidad de absorber y dimensionar lo que está pasando.

¿Te ha pasado? Quizá en un viaje que esperas por tanto tiempo, en un concierto al que soñabas con ir, escuchar a tu banda favorita en vivo por fin. Todo esto lo esperaste tanto tiempo, con emoción, con muchas ganas preparaste lo que te ibas a poner ese día, y ya que estás ahí, lo disfrutas pero sientes que no lo estás disfrutando suficiente. ¿Has sentido esa frustración que se parece a querer regresar a los 15 segundos de la canción?

Esto pasa porque es importante hacernos presentes en esos momentos tan buenos que parecen irreales, son parte de nuestra experiencia, son parte de lo que somos, y lo que construye nuestra vida, porque nuestra vida es un conjunto de experiencias.

Regresar a esa parte de la canción para volver a sentirla con mayor intensidad es nuestro intento de reconectar con nuestra realidad, de enlazar nuestra existencia con nuestro entorno. De digerir las cosas buenas que nos pasan para que esa felicidad corra por todo nuestro cuerpo. Pienso que es difícil absorber con facilidad porque nos cuesta procesar una emoción tan grande.

Todos los seres humanos tenemos esos momentos en los que queremos estar por completo, y por otro lado, los momentos en que queremos desaparecer. Esto parte del mismo principio: lo complicado que es procesar una emoción intensa; sea buena, como ver un hermoso atardecer, o sea mala, como vivir una experiencia traumática.

"¡No pasa nada!", nos decían desde pequeños para minimizar una situación complicada. Desde bebés, nuestro mayor problema era caernos por accidente en el intento de caminar; tirados en el piso, escuchábamos a mamá correr hacia nosotros mientras decía despreocupada: "¡No pasó nada!".

Te tomaba del piso y te sobaba la cabeza porque, evidentemente, sí había pasado algo, te habías pegado. Toda la vida nos enseñaron que no pasaba nada, y se vuelve confuso porque he aprendido por mi propia cuenta que las cosas sí pasan.

La crianza respetuosa, que es la nueva corriente de educación que están implementando padres y escuelas, nos propone que decir que "no pasa nada" es una mentira, y no debe decirse a los niños (ojalá así hubiera sido en nuestra época). La enseñanza nueva es que las cosas sí pasan, algunas no tienen consecuencias mayores, pero ignorar el hecho de que pasan es invalidar sentimientos y vender con un mísero papel de baño la realidad. Con tantos "no pasa nada" que recibimos, los niños, que ahora somos adultos, aprendemos que lo correcto es desoír las emociones propias y, por supuesto, las ajenas.

SOLO CUANDO DEJES DE HUIR DE LO MALO, EMPEZARÁS A DISFRUTAR DE LO BUENO

Esta misma necesidad de absorber tus experiencias buenas y emociones grandes más fácilmente desplacémosla a la importancia de reconocer y darles seriedad a las experiencias fuertes, nuestros traumas, a dejar de decir que "no pasó nada" y empezar a trabajar sobre lo que sí pasó. Tomar las cosas a la ligera cuando son pesadas es ignorar la realidad, es querer hacer que quepa un elefante en una caja de zapatos. Los traumas y las experiencias negativas deben pasar por un proceso de adaptación y jamás de evasión. Así como no podemos ignorar cuando un hueso se quebró y necesita atención, nuestras heridas emocionales tienen las mismas necesidades.

Si no hay nada más agresivo que la indiferencia, ¿por qué tratar con indiferencia una emoción?

Una vez que surge un trauma en nuestra vida, es necesario observar, reconocerlo y adaptarlo a tu vida, encontrar la forma de seguir con la vida con y a pesar del trauma. La eterna necesidad de absorber y dimensionar lo que está pasando.

Aduéñate de las buenas experiencias pero aduéñate también de las difíciles. Apodérate de todas tus experiencias. Trabaja en la personalización de los momentos, asocia tu mente y tu cuerpo al presente, al momento que está ocurriendo en ese momento. Siente dónde estás, haz conciencia de dónde estás parada, para saber si quieres quedarte más tiempo o si es momento de alejarte de ahí.

Las conductas adaptativas de un trauma no es sentarlo en trono y abanicarlo para verlo fijamente a los ojos. Una conducta adaptativa es tomarlo, encontrar una caja de su tamaño y guardarlo en donde no estorbe. El pensamiento selectivo es una buena estrategia adaptativa: escoger a qué pensamientos y a qué recuerdos hacerles lugar en tu cerebro, pero aceptando que es imposible borrar la memoria humana deliberadamente, los recuerdos tienen un valor de supervivencia útil.

TU GRUPO DE AMIGAS

Aprender a vivir con tus traumas implica aprender a convivir sanamente con ellos. No es tan complicado ni técnico como suena, es prácticamente el mismo proceso de conocer a alguien nuevo.

¡Momento de poner a prueba tus habilidades sociales!

En el proceso de superar un trauma, no lo vas a desaparecer, debes aprender a vivir con él. Es importante adueñarte de él, reconocerlo como es, hacerte presente en él. Saber todos sus detalles, sus esquinas y sus aristas. Para aprender a convivir con alguien, tenemos que conocerlo para empatizar con él. Necesitas conocer tu trauma para comprenderlo, de forma que suene así:

"Trauma: ya te conozco, ya sé cómo eres, conozco cómo reaccionas, ya sé de dónde vienes, entonces sé qué provocas en mí, qué te provoca a ti, y ya entiendo cómo debo tratarte. Ya sé qué cosas aguantas, qué cosas no aguantas, sé que estás presente. Te tengo respeto, y entonces intentaré evitar hacer cosas que sé que te alarman. Y si por casualidad te activo, sabré qué atención darte, escucharte y cómo calmarte. Simplemente porque sé que estás ahí".

Piénsalo así: estás con tu grupo de amigas, y como las conoces profundamente sabes que una de ellas es sensible a cierto tema, procuras no abordarlo por respeto a ella, porque está ahí. La cuidas porque ella es parte de tu grupo de amigas, debes ser respetuosa para no crear conflicto en el grupo. Si tu amiga sensible se quiebra, el conflicto es escandaloso y se expande en todo el grupo. No solo la afecta a ella, afecta todo. Así son los traumas, cuando no están bajo control, están omnipresentes en cada situación, cada etapa y cada decisión de nuestra vida.

Así como tu círculo de amigas está compuesto por muchas personalidades de todo tipo, sucede lo mismo contigo misma. Tú estás compuesta por muchas experiencias, y algunas de ellas son muy sensibles, no les gusta que les hables de cierta forma, o de cierto tema, no les gusta que las actives, que las alteres. Todas tus experiencias son como tu grupo de amigas, tienes que saber convivir con ellas, verlas de frente, darles presencia, darles la importancia debida.

No la puedes sacar de tu círculo, porque es parte de ti, eres parte de él. Te ha acompañado tantos años y ella no se irá, la única forma de control que tienes sobre ella es aprender a tratarla. No puedes cambiarla, ella ya se hizo, ya se creó, ya es de esa forma, no te frustres en el intento de cambiarla.

Tú estás compuesta por muchas cosas que son opuestas, y es lo que hace toda tu personalidad tener diferentes facetas, diferentes reacciones, diferentes emociones, aprendizajes y experiencias. No puedes sacarla, tienes que tomarla en serio, tienes que tomarla en cuenta, porque si no la tomas en cuenta, no desaparece, solo se expandirá. Trata a tus traumas como a tus amigas.

Si ignoramos algo, se hará más grande. Si ignoras pedazos de tu historia, estarás condenado a repetirla. El único remedio es estudiar, es conocerla, es profundizar, es convivir con ella y aceptarla. Acepta su existencia, nombrarla y honrarla te permite trabajarla, y vivir en armonía con ella.

Un trauma nos predispone, nos pone en alerta, nos avisa que algo está pasando, aunque no sea cierto, nos grita que algo va a pasar aunque no haya indicios de que así sea. La voz del trauma nos dice: "No puedo", aunque no lo hayas siquiera intentado. Sabes que habla tu trauma, y no tu voz interior, cuando dices: "Seguro me van a odiar" cuando ni siquiera los conoces. Es tu trauma hablando y no tú, cuando dices: "No me va a gustar", cuando ni siquiera lo has probado. Porque recuerdas eventos pasados que te programaron, y te protegen de volver a vivirlos. Es momento de decirle: "Gracias, trauma, agradezco el aviso, pero cuando me avise la intuición, entonces lo creeré".

He notado cómo el trauma habla seguido en las relaciones de pareja. Las relaciones son un campo de batalla muy común entre tú y el trauma, porque es cuando más te retas a ti mismo y es más fácil repartir la culpa a quienes tienes en frente todo el tiempo de algo que ha habitado en ti desde antes.

Cuando alguien tiene discusiones subidas de tono con su pareja y cualquier conversación difícil acaba en guerra, es probable que genere un trauma posguerra, donde cualquier situación o conversación complicada con sus futuras parejas las quiera llevar a una guerra, defendiéndose cuando no hay conflicto, o atacando en defensa propia cuando no recibió ataques reales.

Me pasa que comienzo a hablar, a tomar decisiones, a actuar de cierto modo, sin explicación alguna, creyendo que estoy siendo completamente frío, razonable y objetivo, y no es hasta que analizo la situación en retrospectiva cuando puedo identificar que el trauma fue quien tomó el volante y me manejó por completo en ese momento.

¿Pero, qué voz es más fuerte que la voz de tu trauma? La voz de Dios. Cuando hemos experimentado tanto y nuestro corazón crece lastimado, es muy difícil encontrar en nuestro interior el poder de afectar nuestra realidad. ¿Cómo pueden pasar cosas nuevas en tu vida si tú sigues siendo la misma que siempre ha tomado las decisiones?

Cuando los cambios en nuestra vida se ven imposibles, cuando afrontar nuestra realidad significa pensar que nada va a cambiar, quizá es una señal de que la respuesta no está en tu interior, sino en un poder superior.

TALITA KUMI

Quizá tienes un problema de dinero y tu economía no levanta, un dolor o una enfermedad que nadie puede curar. Quizá llevas mucho tiempo tocando una puerta y hoy tu esperanza de que se abra está muerta. Mamacita, Dios tiene la última palabra. Ni los doctores, ni los expertos, ni los abogados, ni siquiera tú. Dios tiene la última palabra. Y a veces esa última palabra es Talita Kumi.

La Biblia cuenta la historia de Jairo, el padre de una niñita que tenía 12 años y estaba muy enferma. Su padre intentaba desesperadamente llegar hasta Jesús, a través de una multitud, tenía la esperanza de que pudiera hacer algo por ella. Pero antes de que pudiera pedirle que hiciera un milagro, un mensajero llegó y le dijo: "Tu hija está muerta, Jairo, lo siento. Ya no tiene sentido molestar al maestro".

A veces nos enfrentamos a una situación donde se ve claramente que no hay solución, creemos que es muy tarde para una oración, nuestros traumas nos quieren convencer de que lo que tanto esperamos no va a suceder.

Pero nunca es demasiado tarde como para que Dios intervenga.

Dice la Biblia que Jesús oyó lo que decían, detuvo su camino y dijo: "Llévenme con la niña". Y cuando Jesús llegó a casa de Jairo, había muchos llantos y lamentos. Jesús les dijo: "¿Por qué tanto alboroto? La niña no está muerta, está dormida". Y tomándola de la mano le dijo: "Talita Kumi", que en arameo significa "Niña, levántate". Y la niña despertó.

Quizá hoy Dios quiere que dejes de escuchar la voz de tu trauma y lo escuches a Él por un momento; quiere que sepas que ese sueño de un mejor trabajo no está muerto. Que el sueño de esa relación, de ese matrimonio, de esa familia, no está muerto; que aunque el pronóstico sea todo lo contrario y el futuro se vea incierto, Dios tiene una última palabra que hoy quiere darte. Talita Kumi: levántate.

CAPÍTULO 4

TUS CADENAS Y CÓMO ROMPERLAS

LA CADENA DE UN CORAZÓN ROTO

Quizá ya te habías visto a ti misma vestida de blanco, caminando hacia el altar frente a tus familiares, ya habías hasta practicado tus votos matrimoniales y les habías avisado a tus amigas y familiares: "Creo que por fin encontré al bueno", dijiste ilusa. Pero justo cuando más feliz te sentías, ocurrió la tragedia, te fallaron. Todo se acabó y todo lo que te habías imaginado y construido en tu cabeza se derrumbó.

¿Cuántas que están leyendo este libro se han quedado esperando un futuro que les habían prometido y que, al último momento, resultó ser una farsa? Ese *cucaracho* resultó ser como el abdomen mañanero, una dulce mentira.

Es difícil, porque cuando el amor embriaga, la decepción puede ser la peor resaca. Y sé que la tristeza más dura es ver todos los planes que tenías con una persona derrumbarse sobre tu cabeza. Quizá sea muy temprano para entenderlo pero llega un día en el que ya ni siquiera lo odias, ya no piensas en lo que te hizo todos los días, un día todo es diferente y entiendes que de un mal amor nadie se muere.

Los hombres y las mujeres viven las rupturas de forma muy diferente. Cuando un hombre se separa de su pareja, su curva de la felicidad se dispara hacia arriba. Se siente liberado, sale a la soltería como caballo desbocado, buscando aventuras, nuevos romances y locuras. Pero a las dos semanas, justo cuando se da cuenta de que la soltería no era lo que se imaginaba, regresa arrepentido el *cucaracho*. Siempre regresan, mamacita.

Cuando una mujer pasa por una ruptura, su curva de la felicidad se desploma. Ahí estás: triste y sola en tu casa, dándoles like a tus propias fotos de Instagram. Pasando tus fines de semana viendo películas de llorar, acompañada de un bote gigante de Nutella. ¡No, señor! Mamacita, te dejo la fórmula secreta: a un buen amor se le guardan 28 días de luto, ¿pero a un mal amor, luto? No se le guarda ni un minuto. Adonde te inviten, tú, como sostén de monja: ¡bien puesta! Diles a tus amigas: "Sáquenme, llevo mucho tiempo atrapada, ya necesito que me dé el alcohol".

Si vienes de una o conoces a alguien sufriendo por una, te dejo 4 formas de superar una ruptura amorosa:

#1 No corras a refugiarte en otra persona, mejor trancisiona: aquella persona que dijo: "Un clavo saca a otro clavo" no tenía idea ni de la vida ni de la carpintería. Aunque, si el clavo es extranjero, bronceado y bien dado, nada pierdes con intentarlo.

A veces, para trancisionar entre una mala relación y una nueva relación, lo que necesitas es probar un jengibre. Yo sé lo que estás pensando: ¿qué es un jengibre, Jorge? Mamacita, te explico: en algunos restaurantes japoneses de fina estampa, de ésos donde te cobran hasta por respirar, existe una costumbre bastante elegante para mejorar la experiencia del paladar. Cuando pruebas una proteína como una pieza de nigiri de salmón y el siguiente platillo a probar en el menú es un delicioso sashimi de atún, el mesero te traerá un trocito de jengibre para tu paladar.

Su intenso sabor hace que tus papilas gustativas borren toda la sensación de la proteína pasada y te limpie el paladar, para lo siguiente que vas a probar. De esa manera, lo siguiente que pruebas aumenta tu experiencia sensorial y lo disfrutas aún más.

A veces, cuando vienes de una relación muy mala, necesitas probar un pedazo de jengibre para limpiar el paladar. En otras palabras: si esa persona que te falló tenía sus buenos 50 años, tú te puedes cobrar con dos de 25. No lo digo yo, lo dice la constitución.

Es mejor probar a un hombre jengibre, siendo muy honesta al decirle que no estás buscando nada serio, que refugiarte en lo equivocado para olvidar el pasado. Refugiarte en el alcohol, en la fiesta o en otros hombres *cucarachos* para intentar olvidar a un desgraciado es un método equivocado. Para olvidar, es necesario estar en paz con la piedra que te hizo tropezar. Te pregunto: ¿estás en paz con ese *cucaracho*?

#2 Recupera tus pasatiempos favoritos: mamacita, cuando un hombre te rompe el corazón, se lleva con él una parte; asegúrate de que reconozcas la parte que se queda. Reencuéntrate con la persona que eras antes de conocerlo, enamórate de ti, de la vida y luego de quien quieras.

Ya te imagino diciendo: "Me rompieron el corazón en dos, eso significa que ahora puedo tener dos novios". ¡No, señor! Quizá sea momento de darte una pausa en el amor: Usa ese tiempo como una desintoxicación. Si te gusta la pintura, pinta; si te gusta la cocina, cocina; si te gusta salir de fiesta, sal. Encuentra todas las cosas que te gustaban y déjate ir sobre ellas como gordita en tobogán aceitado. Diles a tus amigas, las que son la mala influencia: "Sáquenme, me les voy a poner como tele vieja: sin control".

#3 Deshazte de artículos con historia: ese suéter que te regaló, que todavía trae su ligero aroma: ¡a la basura! Ese collarcito que no estaba tan bonito: ¡a la casa de empeño! ¿La bolsa carísima que te regaló el día de tu cumpleaños? Bueno, ésa la puedes conservar, como pago por tus daños.

Las cosas que guardas tienen memoria, son cadenas físicas y psicológicas que, cada vez que vuelves a ver, te remontan al pasado y te hacen volver a sentir y sufrir lo que ya habías superado. Para cortar ciertas cadenas, primero hace falta deshacernos de todo lo que nos recuerdan a ellas. Como te conté en capítulos anteriores, a veces necesitas de una amiga que despiadadamente llegue a ayudarte a limpiar tu casa de aquellas cadenas.

#4 Aprende de la historia: te has preguntado: ¿por qué siempre te llega el mismo tipo de hombres? Por alguna razón siempre tienen las 3 M: mentirosos, manipuladores y sin metas. Dices: ¿será mi culpa? ¿Estaré mandándole al mundo las señales incorrectas? Mamacita, la vida es tan buena maestra, que si no aprendemos la lección que quiere mostrarnos, nos obliga a repetirla.

Tú eres plato fuerte, plato principal, *filete mignon*: ya va siendo hora de que aprendas a no ser su guarnición. Si la vida te mandó a la persona equivocada para una relación, es quizá porque era la persona necesaria para tu evolución. Aprende la lección que esa persona vino a enseñarte. Y si después de esa persona te das cuenta de que en tu ciudad no hay buen producto local, quizá la lección es que fuiste diseñada para producto extranjero. Nadie llora por un mujeriego, mientras prueba producto extranjero.

La única forma de crecer es aprender y si estás pasando o has pasado por una ruptura amorosa, quizá sea la vida poniendo frente a ti una oportunidad preciosa. Si hace poco terminaste una relación, es responsabilidad de tus amigas llevarte de vacaciones a probar producto extranjero. Envíales esta página del libro para que cumplan con sus responsabilidades.

REPARACIÓN CON ORO

Cuando somos niños, las cosas rotas abundan en nuestro día a día: crayones a la mitad, la vajilla favorita de tu mamá, las rodillas de los pantalones, el uniforme del colegio después de pasar por tres generaciones, el brazo roto después de subirte por primera vez a un pasamanos. La inocencia de un niño no le da para medir riesgos, pero sobre todo para un niño la prioridad es siempre divertirse.

Por supuesto que no se detienen a pensar si saltar unos sobre otros hará que se lastimen, o si organizar un concurso de aventar piedras hará que se descalabren. Hay quienes dicen que mientras más cicatrices tengas en tu crecimiento, más divertida fue tu infancia. La cicatriz en la ceja, en la rodilla o en la barbilla era un símbolo de que no le tenías miedo a la vida. Cuando eres un niño, la diversión ignora los peligros.

Conforme vamos creciendo, la incidencia de accidentes comienza a bajar porque la curiosidad se acompaña también de criterio, jugar se acompaña también de cuidado, romper vajillas implica hacer un gasto, y entonces, desarrollamos conciencia al cuidado. Con los años, evitamos situaciones intrépidas que pudieran acabar en objetos rotos o huesos lesionados.

Por supuesto, en la medida en que nos empezamos a cuidar, romperse es menos común, pero ahora cuando pasa, nos duele más. Las cosas que rompemos como adultos valen más, a veces son irreparables, nos cambian el destino, tienen consecuencias a terceros y a veces, cargamos con los pedazos toda la vida.

En la infancia, el amor ignora los peligros. De adulto, las cosas se rompen aun cuando tienes cuidado, y son las más dolorosas pues surge en ti un sentimiento extraño de duda: ¿por qué si fuiste tan precavida, saliste lastimada? ¿Por qué si diste todo de ti, te hacen daño? No encuentras la respuesta de en qué fallaste o por qué mereces que te hagan pedazos.

El problema es que estamos acostumbrados a que las cosas rotas ya no funcionan. Pero en Japón es diferente, existe una técnica de reparación única. Consiste en que, una vez que algo se rompe, no se desecha, sino que se repara con oro. Kintsugi lo llaman. Es una técnica oriental para reparar piezas de cerámica que se han roto, uniendo los pedazos originales de la pieza con una resistente capa de resina mezclada con oro, que queda visible en grietas doradas. La cerámica recupera su forma original, pero su apariencia cambia, y su valor se eleva.

Así mismo sucede con nuestros errores, fracturas y heridas: la ruptura no representa el final del objeto, sino que su proceso de "reparación" hace que sus fracturas se vuelven preciosas, valiosas, únicas y más fuertes.

Kintsugi usa el oro como pegamento para unir los fragmentos, lo que hace a la pieza final aún más valiosa que en su estado original antes de quebrarse, no solo por la presencia del oro, sino por la exclusividad del objeto recuperado. Cada cerámica muestra un aspecto diferente e irrepetible, único, gracias a esas cicatrices que lo hacen tan valioso.

EL BRILLO DE LA RECUPERACIÓN

Esta técnica abandona la idea de esconder las heridas e impulsa el valor agregado que aporta una cicatriz: brilla, vale y resiste más. No solo une las piezas, además les da protagonismo, dejándolas evidentes a la vista, para que sean apreciadas.

No te confundas, esto no significa que tus heridas te definen. El protagonismo lo tiene el oro con el que te uniste. Piénsalo de la forma más literal: tras pasar por un accidente que haya provocado una herida, o después de una cirugía, viene todo un proceso de recuperación.

Cuando estamos en recuperación de una enfermedad o herida, es cuando mejor nos tratamos. Nos cuidamos, comemos mejor y dormimos más horas. Esta recuperación, además de regenerar lo necesario, cerrar la herida o curar la enfermedad, adicionalmente aporta a tu bienestar general. Tus ciclos de sueño se alinean, tu cuerpo se nutre y tu mente descansa.

"Accidentalmente" todo nuestro aspecto mejora tras recuperarnos, porque te diste un descanso, prestaste especial atención a tus comidas, recibiste mucho afecto y atención de tus seres queridos, reposaste tu cuerpo y tu mente. Hay quienes dicen: "Qué bien te sentó la recuperación", no solo porque cicatrizó la herida, sino por el efecto mayor que tuvo en la persona que ahora se ve rejuvenecida.

Cuando te rompas, no te deseches, ni te conserves rota. Más bien pregúntate: ¿con qué quieres unir tus piezas? Repárate como mereces, usando oro. El oro en tu vida se puede ver en forma de nuevas amigas, en forma de terapia, de meditación, en forma de aprendizaje, ejercicio, sabiduría, nuevas oportunidades, viajes, reconectar con tu espiritualidad, entre muchas otras. El oro es todas esas cosas que te ayudan en tu recuperación, lo que te une y además ahora forma parte de ti. El oro honra esas partes de tu historia que te han hecho la mujer fuerte que eres hoy.

Claro, el oro no es lo único que pega piezas, también una cinta adhesiva podría hacer el trabajo de mantenerte de pie. Cualquier pegamento tiene la misma función que el oro: unir las piezas. La diferencia es que el oro las embellece y suma valor. Piensa en cómo has reparado tus heridas. ¿Las has llenado de oro o pegado con cinta adhesiva superficial?

Tras un corazón roto sigue un proceso de duelo. Al alcanzar la recuperación, no solo "recuperamos" esa parte de nosotros que se destruyó, de forma indirecta tiene efecto en otras áreas de tu vida. Las personas que más veces se han recuperado de la forma correcta son las más resilientes y completas.

La forma más efectiva de superar un dolor fuerte es *resignificarlo*. Como el primer paso siempre es la aceptación, entonces no tenemos la opción de ignorarlo, o minimizarlo, eso sería reprimir y eventualmente saldrá con la intensidad de una explosión. Redefinir el dolor es reconocer lo que pasó: una persona se fue de tu vida, perdiste a tu mejor amiga, tu pareja te traicionó, tu papá te abandonó. Cualquiera de esos escenarios es imposible de ignorar y de controlar. Después de reconocer lo que pasó, necesitamos darle otro final, cambiar la narrativa de lo que pasó, convertirlo en aprendizaje, en ser mejor persona, en crecimiento personal. Un gran dolor puede acabar en tragedia, o convertirte en el mayor parteaguas de una mejor versión tuya, pero eso solo depende de ti.

Vamos a destapar una realidad: uno nunca regresa a ser la misma que fue antes de pasar por un corazón roto, de ésos en que dolor hasta físico se siente, es un hito en la historia de tu vida, marca un antes y un después. No hay yeso que regenere tu corazón, ni suturas que cierren las heridas emocionales, pero si se rompió, no significa que ya no sirve. La transparencia de tus heridas es positiva. Tu corazón roto se recuperará, tomará forma de nuevo, y te hará más cuidadosa y valiente.

No busques respuestas en el pasado. Ni en quien ya se fue, ni en la versión de ti misma de antes de que esa persona llegara a tu vida. Ése es el mayor reto, construir tu nueva vida, el verdadero luto de una relación es cuando retomamos la rutina, pero ahora sin esa persona, y son las primeras veces que sientes su ausencia. Regresar a tu realidad en la que ya no habita la persona que antes era tu costumbre. Entonces, ¿cómo reconstruir tu vida?

Recuerda: El pasado siempre regresa para probarte.

Avanza lento: el eterno dilema: ¿evitar lugares que te recuerden a él, o ir a esos lugares para quitarles la etiqueta de su nombre? La respuesta correcta es: todas las anteriores. Si me preguntas si después de un corazón roto debes llorar o debes reír, mi respuesta sería la misma: las dos. Una primero, y luego la otra, y luego las dos al mismo tiempo, y así hasta que cada vez sean más risas que llanto, pero las dos son necesarias. La clave es que no te aceleres, mamacita, no apresures a tu mente y a tu corazón a soltar, las cosas apresuradas siempre acaban mal.

Escucha a tu cuerpo: nuestra anatomía es sabia, tú eres la que quizá a veces no tanto. Haz silencio para escuchar lo que en realidad tu mente necesita para encontrar paz. Imagina que tienes antojo de chocolate, pero como no sabes escuchar a tu cuerpo gritar "¡CHOCOLATE!", entonces lo llenas de papas fritas y nachos con queso. Con esto, a tu cuerpo no se le quitará el antojo de chocolate, solo se sentirá mal porque está lleno, y el antojo seguirá ahí sin satisfacerse.

Así funcionan tus emociones. Si estás sintiendo una tristeza que te pide compañía, ¡dale compañía! Si estás sintiendo un episodio de alegría que te pide salir de fiesta con tu mejor amiga, ¡dale diversión! O si te pide un rato a solas... ¡dáselo! No llenes emociones con el alimento equivocado.

No te encasilles con una sola emoción solo porque te da comodidad, sería un desastre que encontraras la tristeza y la depresión como tu zona segura. Mejor explora todas las emociones que vienen como avalancha, una a una, y ve tomando los rumbos que mejor te hagan sentir.

¡No te retraigas! No escondas tu forma de ser, no cohíbas tu forma de amar. Lastimarte no significa que haces las cosas mal. No te falta maldad, al mundo le falta bondad. Mantente firme en la cantidad que amas, pero que las experiencias pasadas funcionen como armas a tu favor, sé selectiva en a quién entregar tu tiempo y tu energía.

> ES NECESARIO HABER AMADO, DESPUÉS PERDER EL AMOR Y LUEGO VOLVER A AMAR TODAVÍA MÁS.
> VINCENT VAN GOGH

Las acciones y reacciones de otras personas, cómo te reciben y cómo tratan lo que les entregas no está en tu zona de responsabilidades. Su forma de corresponderte o rechazarte no aprueba o desaprueba tu forma de amar.

No señales culpas: vivir cargando con la pesadez de la culpa es como obstaculizar tu proceso de recuperación. Pero pasar la culpa al otro solo porque una relación no funcionó es huir del progreso. Darle al otro toda la responsabilidad porque algo no resultó es tranquilizante para ti, pero es un remedio temporal, es cinta adhesiva, porque aunque te liberas de cualquier carga, te estás cegando ante los errores que cometiste tú.

El hecho de que no regreses a tu forma original no significa que no vayas a sanar, significa que ahora existes con cicatrices. Pero las cicatrices no son una debilidad, son la prueba de que hubo una guerra, y que la ganaste, que saliste victoriosa de ella.

Amar tus cicatrices es valorar el pasado, que es parte de nuestra historia y nos regala lecciones. Nadie "merece que le hagan daño", no busques encontrar una justificación de por qué te han lastimado. Un corazón roto indica que amas demasiado, y amar demasiado no es síntoma de que hay algo malo contigo.

Enfócate en lo que sí tienes claro: que alguien salga de tu vida o que tengas tú que forzosamente alejarlo por amor a ti misma, no es ninguna coincidencia, es parte de un *plot twist* necesario para continuar con la historia de tu vida. Porque no solo se acaba la persona, se acaban todos los planes, proyectos, eventos que tenías con esa persona, para formar nuevos. Es tu momento de reinventarte. Las situaciones que te han quebrado dan la oportunidad de conocer tu valor, de seguir dándolo todo, de crecer y amar con la intensidad que solo tú conoces.

Los niños que se divierten intensamente tienen cicatrices. Las personas que aman intensamente tienen cicatrices.

Tus heridas y lesiones te han convertido en la persona tan única que eres, son como tu factor distintivo, porque de tus errores también han surgido tus mayores fortalezas. Esto es inevitable, natural y parte de la vida. Estar lesionado es un llamado a detener un ratito la velocidad de esta vida y dedicarte a unir todas tus piezas antes de seguir.

LAS PERSONAS SON CICLOS

No podemos convencer a alguien de que se quede o insistir en una relación que lo único que hace es rompernos el corazón a diario. Si ponemos esfuerzo en manipular situaciones que no están bajo nuestro poder, quizá logremos que la persona se quede, pero aunque esté ahí a tu lado, esa persona ya se fue.

> APRENDER A ALEJARSE ES DIFÍCIL,
> PERO QUEDARSE PARA SUFRIR ES MÁS DURO.
> MARIEL ÁVILA

Hace aproximadamente 2.500 años un sabio filósofo dijo: "Lo único constante es el cambio", por lo que recomiendo ampliamente ver a las personas como ciclos en tu vida. Durarán en tu vida el tiempo que sea necesario, y se irán cuando cumplan su misión, te hayan enseñado algo, de forma dolorosa o gratificante, los aprendizajes vienen en muchas formas e intensidades. Cuando se vaya alguien no voltees atrás viendo qué pudiste haber hecho para retenerlo para cambiar el final, ése fue el final perfecto en el momento perfecto.

La ruptura no representa el final de tu vida, sino que tu proceso de "sanación" y reparación hará que tus fracturas se vuelvan preciosas, valiosas, únicas y más fuertes.

LA CADENA DE LA VERGÜENZA: ¿POR QUÉ NO DAS EL PRIMER PASO?

Cuando somos niños, nos enseñan que los momentos embarazosos deben evitarse a toda costa: "¡Cuida lo que haces!", "No te sientes así", "¡Estás haciendo el ridículo!". La vergüenza es un terrible villano que se convierte en un fantasma. Nos acompaña durante toda nuestra adolescencia haciéndonos sufrir y pensar todo mil veces antes de actuar. Hacemos grandes esfuerzos por prevenirla y, cuando sucede, sentimos una humillación inmensa. Pero ¿qué pasaría si abrazáramos la vergüenza en lugar de evitarla? ¿Y si la viéramos como el costo de entrada a nuevas experiencias y oportunidades de aprendizaje?

Ésta es la perspectiva del autor Tim Ferriss, quien argumenta que la vergüenza es esencial para el crecimiento y el progreso. En su libro *La semana laboral de 4 horas*, escribe: "Para todos los efectos prácticos, la vergüenza no existe si no te importa lo que piensan los demás. Debes estar dispuesto a parecer estúpido y sentirte incómodo para aprender algo nuevo o mejorar tus habilidades".

Cuando yo crecía y mi familia se había quedado sin dinero, mi padre inició una pequeña imprenta familiar. Nos dedicábamos a imprimir y vender tarjetas de presentación, volantes, trípticos y pequeñas revistas promocionales. Como estábamos empezando, teníamos solo un par de clientes, por lo cual había que echar mano de todas nuestras habilidades de venta.

Recuerdo recorrer la ciudad en el auto de mi abuela, estacionándome en cuanta oficina, empresa y local comercial encontrara. Mi mayor miedo era encontrarme una cara conocida. Me apenaba que alguien me viera vendiendo. Sentía que iban a poder percibir mi desesperación y les iba a producir un sentimiento de lástima. Todo aquello me era terriblemente penoso. Y como por azar del destino, un día ocurrió.

Llegué a una enorme tienda de pisos de mármol y porcelana. Intimidado por el tamaño de los anaqueles, entré directo a lo que parecía la oficina principal, ubicada en el fondo de la gran bodega. ¿Cuál podría ser mi sorpresa? Gabriela, una de mis amigas de la preparatoria, se encontraba sentada en un lujoso escritorio administrativo. Me había visto, no había forma de huir. Tuve que acercarme, saludarla y decirle que venía a ofrecer mi catálogo de servicios de impresión.

Jurando que se iba a reír al día siguiente de mí frente a sus amigas o que se iba a evidenciar la enorme diferencia de clase social que había entre ambos, rápidamente corrí a justificarme: "No creas que a esto me dedico, no soy vendedor de puerta-en-puerta, solamente se me ocurrió que podrían necesitar algo". Con una enorme sonrisa, sorprendida de ver una cara conocida entrando a la tienda de su familia, Gabriela me recibió con un abrazo. "Siéntate, voy a llamar a mi papá".

Su padre, un empresario de muchos años de experiencia, me sentó en su oficina y me platicó cómo él había empezado ese negocio desde cero, justo como yo, buscando clientes de puerta-en-puerta. Se convirtió en mi primer buen cliente de impresión y cuando abandoné el negocio, me dijo: "Que nunca te dé pena tocar una puerta. Nunca sabes lo que te espera del otro lado de ella".

Recordar que pronto estaré muerto es la herramienta más importante que he encontrado para ayudarme a tomar las grandes decisiones en la vida. Porque casi todo —todas las expectativas externas, todo orgullo, todo miedo a la vergüenza o al fracaso— simplemente desaparece.

La vergüenza te indica que estás fuera de tu zona de confort. Si constantemente te preocupa avergonzarte, es posible que comiences a evitar nuevas experiencias por completo. Esto puede llevar a una vida llena de oportunidades perdidas y arrepentimientos.

¿Cómo aprovechar la vergüenza a tu favor? Cuando estamos avergonzados, generalmente estamos tratando de ocultar algo: nuestras imperfecciones, nuestros errores, nuestras inseguridades. Pero ¿qué pasaría si tomáramos ese sentimiento y lo usáramos a nuestro favor?

Así se trate de un trabajo, un proyecto personal o incluso una relación. No tengas miedo de dar el primer paso. Acércate a saludarlo, pregúntale su nombre, escríbele por redes sociales. ¿Qué es lo peor que puede pasar?

Porque ya sé cómo eres tú: con tus amigas no te para la boca. Eres una cotorra, una chachalaca, eres divertida, espontánea y graciosa. Pero nada más se te acerca el hombre que te gusta y te me pones nerviosa. "Hola", ¡estúpida, reacciona! Ay, mamá, la historia de tu vida, no se te puede acercar un hombre atractivo, guapo, sabroso, pelo en pecho y barbón, sin que se te acelere el corazón. Sientes la sangre bajando de la cabeza a los pies y hasta que te quedas vacía de ideas. Te pregunta algo y tú contestas como los simios: "mmmhhm", "no". Llena de pena y vergüenza. Deplorable.

Cada vez que te pongas nerviosa con un hombre recuerda mi cara diciendo esto, mamá: "Deplorable". Pero a partir de este momento, se les acabó su tímida, su cohibida y su miedosa. A partir de hoy van a conocer a la más leona, la más confiada, tremenda y poderosa.

Las oportunidades llegan una vez en la vida, ese hombre se sentará a tu lado una sola vez, solo una vez hablarás con él en ese bar, una vez te va a saludar por mensaje directo: ¿quién le va a contestar? ¿Tu lado tímido o tu lado empoderado? Para que no te dé miedo hablar con él, necesitas 2 cosas:

#1 Enfocar más tu atención en el objetivo y menos tu atención en ti misma: en lugar de vivírtela cuidando tus palabras para no hacer el ridículo, cuidando cómo te está viendo para gustarle, intentando ser sexy o coqueta, quédate quieta y enfócate en la conversación completa. Silencia tu mente, dile: "Cállate, pinche mente" y pon atención en lo que te está diciendo este hombre. Recuerda, entre broma y broma, la verdad se asoma y entre chiste y chiste, ya te lo comiste.

#2 Ejercita tu músculo romántico: nada en este mundo se logra sin práctica. Yo me considero "bueno para hablar" desde muy temprana edad y aun así, la primera vez que di una conferencia hace casi diez años me fue terrible. Decía un chiste y nadie se reía, pedía que participaran, nadie participaba. Dije: "¿Qué carajos estoy haciendo aquí?". Más de una vez: "Esto no es para mí", y hoy estoy de gira por teatros en el mundo entero.

El ser tímida podrá ser un rasgo predominante de tu personalidad, pero es como un músculo: si lo entrenas para hablar, para abrirse, para saber cómo reaccionar, cuando sea el momento de la verdad, no te va a fallar. Practica, sácales plática a desconocidos cada vez que puedas, baja aplicaciones de citas para entablar conversaciones.

No tengas miedo de hablar con muchos, considéralo entrenamiento. Ya sabes lo que siempre digo, mamacita: un hombre al mes, qué bueno es, un hombre a la semana, qué cosa tan sana, pero un hombre a cada rato, se te jode el aparato.

Una vez que tienes tu mente lista para abrirse, hay 4 frases con las que puedes quitarte la timidez y empezar a hablarle a un hombre por primera vez:

#1 Lánzale un cumplido inesperado: mamacita, así sea un desconocido, no hay hombre que no disfrute de recibir un cumplido. Dile: "Oye, disculpa, me encanta cómo te vistes". Mamacita, vas a hacer que se vaya de nalgas. Dile: "Qué bonitos zapatos", o si de plano quieres atacarlo con toda la artillería, te le acercas y le preguntas: "Oye, disculpa, ¿tu padre no es el que sale en el programa Masterchef?". Te va a decir: "No, ¿por qué?". Le dices: "Porque estás hecho una delicia". Alimenta el ego de un hombre y muy pronto lo tendrás suspirando tu nombre.

#2 Dile que te recuerda a alguien: no tengas miedo de acercártele de la nada y preguntarle si es hermano, tío, primo de alguien que conoces porque se parece a él. Atenta, si no se parece a nadie que conoces, invéntale un parecido. Mamacita, dile: "Oye, disculpa, ah, te confundí, perdón, es que estás como Paco". Te va a decir: "¿Quién es Paco?". Le dices: "Paco-merte a besos". Y solo te le quedas viendo. Si no sale corriendo, quiere decir que funcionó, mamacita.

#3 Pídele un favor importante: mamacita, el hombre es un animal servicial y cuando le pides algo, no le gusta quedarte mal. Aun si es un desconocido, ésta es la mejor manera de dejar de ser tímida y acercarte con un objetivo. Dile: "Disculpa, ¿nos puedes tomar una foto a mis amigas y a mí?". Y que te la tome. Ahora si quieres verte nivel experta, pídele que la tome con su celular también, así le vas a tener que dar tu número para que te la pase. Pedirle un favor a un hombre una vez te puede llevar a encuerarlo con rapidez.

#4 Lánzale una broma: ésta es quizá el arma más efectiva para desarmar la timidez y las barreras psicológicas que te pones frente a los hombres. Trátalos como a tus amigas. Baja a ese hombre del pedestal en el que lo tienes y bromea con él, lánzale una broma inocente sobre el lugar en el que están, encuentra cualquier excusa para una broma y lánzala sin miedo.

No hay nada más atractivo que la confianza, ése es tu mejor accesorio y tu mejor vestido. Vístete de confianza. En este mundo hay muchas cosas a las cuales tenerles miedo, pero un hombre no es una de ellas. Tú eres el plato fuerte, el plato caro, recuérdalo, eres el *filete mignon*. Nunca te quedes preguntándote: "¿Qué hubiera pasado si me le hubiera acercado?".

LA CADENA DE TU AUTOESTIMA: DÉJATE SER UNA MUJER CONFIADA Y SEGURA

LUNA DE MIEL

Si tuviera que elegir mis tres sensaciones favoritas de la vida, escogería la de llegar después de un largo día a mi casa, quitarme los zapatos y estar descalzo, la de reventar con mis manos un pedazo grande de papel burbuja y la de enamorarme desenfrenadamente. Enamorarse libera dopamina en su forma más intensa, lo que provoca una sensación de euforia y placer. Biológicamente es razonable que nos guste tanto sentirnos enamorados, es como disfrutar de los efectos de las sustancias prohibidas sin la carga moral de consumirlas, ni la ilegalidad, ni las afecciones físicas. Por eso a veces andas de hormona golosa y de moral distraída.

¿Te ha pasado a ti? que cuando llevas ya un tiempo en sequía, sin ningún tipo de drama o romance, tu vida empieza a parecer una de esas películas aburridas que pasan en los cines por lástima. Florecen de pronto unas ganas intensas de enamorarte de quien sea, ya con lo que sea te conformas con tal de sentir ese enamoramiento. Esto solo refuerza mi opinión de que es de los mejores sentimientos.

Todas las relaciones inician en la cúspide de su enamoramiento, es la emoción del momento, y los primeros 4 a 6 meses sientes que esa relación es la mejor decisión que has tomado. Parece que por fin encontraste a la persona ideal, ¡te parece que te has sacado la lotería! Esto es conocido como la *Honey moon stage*, o la etapa de luna de miel.

Durante esos primeros meses crees firmemente que has encontrado al amor de tu vida. No juzgues a tu amiga que conoce al amor de su vida cinco veces por año, no seamos envidiosos, está disfrutando de los efectos relajantes del enamoramiento.

Esta etapa de luna de miel pasa porque cuando menos conoces a la persona, te parece que es perfecta porque eres ciega a sus debilidades, no conoces sus defectos, esa persona te está presentando su versión más impecable, así como tú a ella. En esta etapa no tienes

215

ojos para nadie más, le dedicas todo tu tiempo y toda tu energía, te parece la persona más atractiva.

La realidad es que es sencillo amar a cualquier persona que no conoces por completo. Podríamos pensar que es al revés, que cuanto más conoces a alguien más sencillo es, como a tu mejor amiga de toda la vida, que la conoces más a detalle de lo que te gustaría y sabes a todo detalle su vida, pero la diferencia es que a ella aprendiste a quererla. El amor ignorante, que surge sin conocer a fondo a alguien, es el más fácil pero también el más fugaz y superficial, eventualmente se va a acabar, es inevitable conocer más a alguien y que comiencen a flotar sus esquinas y espinas.

El amor sin información es emocionante como un show de fuegos artificiales, se ven impresionantes pero solo duran 5 segundos, se acaban apenas los empiezas a disfrutar. Por eso el amor de lejos y el amor de pubertad es el amor más intenso, porque de por medio hay mucho que falta iluminar, y en la oscuridad es más fácil "amar". Por eso la forma más inocente de amor es la más alegre, ésa que sentías con solo darle la mano a tu novio de dos días, que no tiene ningún tipo de complicaciones ni discusiones. En la juventud, enamorarse es fácil porque no sabes nada del otro.

Cuanto más larga y madura sea una relación romántica, más costoso resulta apegarse a ella, pero también es más beneficioso. Una relación larga libera oxitocina, la hormona que nos provoca una sensación de calma y seguridad, distinto a la dopamina del enamoramiento, a la oxitocina la conseguimos en un amor estable, maduro y trabajado.

Todas las relaciones pasan por un ciclo de vida: después de la etapa de luna de miel, viene la etapa de decepción, luego la aceptación y entonces la famosa decisión: ¿escoges a esa persona o te alejas de ella?

ENAMORARTE DE TI MISMA

La autoestima parece un concepto complejo y disperso, de difícil comprensión para muchos, mucho más complicado parece identificar si se tiene una buena o una mala autoestima, y en caso de estar baja, es complejo descifrar cómo trabajarla. Diagnosticarla y tratarla es un tema que parece fuera del espectro del día a día, aunque finalmente es el tipo de amor más importante en tu vida, porque eres la única persona que escuchas a toda hora, que te habla todo el tiempo, con la que convives las 24 horas del día.

Por eso a mí me gusta entenderlo en su definición más simple, en su significado etimológico al desmenuzar la palabra misma. "Auto", que viene del griego *autos*, que significa propio, y "estima", que viene del verbo estimar, cuyos sinónimos son "valorar, apreciar, evaluar". Es tan sencillo como eso: el valor que te das a ti misma. El grado de aprecio que sientes por ti, la calificación que te pones, tu propia evaluación de ti.

La estima, el amor, la apreciación, la entendemos más claramente cuando se trata de alguien más. De eso no nos queda duda y aceptamos sin titubear la frase: "Si alguien te quiere, se nota, y si alguien no te quiere, se nota más". Cuando se trata del amor interpersonal es mucho más sencillo de apreciar, se nota a kilómetros si alguien te valora. Pero cuando se trata del amor a ti misma es confuso saberlo. El amor intrapersonal está en el interior y no se mide igual que el amor de una relación.

Tu relación más larga es la que tienes contigo, también es la más monótona y la más complicada, seguro tienes discusiones todo el tiempo, te ofendes y te desesperas con facilidad. Enamorarse de ti no es fácil, porque no hay cabida a una posible etapa de luna de miel, porque conoces hasta lo más profundo de tu ser, no hay ignorancia que navegar.

Es mucho más sencillo de lo que crees. Para amarte a ti misma, solo necesitas una cosa: capacidad de amar. Si sabes amar a tu madre, a tu padre, a tus hermanos, a tu pareja, a tu mascota, entonces tienes la capacidad de amarte a ti misma. Enamorarse de ti no es fácil porque sabes todo de ti misma, pero hay algo que no habías considerado: nunca terminas de conocer por completo a alguien, y eso te incluye a ti.

Quizá sabes cómo se ven todos los rincones de tu estado actual, pero más de una vez te ha sucedido que te sorprendes a ti misma con un talento que no sabías que tenías, o con un defecto que nunca habías volteado a ver. Somos evolutivos y flexibles, y ahí es cuando más te tienes que escoger y serte fiel.

La etapa de luna de miel en pareja es transitoria, pero todas esas emociones y sensaciones intensas que se pierden con el paso del tiempo pueden regresar si se habla y trabaja en conjunto con tu pareja las deficiencias y debilidades de la relación. Esas sensaciones de emoción y enamoramiento regresan acompañadas esta vez de una decisión, regresan sobre un terreno sólido, respaldadas con información. Cuando el enamoramiento se crea voluntariamente, el amor se desarrolla sobre cimientos firmes, difícil de derrumbar por circunstancias externas.

Amar y enamorarse de las partes más débiles, de las imperfecciones más escondidas, de las heridas, de las espinas, es la forma más sólida de amar, esto aplica a tu pareja, o a ti misma. Se convierte en un enamoramiento consciente y seleccionado, esta vez es más duradero. Entonces es posible crear con esfuerzo una atmósfera de enamoramiento, aunque ya no califique como "etapa de luna de miel".

¿Cómo enamorarte de ti, de forma consciente y seleccionada? ¿Cómo crear para ti misma una atmósfera de amor?

Los pasos a seguir son los mismos que cuando estás terminando la fase de luna de miel en tu relación y estás en la fase de decepción, cuando conoces todas las partes puntiagudas de la persona y tu idealización de ella se rompe, tomando por fin forma de un ser humano con errores y defectos. Después de la decepción, sigue la aceptación y la decisión de quedarte contigo. Lo que sigue es trabajar tus debilidades para hacer que la relación que tienes contigo esté llena de amor sólido y duradero.

Escogerte: en realidad no tienes alternativa, eres el único cuerpo y alma que recibirás en tu vida, así que más vale que lo escojas. La otra opción sería no escogerte y nunca aceptarte, lo cual no resolvería, sino que supondría un problema.

Eres lo único que puedes escoger pero también eres la única persona que puede escogerte, nadie más te escogerá si no lo haces tú. Te quedarás para siempre con la sensación de que nunca nadie te escoge y que no eres importante, como cuando en la clase de educación física hacían equipos y eras la última en ser seleccionada: te sentirás rechazada. Pero la realidad es que tú eres la única responsable de cubrir esa vacante, si tú te rechazas, tendrás la herida del rechazo para siempre.

La autoestima no depende de cuánto me acepten, sino de cuánto me acepte.

Todas las personas se escogerán siempre primero a ellas mismas, incluso tu pareja, tus padres o tus mejores amigas, no estés a la expectativa de que te escoja alguien por ti. Si no escoges tu cuerpo y tu mente, entonces nunca te sentirás en control de ellos, porque no sentirás responsabilidad porque sentirás que finalmente no es tu responsabilidad trabajar tierra de la que no eres dueña.

Elegirte es el primer paso para trabajarte y mejorar, adueñarte de lo que eres para tener lienzo en donde pintar. Aunque no te escojas, te quedarás atrapada en tu persona, no hay hacia dónde moverte. Lo mejor que puedes hacer es habitar tu cuerpo y tu alma con amor, hacerle una remodelación, retapizar tus paredes y darte mantenimiento. Lo peor que puedes hacer es habitarlo con resignación, odiando cada parte de ti y dejando que se vaya destruyendo lentamente mientras tú solo eres espectadora de tu fracaso.

Admirarte: Platón dice que una de las formas en que se crea el amor es cuando nace de la admiración. La admiración es un sentimiento infravalorado pero sumamente poderoso, porque cuando admiramos a alguien hacemos que destaque del resto, le damos un podio más alto y entonces le sumamos valor y orgullo. Una persona que se siente admirada no solo se siente apreciada, sino que también se motiva, se activa y se pone en movimiento para seguir siendo merecedor de esa admiración.

Si todos esos efectos positivos se provocan en una persona que admiras, entonces hazlo contigo misma. Ponte en una posición admirable para ti misma. Destaca las cosas de ti que en este momento son admirables, reconócelas y dedica más tiempo a hacerte sentir bien por esas cualidades. Pero no te conformes, también haz cosas nuevas que te hagan sentir orgullosa de ti misma, que te hagan admirarte. Provoca los éxitos, no los esperes. El éxito está allá afuera, tienes que salir a cazarlo.

La distancia entre lo que eres y lo que quieres ser se recorre cuando confías en tus capacidades.

Cuidarte: "Es por tu bien" es una frase que usamos siempre que cuidamos a alguien más, para advertirle que aunque ahora no lo vea con claridad, hacer lo que no quiere hacer le va a generar bienestar. Lo decimos cuando alguien no quiere tomar acción sobre algo porque le parece poco placentero, pero que sabemos que le hará un bien mayor. Como usar un suéter que arruina su atuendo perfecto porque hace frío, o hacer ejercicio por su salud aunque no lo disfrute, o comer verduras aunque odie su sabor, o dormir temprano aunque las redes sociales sean una tentación para desvelarse. Con esa frase, aceptamos que nuestro bien no siempre viene acompañado de gozo y placer.

Cuidarte también se ve en alejarte de una relación que quieres con todas tus fuerzas pero que sabes que no te hace bien, y la terminas porque te cuidas. El autocuidado es también doloroso y no siempre sabe bien. Las decisiones correctas pueden llegar a doler. Dar prioridad a placeres momentáneos es una cadena que te está amarrando a no avanzar, a no ver progreso, a pensar que es más fuerte la tentación que tu consciencia.

Dejar ser: el dicho "Si te quiere, que te acepte tal y como eres" aplica también para ti, pero si te quieres, también te motivas a ser la mejor versión de ti. Querer cambiar a una persona no es amor, pero con amor hacer que una persona cambie es la perfecta combinación. Los cambios que surjan a partir de un amor sano son siempre cambios para bien. Por eso dicen tanto que eres el reflejo de los tratos de tu pareja, y es cierto para bien y para mal, con el tiempo se van apagando tus ojos y vas resplandeciendo con mayor intensidad.

Buscar siempre lo que está mal contigo, criticarte y querer cambiar todo de ti solo te llevará a la frustración, a nunca estar cómoda con quién eres sin importar por cuántos cambios pases. Ahora, por otro lado, si tú te inyectas amor y aceptación, los cambios suscitarán por sí solos, y como surgen de un lugar afectuoso, ten por seguro que esos cambios son para bien. Tú también eres reflejo de tus propios tratos. Déjate ser, acéptate y trátate bien, y por sí solo empezarás a mejorar sin tener que forzarte a cambiar algo que no eres o no te representa.

Confiar en ti: cuando desarrollamos confianza con una persona, a la par comenzamos a quererla. Confiamos en dos sentidos: en su potencial y en que podemos contar con ella. Ahora te toca a ti, te toca confiar en tus fortalezas, en tus capacidades y tus talentos, y te toca también ser tu lugar seguro.

Fidelidad: consérvate fiel a ti misma. Así como te comportas en la soledad, compórtate cuando estés rodeada de tu familia, o de gente que te intimida. No te cambies por nada, ni por nadie, no caigas en tentaciones por presión social o carga moral.

Mamacita, cuanto más segura, más atractiva y más feliz contigo misma te sientas, más lo proyectas. El día que te levantas llena de autoestima y te sientes bien perra y bien bichota, la gente a tu alrededor lo nota y esa confianza se vuelve atractiva y adictiva. A continuación te comparto 7 pasos para mejorar tu autoestima para siempre y que llegue a tu vida todo lo que quieres.

A veces, lo único que necesitas para que las cosas buenas empiecen a llegar es cargarte de autoestima, de amor propio y dejarte de sabotear. Quizá vienes de una relación difícil y complicada, quizá fuiste engañada o quizá llevas toda la vida sin encontrar quien te valore. Es normal levantarse de vez en cuando sintiendo que se te está rompiendo la tortilla de este frágil taco llamado vida, pero te quiero con actitud como prueba de embarazo: ¡positiva!

Sintiéndote triste, desganada y destruida, nada bueno ha llegado a tu vida; quizá sea momento de ponerte bien perra y empezar a subir esa autoestima.

Lo primero que tienes que saber es que hay muchas cosas afectando tu autoestima. Probablemente tienes amigas o ves a personas en redes sociales con cuerpos que tú consideras perfectos; hay gente gastando dinero en ropa, lujos y vacaciones y tú debes hasta los calzones. Con tanto ocurriendo a tu alrededor es muy fácil convertirte en la peor enemiga de tu autoestima: la víctima.

Nunca más quiero escuchar estas dos frases volver a salir de tu boca:

"¿Por qué tengo tanta mala suerte?". Sigue esperando que lo malo llegue a tu vida y te seguirá llegando. Henry Ford solía decir: "Tanto si piensas que puedes, como si piensas que no puedes, tendrás razón". La mente es poderosa y te controla; nunca le des permiso a la suerte de venir a joderte. Recuerda, hay cosas que tienen que salir muy mal, antes de que empiecen a salir bien.

LA DISTANCIA ENTRE LO
QUE ERES Y LO QUE QUIERES SER
SE RECORRE CUANDO CONFÍAS
EN TUS CAPACIDADES.

"Esas cosas no me pasan a mí". Mamacita, eres merecedora de cosas grandes y va siendo hora de que dejes que la vida te sorprenda. Si nunca dejamos atrás lo que nos hace daño atrás, lo bueno jamás podrá alcanzarnos. A veces, dado que hemos pasado por tantas malas experiencias, solo vivimos protegiéndonos de que nos ocurran cosas malas y las cosas buenas ni siquiera sabemos esperarlas, pero todo eso cambia, cuando tú cambias. A partir de hoy, estado civil: más buena, menos ciega y más feliz.

Deja de buscarte defectos en el espejo, no hay nadie como tú y ése es tu superpoder. El problema es que nadie te lo ha hecho saber. Recuerda esta frase: Las aves crecidas en cautiverio piensan que volar es un defecto. Si ya probaste todo pero no logras aumentar esa confianza y esa autoestima, te comparto 7 pasos para mejorar tu autoestima para siempre:

#1 Que tu primer cumplido de la mañana sea para ti misma: en la mañana que estés recién levantada, toda jodida con tu pijama de Bob Esponja y Patricio Estrella, te quiero en el espejo recordándote que eres bella. Deja de criticar tu peso, tu altura, tu pelo, tu cabello y empieza tu día diciendo: "Todas las mañanas amanezco bonita, pero hoy exageré". Mamacita, desde la primera hora del día te quiero con actitud: como perra empoderada, aunque te hayas levantado como perra atropellada.

#2 Haz afirmaciones positivas: una recomendación de mi vida personal que te quiero compartir hoy es: asegúrate que tu primera cita del día sea con Dios. Cuando agradeces tu vida, tu cuerpo, tu salud y en la misma oración pones todo lo que te espera en el día, en manos de Dios, arrancas el día tan llena de confianza que ningún pensamiento negativo te alcanza. Empieza tu día declarando las 11 palabras que siempre intento recordarte: Quiero, puedo, me lo merezco y me lo voy a dar. El primer paso para que lo bueno empiece a llegar a tu vida es atraerlo con pura afirmación positiva. Presúmete, mamá, tu trabajo te has costado.

#3 Eleva tus endorfinas: quieres que la energía positiva fluya en tu vida, hay que empezar a moverla, mamacita. Deja de llevar una vida sedentaria. A partir de hoy, te necesito con 3-4 horas de actividad física por semana como mínimo. Así sea yoga, pilates, spinning; sal a que te corretee un perro, enamórate de las montañas y sube un cerro, lo que sea, mamacita. Empieza a tratar mejor a tu cuerpo y tu cuerpo te recompensará con seguridad, altos niveles de felicidad y un aumento de poder en tu personalidad. Acuérdate siempre de lo que vales y súmale los impuestos.

#4 Siembra amor en otros: la mejor manera de incrementar tu autoestima y tu seguridad es viendo lo poderosa que te vuelves cuando ayudas a los demás. ¿Has sentido la satisfacción de cambiarle el día a alguien con un cumplido, con una ayuda, un acto de caridad o simplemente dándole a alguien tu tiempo de calidad? Es un sentimiento adictivo en el que sales más llena y más plena que la misma persona a la que ayudaste. Haz algo por alguien que jamás podría pagártelo y tu personalidad va a recompensártelo.

#5 Festeja los pequeños triunfos: así como somos buenos quejándonos de las pequeñas derrotas del día, empecemos a festejar los pequeños triunfos. Mamacita, y si estás teniendo un día pesado, prepárate tu botana favorita, ponle todo lo que te gusta. Con eso ya triunfaste hoy, ya veremos cómo triunfamos mañana. La autoestima se construye reemplazando esa racha de eventos desafortunados que detectas en tu vida por esa racha de bendiciones inesperadas, que siempre has tenido, pero que no apreciabas.

#6 Agradece siempre: no hay mayor motor para la autoestima que el agradecimiento. Agradécele a tu cuerpo por ser el vehículo que tanto te ha regalado, agradécele a tu familia por la bendición de su compañía, agradécele a Dios sobre todo que te da la oportunidad de levantarte un día más. A veces le pedimos a Dios que nos dé todo para disfrutar la vida, cuando ya nos dio la vida para disfrutarlo todo. Mamá, diles: "Sé que soy un lujo, pero sé que lo valgo".

#7 Fíngelo hasta conseguirlo: una autoestima fuerte y sólida empieza con un poco de actuación. Cuando uno empieza a actuar como si todo estuviera bien, como si no hubiese nada allá afuera que pudiera preocuparle, como si fuera merecedora de cosas grandes que están en camino, tu mente y tu cuerpo empiezan a movilizarse para cumplirlo. Mereces amor de sobra y no sobras de amor.

Te cuesta el mismo esfuerzo repetirte a ti misma una frase negativa que una frase positiva. Deja de contaminarte con tristeza y desánimo. Cree cuando te digo que hay grandes cosas que vienen a tu vida si tan solo les demuestras que estás lista para recibirlas.

Ante todo te quiero con actitud, como prueba de embarazo, positiva. Sonríe, aunque estés teniendo un mal día, aunque te hayas levantado toda jodida, nunca sabes cuándo te está viendo por primera vez el amor de tu vida.

LA CADENA DEL DINERO: FALSA PERCEPCIÓN DE SEGURIDAD

A veces vemos relaciones de todo tipo: amorosas, laborales, de amistad, familiares, y algunas están tan contaminadas. Uno los ve desde una perspectiva externa y se pregunta: "¿Por qué conservas esa relación si sabes que te resta más de lo que te suma?". "¿Por qué te encanta sufrir si salirte de eso es tan fácil?". Hay gente que uno no se explica cómo prefiere vivir una vida miserable en una relación que tomar el riesgo de liberarse.

La realidad es que hay situaciones que solo podemos entender cuando las vivimos en carne propia. Quizá tú que estás leyendo este libro entiendes lo que es estar en un matrimonio en el que existe infidelidad, abuso y humillación, y no poder escapar de él. Las prisiones invisibles más comunes son:

La prisión de la estabilidad: el miedo que nos da el alterar la tranquilidad de la realidad. Quizá vivimos en una realidad contaminada y terrible, pero enfrentar la incertidumbre del exterior nos aterra aún más.

La prisión social: hay quienes se quedan en una relación por años por el miedo a la percepción de su círculo social, de sus amistades o incluso hasta su familia. Sienten que renunciar a esa relación los hará ver vulnerables o los convertirá en el centro de chismes y críticas.

Pero la que quizá es la prisión con mayor peso para escapar de una relación es la prisión económica. Ese enorme miedo que existe cuando tu pareja es la fuente de ingresos de tu hogar y necesitas confrontarla. Esas preguntas que llegan a tu mente tan claras como la voz de la insuficiencia: "¿De qué vas a vivir?", "No tienes trabajo", "¿Cómo les vas a dar una buena vida a tus hijos?". Hay quienes se enfrentan a las mismas preguntas a la hora de decidir renunciar a un trabajo tóxico o dejar la casa de sus padres.

La prisión económica pone al dinero por encima de cualquier cosa. Hace unos meses platiqué con una mujer que llevaba años en una relación terrible. Ella permitía que la humillaran y le hablaran de forma despectiva, todo con la esperanza de que el hombre falleciera pronto y la dejara con una herencia suficiente para disfrutar el resto de su vida.

Eventualmente, el hombre falleció. Sin embargo, para entonces ella ya era una mujer desgastada, profundamente deprimida e infeliz. Con tristeza se dio cuenta de que el hombre ni siquiera la había dejado mencionada en su testamento. La poca riqueza que le quedaba a ese hombre había sido destinada a una de las hijas que vivía en el extranjero.

Si tú estás en una situación que no te tiene feliz, y te mantienes en ella únicamente por dinero, permíteme decirte que estás pagando un precio tremendamente caro. A veces creemos que el dinero y las cosas que puede comprarnos valen la tortura psicológica, nos aferramos a pensar que podemos soportar el maltrato porque pagamos el precio. Lee esta frase con atención y cuidado: Si te cuesta tu paz, es demasiado caro.

No existe una suma de dinero con la que se pueda pagar tu felicidad, tu tranquilidad y tu paz.

Hay gente que conoce el precio de todo, pero el valor de nada. Hay incontables maneras de ver el dinero: hay quienes lo saben manejar muy bien y en sus manos logran hacer grandes cosas y hay otros que teniendo todo el dinero se han vuelto miserables y amargados.

Sin duda, tener dinero facilita el acceso a las cosas que traen placer, pero seguramente tú, como yo, conoces gente que, teniendo todo el dinero, no trae para una sonrisa; y gente que viviendo al día disfruta cada uno como si fuera el último.

Muchas veces el dinero tiene un rol demasiado importante en nuestra vida, vivimos luchando por conseguirlo y cuando lo tenemos, vivimos con miedo a perderlo. Por eso hoy te comparto 3 formas de ver al dinero:

#1 El poder del dinero depende de quien lo posea: muchos confunden el valor de las cosas con el precio de las cosas y en lugar de tener el dinero a su servicio, viven al servicio del dinero. Hay quien se casa orientada no por su corazón, sino por su cartera. Personas que sufren en su trabajo y lo detestan pero ahí le pagan mejor y deciden mantenerlo. Gente que se endeuda para comprar cosas que la hagan quedar bien con la sociedad pero se priva de lo que le gusta para pagarlas. Mamacita, no seas de las que aman el dinero más de lo que se aman a sí mismas y sufren para obtenerlo, porque quizá cuando lo tengas ya no valdrá nada.

#2 El dinero no resolverá lo que no resuelva uno: muchos creen que si tuvieran más dinero, menos problemas tendrían. Pero si con el dinero que ya tenemos nos hemos endeudado, nos hemos mal administrado y hemos creado un modelo de vida más caro del que podemos solventar; ¿qué crees que pasaría si le metemos más dinero a la

NO EXISTE UNA SUMA DE DINERO CON LA QUE SE PUEDAN PAGAR TU FELICIDAD, TU TRANQUILIDAD Y TU PAZ.

ecuación? Para el que no tiene disciplina, más dinero solo son más problemas. La estabilidad llegará en la medida en que sepamos manejarla. Una mente ocupada en deudas no tiene espacio para crear prosperidad.

#3 La verdadera riqueza no es económica: los principios, el sentido común, el respeto de la gente y el cariño de quien te aprecia: cuatro cosas que valen todo y nada cuestan. La riqueza económica solo vale algo cuando tenemos con quién compartirla. No nos clavemos en acumular lo que fue diseñado para circular. Cuidemos el dinero, respetémoslo por ser fruto de nuestro trabajo pero no lo hagamos un Dios al que adoramos.

El dinero no es malo, ni es bueno, ni es sucio, ni es poderoso; la gente que lo tiene lo es, con o sin él. Apreciemos el valor de las cosas, no solo su precio. Porque triste es ver cómo hay gente tan pobre que lo único que tiene es dinero.

LA CADENA DE LA PREOCUPACIÓN: PUEDES CON TODO, PERO NO TODO AL MISMO TIEMPO

Probablemente te ha pasado que te despiertas una mañana y te encuentras ronchas o marcas raras en la piel, una comezón que antes no te daba. Tal vez has empezado a perder demasiado cabello y no te explicas qué está pasando con tu cuerpo.

Hay gente que se va a dormir en la noche y, por más que intenta, no puede cerrar el ojo. La mente, en su constante estado de alerta, desencadena una cascada de reacciones físicas que afectan todo el cuerpo. El estrés, una respuesta natural producida por el cuerpo humano para protegerlo en situaciones amenazantes, desencadena una liberación de hormonas como el cortisol y la adrenalina. Fuimos diseñados para sobrevivir y ser advertidos de posibles peligros, sin embargo, el vivir cotidianamente experimentando preocupación y estrés puede llevarte a desequilibrios hormonales y a una serie de efectos adversos en el cuerpo.

El estrés es el enemigo silencioso que surge de someter al cuerpo humano a situaciones de nerviosismo, tensión, incertidumbre y adrenalina diariamente. Si sufres de esto o conoces gente que se la vive preocupada, te comparto 3 verdades sobre el estrés:

#1 El estrés es contagioso: así como lo lees. Un estudio alemán de 2013 reveló que si vives rodeada de gente estresada, pronto empezarás a sufrir las consecuencias. Y es aún más contagioso cuando se ama a quien lo sufre. En otras palabras, si tu pareja vive estresada y preocupada, muy probablemente te está transfiriendo los efectos tal como lo haría un fumador a la persona que vive a su lado.

#2 El estrés está relacionado con el incremento de peso: anda usted a mucha dieta, cortó las harinas, cortó las grasas, se quitó el azúcar y aun y con tanto sacrificio ni un kilo bajó. ¡Pues quizá es porque vive estresada! Mamacita, sal a desempolvarte. El deporte no solo ayuda físicamente, sino que desenreda la mente contaminada por el estrés.

#3 El estrés reduce la expectativa de vida considerablemente: tú puedes seguir llevando esa vida estresada, llena de pendientes y sin tiempo para respirar, pero pregúntate: ¿qué tiene que pasar para darte cuenta de que tienes un problema de estrés? ¿Hasta que la máquina explote?

En las épocas de la caverna, el estrés era un mecanismo de defensa. Cuando uno veía a un depredador se ponía tenso, le subía la adrenalina y se preparaba para enfrentarlo, pues exactamente lo mismo pasa cuando uno está preocupado en su día a día.

Mamacita, relájate. Puedes con todo, pero no con todo al mismo tiempo. Quizá tienes responsabilidades con tu pareja, con tus hijos y tus amistades, pero tu principal responsabilidad es contigo misma. Tus hijos necesitan una madre sana, plena y feliz, no una madre consumida por las preocupaciones de la vida.

- **Despeja tu agenda de compromisos innecesarios:** deja de buscar quedar bien con todo el mundo. Deja de aceptar invitaciones a lugares o eventos que no suman a tu crecimiento personal y únicamente las agendas por presión social.
- **Separa un tiempo personal:** no es algo normal que no tengas pasatiempos, pasiones ni momentos de ocio y distracción. Tu mente necesita espacios para liberar tensión y presión.

#4 Respira conscientemente: el ser humano pasa la mayoría de sus días respirando por instinto, pero rara vez aprovecha momentos para llenar sus pulmones de oxígeno y aclarar su mente por medio de la respiración lenta y consciente. Recuérdale a tu cuerpo que sigues viva y mientras haya vida, siempre hay esperanza.

#5 Oración: no hay nada más poderoso, en mi opinión, que dedicarle un tiempo a tu más grande patrocinador, que es Dios. Separa momentos de meditación y oración, entrégale a Dios tus presiones, preocupaciones y miedos. Libérate sabiendo que Dios está en control y todo saldrá mucho mejor que si estuvieras tú sola en la ecuación.

Si sientes que tu vida está dominada por el estrés y la preocupación, quizá lo que necesitas es una renovación profunda.

El estrés es una cadena que quizá llevas cargando por años. Todo te preocupa: te has convertido en una madre que vive a la expectativa de que les ocurra algo a sus hijos, tu estabilidad económica te pone nerviosa, tu salud se siente frágil o tu vida se siente vulnerable a cambios inesperados.

Te entiendo, yo solía vivir igual que tú, preocupado todo el tiempo. Aunque me encantaría decirte que la solución es confiar en tus propias habilidades y descansar en la idea de que todo lo puedes resolver, eso nunca me funcionó completamente. La verdadera respuesta que yo encontré para la preocupación constante es la fe.

La fe en Dios, en que un poder superior quiere lo mejor para ti, la tranquilidad que te da el saber que todas tus necesidades y las de tus hijos estarán cubiertas, solo puede venir de la fe. Si Dios cuida de las aves del cielo y se encarga de que no les falte de comer, qué tanto más se encargará de ti y de los tuyos.

Cuando esa preocupación por tus hijos te visite, te dejo este bello poema para que medites en él:

Tus hijos no son tus hijos,
son hijos e hijas de la vida,
deseosa de sí misma.

No vienen de ti,
sino a través de ti,
y aunque estén contigo,
no te pertenecen.

Puedes darles tu amor,
pero no tus pensamientos,
pues ellos tienen sus propios pensamientos.

Puedes abrigar sus cuerpos,
pero no sus almas,
porque ellos
viven en la casa del mañana,
que no puedes visitar,
ni siquiera en sueños.

Puedes esforzarte en ser como ellos,
pero no procures hacerles semejantes a ti,
porque la vida no retrocede ni se detiene en el ayer.

Tú eres el arco del cual tus hijos,
como flechas vivas,
son lanzados.
Deja que la inclinación,
en tu mano de arquero,
sea para la felicidad.

Khalil Gibran
poeta, filósofo y artista libanés

LA RENOVACIÓN

¿Alguna vez te has sentido exhausta o exhausto emocionalmente? Has pasado por tantas complicaciones y problemas que ya nada de lo que te pasa te sorprende. Pagas una deuda, y ya debes otras dos. Por fin te curas de un dolor, pero empiezas a sentir otro peor. Sientes que siempre es lo mismo en tu relación: puros problemas, pura complicación. Mamacita, quizá sea una señal de que tu vida necesita una renovación.

Uno de mis gustos culposos en la televisión eran los programas en los que renovaban casas viejas, descuidadas y desgastadas. Me emocionaba que llegara un experto y viera todas las grietas, todos los defectos, y después de unos días de trabajo, les entregara de regreso a sus dueños una casa completamente renovada.

¿Cuántas veces te has sentido cansado o cansada? Llevando una vida repetitiva, vives deprimida. Mamacita, a veces siento que si yo no hubiera conocido a Dios, mi vida sería como esa casa, que un día de la nada, se derrumbó.

A veces lo único que necesitas es entregarle las llaves de tu vida a un especialista, al único que te puede ofrecer una solución. A veces tienes que pedirle a Dios que se encargue de hacerte una renovación.

Dice la Biblia: "Pero los que esperan en el Señor renovarán sus fuerzas, se remontarán con alas como las águilas… correrán y no se cansarán, caminarán y no se fatigarán".

Cuando dejas entrar a Dios y le encargas la construcción, mamacita, prepárate, porque no va a descansar hasta cambiar todo. Desde el cuarto en el que guardas tus miedos e inseguridades, hasta el cuarto de tus finanzas familiares. Dios va a derribar paredes si es necesario, porque cuando Dios renueva tu casa (tu corazón), también renueva al propietario.

El arquitecto que hizo los cielos y la tierra quiere renovarte, y créeme: va a hacer de tu corazón, de tu casa y de tu mente, su más grande obra de arte.

LA CADENA DE LA PROCRASTINACIÓN: ¿DEJAS TODO PARA DESPUÉS?

> *MIENTRAS PERDEMOS NUESTRO TIEMPO DUDANDO Y POSPONIENDO, LA VIDA CONTINÚA.*
> *SÉNECA*

Avanzar, precaución o detenerse: verde, amarillo o rojo. Indicaciones simples que se proyectan en colores, que organizan las calles y avenidas en todo el mundo. Quizá sea el único verdadero lenguaje universal: los semáforos. Cada uno de esos colores es inconfundible con otro, y su significado es claro y directo. Es importante que los semáforos indiquen la señal para evitar embotellamientos en que carros con dos distintos sentidos tengan ambos la luz en rojo (y todo se detenga) y accidentes en que carros con distintos sentidos tengan ambos la luz en verde (y provoque un choque). Paralizar, en el caso de los semáforos rojos, y embotellamiento, en el caso de los semáforos verdes.

El peor de los casos sería un semáforo que prenda la luz roja y al mismo tiempo la verde. Paraliza y embotella simultáneamente, sería un caos en todos los sentidos. Dos indicaciones contrarias coexistiendo: un desastre. ¿Qué sucedería si los humanos tuviéramos un semáforo que nos indique qué sí hacer y qué no hacer? ¿Sería todo más fácil? Creo que lo hemos visto antes en películas, cuentos e historias: cada uno de nosotros tenemos en nuestros hombros estos dos personajes: un pequeño diablo y un pequeño ángel. Dos consejeros que nos dicen qué hacer, nunca se pondrán de acuerdo y, además, te hablan al mismo tiempo.

"Paralizar y embotellar": ocurre cuando tienes tanto que hacer, que no encuentras por dónde empezar. El temor al largo camino por recorrer y a la extensa cantidad de tareas te paraliza, y no te permite avanzar, actuar y mucho menos terminar. Como consecuencia, las tareas y nuestra mente se empiezan a embotellar, a acumular y tenemos la sensación de que no podemos contra ellos. A todo esto se le llama procrastinar.

De forma más aterrizada, tenemos cuerpo y mente, que seguro en ocasiones también, como los semáforos defectuosos, nos dictan hacer cosas diferentes. El caso más claro (y algo extremo) es la parálisis de sueño, cuando nuestra mente está despierta y nuestro cuerpo está dormido. El resultado nunca es agradable, se paraliza nuestro cuerpo, inmovilizándolo por completo mientras nuestra mente viaja a toda velocidad. A esto lo acompaña en muchos casos la aparición de una presencia en nuestro sueño, habitando nuestras pesadillas pero percibiéndolo nuestra mente como la realidad, porque el cerebro está despierto.

Nos sentimos desesperados porque la mente quiere luchar, atacar, o por lo menos reaccionar, pero nuestro cuerpo se lo impide, no recibe ninguna señal de movimiento. Esto hace que la presencia de la pesadilla sea aún más aterrorizante, porque no podemos contra ella. Nos sentimos pequeños e impotentes.

La procrastinación se parece a un semáforo que enciende en verde y en rojo simultáneamente. Cuando tu mente está dispuesta a realizar una tarea, pero de tu cuerpo no sale la tenacidad de empezarlo, entonces nuestro cuerpo está paralizado mientras nuestra mente viaja a toda velocidad, tal como en la parálisis de sueño. A la procrastinación la acompaña la actividad favorita de nuestra generación, que es sobrepensar. Sobrepensar te lleva a inactividad, mete preocupación en tu cerebro y ocupa toda tu energía en generar pensamientos caóticos dejando sin potencia la acción externa.

Ante la frustración de no poder hacer nada, tus tareas multiplican su tamaño hasta alcanzar el nivel de intimidación de aquella presencia en la parálisis de sueño. A pesar de que tienes el deseo de realizar tu tarea, tu cuerpo no reacciona a la presión.

La tarea nos parece grande, invencible y tenebrosa porque así la hemos reconstruido en nuestra mente. Hay que encontrar la forma de darle a esa responsabilidad una connotación agradable. El tiempo no es verdaderamente lo que te frena, es sentir que los granos del reloj de arena pasarán más lento si le dedicas tiempo.

> LOS ÚNICOS QUE NO SUFREN DE PROCRASTINACIÓN SON LOS PSICÓPATAS, PORQUE NO ESTÁN DOMINADOS POR LAS EMOCIONES.
> PETR LUDWIG

Hay algo que, por más obvio que sea, tienes que registrarlo con mayor consciencia: el tiempo pasa de todas formas. Igual darán las 8 de la noche, y tienes tres posibles escenarios. Puedes llegar a esa hora sin haber empezado, con la mitad de la tarea hecha o la tarea completa.

Podríamos pasar esa misma cantidad de tiempo en redes sociales y no se sentiría igual de lento, porque tienes una visión agradable de hacer eso. Pero el tiempo pasará a la misma velocidad. ¿Qué puedes hacer para que pase más rápido realizar algo que parece grande?

Agregar un factor agradable: hacerlo con tu música favorita, o acompañada de tu mejor amiga, o tomando algo en una cafetería bonita.

Hacer de cada paso un logro en lo individual: si hay que limpiar la casa completa, primero comprométete con la cocina, sin querer pasar de ella por la prisa de pensar en que te aguarda una casa entera.

Aceptar la imperfección: recuerda que es mejor hacerlo, que tenerlo perfecto. Si estás buscando el momento correcto para arrancar, estás perdiendo tu tiempo. Acepta las cosas conforme vayan saliendo sobre la marcha, pero asegúrate de ya estar en marcha, que se te hace tarde.

Premios: la recompensa es en sí misma la actividad cumplida. Cumplir con una tarea no es una condena, por lo tanto, no debe venir un premio después.

> LA MOTIVACIÓN DEBE SER INTERNA,
> NO UNA ZANAHORIA PUESTA DELANTE
> DE NUESTRAS NARICES.
> PETR LUDWIG

¡La mente es terca! Solo cuando estás ignorando tus responsabilidades, piensas en todo lo que pudieras estar haciendo con tu tiempo. Hacer tu responsabilidad se pinta como un desperdicio de tiempo. Así es siempre. Solo cuando llegan tarde a una cita, o te cancelan una salida de último minuto es cuando valoras tu tiempo, pero cuando tú misma eres quien juega con él, te tiene sin cuidado.

Cuando el tiempo es nuestro peor enemigo, seguido nos preguntamos: "¿Cómo lo logró en tan poco tiempo?".

Te encuentras con una persona después de unos meses y su narrativa de vida es completamente distinta, su apariencia física es diferente de la última vez que la viste. Y tú sigues completamente igual.

Ella no es mejor que tú, pero ella se adueñó de su tiempo y de su proceso. El tiempo pasa en la intensidad en que lo usas. Dos meses pueden ser poco o pueden definir para siempre. Tienes que confiar en los cambios que hará.

tiempo + acción = (acción prolongada en el tiempo) → siempre tendrá resultado

Tengo la creencia de que existen 3 prototipos de personas en relación con el tiempo.

1 Hablador: tiene excelentes ideas, pero no las ejecuta. No tiene el elemento del tiempo, ni el elemento de acción: resultado igual a nada.

#2 Hipersoñador: empieza muchos proyectos, no concluye nada. Tiene la acción, pero no tiene la paciencia para prolongarla en el tiempo: resultado igual a nada.

#3 Trabajador: ejecuta sus ideas. De nuevo, tiempo + acción = (acción prolongada en el tiempo) → siempre tendrá resultado.

¿En qué prototipo te encuentras y en cuál quieres estar?

PROCRASTINAR ES LA INHABILIDAD DE EMPEZAR, AUNQUE SE TENGA TODO EL DESEO Y TODA LA PREOCUPACIÓN POR EMPEZAR ENSEGUIDA.

Diferente a postergar, que es decidir, con toda libertad, pasar las cosas para después, quizá con alguna razón fundada, o por reorganización de prioridades.

Pero procrastinar es tu miedo a avanzar hablándote suave, es tu freno de mano por miedo a dejar cosas atrás, a no saber qué hay del otro lado, y entonces encontrar la comodidad del estado actual. Ahora bien, dejar de procrastinar viene con retomar el control de ti misma, de tu tiempo, de tu disciplina, de tu cuerpo, de tu día y de tu vida.

Procrastinar no viene en tallas pequeñas, siempre hace acto de presencia en las ligas mayores. No es un problema que pueda pasar desapercibido, es una limitante para situaciones en tu vida que quizá ni siquiera has notado. Notarás esa libertad cuando te suelte, te darás cuenta del daño que hacía en tantos aspectos de tu vida hasta que todo empiece a mejorar como consecuencia de ponerte en acción.

Para ponerte en acción, primero organiza tus metas, que yo separo en dos categorías:

#1 Palomeras: aquellas que no requieren demasiado esfuerzo para hacerse. Tales como mandar un correo electrónico, hacer una cita, ir a una consulta.
#2 Invisibles: las que parece que no tienen progreso, y no logran verse a lo lejos.

Si no completas las metas correspondientes a la categoría palomera, no pasarás a la siguiente etapa de las invisibles. La importancia de las palomeras radica en que si cumples con éstas, sentirás que tienes control sobre tu tiempo y vida. Una vez que las controles, será más fácil el camino a las invisibles. Las metas invisibles necesitan de las palomeras, y encontrar una sintonía entre la energía mental y la física. Éstas son las que requieren prolongación en el tiempo, consistencia, perseverancia y disciplina.

PONERTE EN ACCIÓN VS. EN ALERTA

Toma este consejo avalado por expertos: en la parálisis de sueño, cuando tenemos la pesadilla y queremos atacar o huir de ella, nuestros intentos de mover el cuerpo son bruscos y, al no lograrlo, te asustas aún más. Por eso, aconsejan que ante una situación así, vayas despertando poco a poco tu cuerpo, con calma, sin entrar en un estado de alerta. Se sugiere empezar a mover los dedos de tus manos y poco a poco la mano, el brazo y así hasta que consigas despertar a tu cuerpo por completo. La mejor forma de hacerlo es poco a poco para conseguir el resultado deseado. La mejor forma de acabar con él es despertar, no intentar huir.

Afortunadamente, este útil consejo sirve también para la pesadilla de tus obligaciones, la única forma de desaparecerlas es haciéndolas, es moviéndote poco a poco, pero constantemente, hasta conseguir llegar al final, hasta terminar. Las cosas no desaparecen, se hacen más grandes a tus ojos, porque el sentimiento de que no puedes con ellas las alimenta y engorda.

Si quieres acabar con todo de una vez por todas, la clave no es entrar en alerta y atacar bruscamente, es mantener la calma y saber que estás trabajando poco a poco y que el resultado garantizado es tu objetivo. Confiar en el proceso también es estar en acción.

La zona de paz viene antes de la tarea y después de ella, y cuando el brinco de hacerla es tan alto, es más cómodo quedarse en la zona fuera de riesgo de antes el mayor tiempo posible. Pero ¿por qué aplazar lo inevitable? Eso sí sería una verdadera pérdida de tiempo. Ya te están esperando muchas cosas nuevas del otro lado, ¿tú qué esperas?

Ponerte en acción resuelve, avanza y te lleva al otro lado. Ponerte en alerta te aleja de la situación, te hace huir de tu responsabilidad, pero ellas corren más rápido. ¡Te van a alcanzar!

Cuando vemos nuestras metas fuera de nuestro alcance es porque no trabajamos para alcanzarlas. Si le tienes miedo a la altura del salto para estar del otro lado, es probable que sea porque le sacamos la vuelta a lo que nos aterra, y nos aterra lo que no conocemos. Evalúa el salto, ponlo en práctica e inténtalo.

Mamacita, no intentar algo tiene 100 % de probabilidad de fracaso, intentarlo tiene un 50 % de probabilidad de triunfo. Estadísticamente, te recomiendo siempre intentarlo. Te llevará más lejos que el miedo a fallar, ése te va a paralizar.

Evitar cumplir con una responsabilidad, rehuir hacer una tarea y escapar de concluir un cometido se relaciona directamente con el miedo a desconocer cuánto tiempo nos va a tomar y cuánto esfuerzo nos va a costar. De tal modo que no lo sabemos acomodar en nuestra agenda, o no sabemos ni por dónde empezar.

Pensarás: "Pero, Jorge, necesito soluciones, no problemas", y si éste es el problema, ¿cuál es la respuesta? ¿Por dónde empiezo? Empezando. No importa el ángulo que hayas tomado, pero echándose un clavado al agua helada, sin pensar tanto. Así se siente menos. Una vez que hayas tomado la decisión (mente) y la acción (cuerpo), que estés sincronizada en esos dos aspectos, todo se vuelve más sencillo.

Procrastinar es autosabotearse, es detenerte y encadenarte a lo mismo de siempre, a nunca avanzar en tu lista interminable de deseos, metas y sueños. Es no dar un paso a la vez porque el camino se ve demasiado desafiante.

Normalmente el recorrido más largo es empezar, y el más corto es terminar. Una vez que estás en la zona de asumir la responsabilidad, el proceso aumenta su velocidad. Sucede que dentro de esta zona, te comienzas a familiarizar, conoces el esfuerzo que debes dedicar, el tiempo que te va a tomar, y ya teniéndolo más de cerca, la pesadilla comienza a desvanecerse, y despiertas regresando a la realidad. Eso que tanto pateaste para después no era tan grande ni tenebroso como parecía a distancia.

En otras ocasiones, lo que te frena es la baja autoestima, por no creerte capaz de "salir viva" de eso, de terminarlo con éxito. Cuando lo hacemos nos damos cuenta de que no pasa nada, y lo único que cambia es que te descargas de un peso que de algún modo tenías que soltar, a la buena, a la mala, con prisa o a tiempo. Escoge hacerlo de la mejor manera para ti, que tu pobre espalda ya no puede con tanto peso.

> LOS RESULTADOS NO TRAEN LA FELICIDAD,
> SINO AL REVÉS.
> PETR LUDWIG

Llegar al objetivo causa ilusión, satisfacción y alivio, emociones que sin duda son agradables de experimentar. Pero para llegar al objetivo hay que hacer un trabajo previo de emociones que deben venir de tu interior, como valentía, esperanza, inspiración y seguridad. Cuando controles las emociones del punto de partida, entonces podrás experimentar las emociones del punto de llegada.

Sé amable contigo misma, facilítate las cosas. Cumplir con nuestras tareas no debe sentirse como un castigo, ni una sentencia a muerte. Debemos hacer la experiencia lo más agradable posible para ceder ante ellas y motivarnos a confiar en que al poner las manos a la obra las cosas buenas comenzarán a pasar.

LA CADENA DE LA ENFERMEDAD: FÍSICA O EMOCIONAL

Hace unos días di una conferencia sobre la fe, y al terminar, una mujer se me acercó para compartirme que tenía un hijo con una enfermedad terminal. Llevaban más de un año en pie de lucha contra un cáncer que le habían detectado al niño y, aun con toda la atención médica, no había sido posible eliminarlo. La mujer estaba desanimada, triste y decepcionada.

"Siento que estoy viviendo una pesadilla cada día y no puedo despertar de ella", me decía. Solo aquellas que lo han vivido entenderán el dolor de una madre que se siente impotente de poder ayudar a un hijo en medio de la enfermedad. Es una frustración incomparable el saber que, sin dudarlo, entregarías tu propia vida para que tu hija o tu hijo viviera, pero ni eso lo solucionaría.

Tener a un familiar enfermo o tú misma vivir con problemas médicos es una cadena que te ata a la esperanza. Vives a la expectativa de un milagro, de revertir el diagnóstico, de despertarte de una pesadilla que parece nunca terminar. Incluso cuando sanas, la cadena del miedo se asoma de vez en cuando para preguntarte: "¿Y si regresa?".

La mujer sabía que a su hijo no le quedaba mucho tiempo, pero que ella tenía fe en que los planes de Dios son perfectos.

Y es que decir que somos personas de fe es muy fácil, hasta que la fe se pone a prueba. Cuando se tiene salud, prosperidad, cuando hay cielos azules y los pastos verdes es fácil tener fe. Pero cuando uno atraviesa tormentas, cuando a pesar de que va con la mejor actitud, los diagnósticos médicos no se ven prometedores, cuando uno sigue el tratamiento al pie de la letra pero llega a revisión y ve la cara del doctor y se da cuenta de que los pronósticos no son buenos, ahí verdaderamente entendemos el peso de la palabra FE.

Te comparto 3 lecciones de fe que uno aprende de la enfermedad:

#1 Somos más fuertes de lo que sabemos: no es hasta que el cuerpo humano es puesto al límite, que entendemos que nuestra mente, nuestro estado de ánimo y hasta nuestro sentido del humor es más fuerte que nuestras circunstancias. ¿Alguna vez has conocido personas en medio de la enfermedad más grave, pero con un sentido del humor intacto?

Yo recuerdo a mi abuelo con mucho cariño haciendo chistes mientras convalecía en una cama de hospital. La adversidad nos enseña una fortaleza de carácter que nos marca por siempre.

A veces reírnos de nuestras propias tragedias es el primer paso para quitar ese poder que tienen sobre nosotros. Nuestro cuerpo podrá ser prisionero de una cama de hospital, pero nada ni nadie nos puede quitar la libertad y el derecho de soñar, de reír y de ser felices.

#2 Hay más bondad en el mundo de la que nos permitimos ver: dicen que los amigos se cuentan dos veces. En las buenas para ver cuántos son y en las malas para ver cuántos quedan. La enfermedad nos hace apreciar a los amigos pero nos hace también sorprendernos al encontrarnos con el cariño y la atención de gente que jamás esperábamos. Gente de buen corazón, dispuesta a ayudar.

Me duele mucho escuchar cuando una persona termina su ciclo de vida por una enfermedad y nos hemos acostumbrado a decir que "perdió la batalla". "Perdió la batalla contra el cáncer". "Perdió la batalla contra la diabetes". Nadie nunca pierde la batalla contra el cáncer ni contra ninguna enfermedad porque esa batalla nunca fue justa.

Sea cual sea el desenlace, a la enfermedad se le gana la batalla por la manera en la que vivimos, por la plenitud de nuestros años, con lo mucho que gozamos y las sonrisas que a nuestro paso dejamos. Esa batalla se gana en vida porque ninguna enfermedad es más grande que la huella que dejamos en esta tierra.

#3 Esa batalla no es tuya para librar: si hoy te sientes prisionera o prisionero de la enfermedad, si sientes que ha sido puesta sobre ti una pesadez por los síntomas a los que te enfrentas, los diagnósticos negativos o la difícil tarea de tener a un familiar enfermo, hay algo que tienes que saber: esa batalla no te pertenece.

Este cuerpo que fue dado a nosotros viene como préstamo. Nosotros no lo diseñamos ni lo creamos; fue otorgado como un vehículo para transitar esta tierra. Viene con su fecha de caducidad particular y sus limitantes. Podemos recurrir a la medicina alternativa, la terapia, a los mejores cuidados que la medicina puede pagar, pero al final del día, tenemos que aceptar que la fecha de entrega no la podemos controlar.

En el momento en el que entiendes no solo eso, sino el hecho de que tus hijos no son tuyos, tu pareja no es tuya, tu mascota no te pertenece, ni siquiera la tierra en la que está la casa en la que habitas, nada es nuestro. Somos simples mayordomos de las bendiciones de Dios. Estamos en esta tierra para cuidar, administrar, usar y disfrutar de nuestros cuerpos, almas, dones y talentos. Una vez que logremos entender este principio, podemos disfrutar del juego de la vida.

LAS REGLAS DEL JUEGO

Un hombre trabajador ha pasado días enteros, meses, años constru- yendo su vida. Entre créditos hipotecarios, trámites, trabajo arduo y largas noches de estrés y preocupación, ha logrado juntar suficientes ahorros para comprar una casa y construir un pequeño negocio que le trae ingresos, algunas satisfacciones y también muchas preocupa- ciones. Un día, el hombre recibe un diagnóstico médico: tiene cáncer.

Al mismo tiempo que esto ocurre, una niña pequeña camina por el largo corredor de madera de una playa pública. Va acompañada de su madre y de su padre, quienes tienden un par de toallas de playa en la arena y se reposan a supervisar a su pequeña hija mientras és- ta se divierte. La niña trae consigo sus herramientas: un balde y una pequeña pala de plástico. Planta sus rodillas en la arena y empieza poco a poco a construir un castillo de arena. Muy cuidadosamente traza las paredes, levanta las torres del castillo, marca los detalles y recoge pequeñas conchas de mar para los acabados finales. Es un trabajo arduo, pero ella sabe que rendirá fruto.

Después de unas horas de intenso juego, llega el atardecer, sube la marea y las olas se empiezan a acercar peligrosamente al castillo de la niña. Así como la niña, el hombre con cáncer siente cómo la marea de la vida se acerca de forma amenazante a la vida que tanto le cos- tó construir. Dos situaciones que, a simple vista, son muy diferentes, pero en esencia, son exactamente iguales.

Hasta que indudablemente llega la hora. El hombre necesita pagar sus tratamientos y necesita despojarse de sus ahorros para hacer- lo: la primera ola golpea al castillo. La quimioterapia lo ha debilitado tanto que no puede ir a trabajar ya. El hombre corre alrededor de su castillo intentando buscar tratamientos alternativos, frustrado porque no quiere permitir que la enfermedad inunde las áreas de su vida que creía tan seguras.

Mientras esto ocurre, la niña mira con asombro mientras la primera ola golpea su castillo: brinca emocionada y con una sonrisa. Se aleja un poco para verlo en perspectiva y en eso la corriente arrastra una de las torres de arena. La niña grita emocionada: "¡Mamá, mamá, ve esto!". Su padre la mira con ternura. La niña corre hacia el mar y pa- tea una de las olas, como si con su felicidad, quisiese desafiar al mar.

El hombre, por otra parte, se encuentra de rodillas gritando: "¡Bas- ta!". "¡Ya por favor!", mientras el mar hace lo único que sabe hacer: avanzar. Tomando la arena de rodillas y viendo las ruinas de su cas- tillo, no puede evitar cuestionarse: "¿Por qué tuvo que pasarme es- to a mí?". "¿Qué hice para merecerlo?". No podemos culparlo, quizá nunca se percató de que todos sus castillos siempre fueron de arena.

Y así como el sol se esconde, la niña escucha a lo lejos una voz: "Hija, ¡es tiempo de irnos!". Es su padre que desde lejos la llama. "¿Es hora ya?", pregunta ella con la mirada llena de inocencia. "Es hora hija, tenemos que ir a casa". Con satisfacción en su corazón, la niña ve lo último que queda de su castillo, toma su pequeña pala y su balde de plástico y lentamente camina hacia su padre. Sin mirar atrás y como dice la Biblia: Las cosas viejas pasaron, he aquí, todas son hechas nuevas.

La niña y el hombre. Dos situaciones que, a simple vista, son muy diferentes, pero en esencia son exactamente iguales. ¿Qué las conecta? Las reglas del juego. La niña construyó su castillo entendiendo que todo era un juego, que era temporal y en cualquier momento su padre la iba a llamar para ir a casa. El hombre, en cambio, construyó pensando que iba a habitar la playa para siempre.

> CUANDO LOS TIEMPOS SE PONEN DIFÍCILES,
> ¿EN CUÁL DE ESTOS PERSONAJES
> TE CONVIERTES?

LAS CADENAS ESPIRITUALES: LAS QUE SOLO SE CORTAN ALLÁ ARRIBA

Hace poco compré un vehículo eléctrico. Muy emocionado llegué a la agencia a recogerlo y recibí una breve capacitación sobre su funcionamiento. "Tiene piloto automático, un radar que detecta peatones y otros vehículos, frena automáticamente al soltar el acelerador, no necesita revisiones mecánicas los primeros dos años". Yo estaba sorprendido. ¿Qué era esta impresionante máquina y cómo habían pensado en todo cuando la hicieron?

Después de algunos días de uso, me vi en la necesidad de cargar mi teléfono celular. El auto cuenta con un cargador de proximidad con el que, únicamente poniendo el teléfono encima, se empieza a cargar. Suena maravilloso, solo tenía un pequeño problema: era terriblemente lento. Cada vez que ponía el celular en el cargador y me trasladaba a algún lado, al llegar tenía la exacta misma carga. ¡No transfería suficiente energía!

¿Cómo es posible que un vehículo eléctrico con tanta tecnología y una batería gigante que lo abastece para más de 500 km de autonomía no pueda cargar mi teléfono celular? Casi una semana completa estuve lidiando con la incomodidad de no poder cargar mi celular. Aunque estaba agradecido por la bendición de un vehículo tan bonito, me frustraba no recibir el máximo de su desempeño.

No fue hasta que decidí buscar en Google opiniones al respecto, esperando que otros usuarios de este vehículo expusieran sus quejas como yo. No encontré ninguna. En su lugar, había un pequeño video en YouTube que explicaba lo que debí haber estado buscando desde el principio: "Cómo encontrar el puerto para conectar tu teléfono celular". Resulta que en el diseño minimalista del auto, el diseñador había decidido poner dos puertos eléctricos tipo C dentro de la consola del centro.

No estaban marcados, no tenían señalización, estaban completamente escondidos, pero al conectar mi celular, el teléfono recibió todo el poder de carga de la enorme batería del auto. En cuestión de minutos tenía la carga completa. De hecho, esos mismos puertos pueden ser usados para llevar energía a dispositivos más grandes y poderosos. Son el acceso directo a la fuente de energía más potente del auto.

¿Qué pasaría si después de 30, 40, 50 o 60 años de vida, te dieras cuenta de que llevas abasteciendo tu cuerpo, tu alma y tu corazón desde la fuente menos poderosa que hay?

Quizá te sientes como seguramente se sentía mi teléfono celular: limitada, con un vacío imposible de llenar. Estás en constante movimiento, ocupando tu tiempo, estresada, presionada o tal vez estás viviendo un vacío tremendo. Has probado todo: ejercicio, meditación, mejor alimentación, terapia y dormir mejor, pero nada de eso logra cargarte de energía.

Quizá te hace falta darte cuenta de que la fuente de energía más poderosa se encuentra ahí mismo, en tus narices, en lo profundo de ti, alrededor y en todos lados, solo hace falta conectarte con ella.

Dios, el creador del universo, la fuente más poderosa de abundancia, poder y amor, quiere cortar esas cadenas que nadie ve, esas que viven en tu corazón. Tener un cuerpo equipado con alma y espíritu y no explorarlos al máximo, el nunca alimentar tu parte espiritual ni ver hasta dónde te puede llevar, no solo es triste, sino falto de sabiduría.

No es mi intención evangelizar con este libro. Sin embargo, me gustaría que consideraras la oportunidad de dejar entrar a Dios a tu corazón. Quizá llevas toda una vida viviendo sin Él. ¿Qué más da intentarlo? Te aseguro que Dios no me paga comisión por cada alma que le mando. De lo único que te puedo hablar es de mi propia experiencia.

Yo llegué a Él con un alma cansada y vacía. Después de un momento difícil, alguien me hizo la misma invitación que te estoy haciendo hoy a ti. Sin saber exactamente lo que implicaba, yo tomé la decisión de poner a Dios en el centro, a buscar un tiempo para hablar con él todos los días, a leer la Biblia y buscar un lugar en el que la gente se juntara a estudiarla. Esto no tiene nada que ver con religión, tiene que ver con tu espíritu. Yo empecé a ver cambios inmediatos.

#1 Empecé a experimentar una paz que sobrepasaba todo entendimiento. ¿Cómo era posible que, en medio de tanta turbulencia, mi mente y mi corazón pudieran estar en paz? Eso me dio claridad mental y aumentó mi calidad de vida considerablemente.

#2 Empecé a recibir guía y dirección. En cuanto implementas la oración diaria y la lectura de un fragmento de la Biblia, empiezas a recibir impulsos para tomar ciertas decisiones. No te lo puedo explicar, tú misma lo vas a experimentar. Es como si Dios te hablara y te subrayara las puertas por las que quiere que entres. Empezarás a interpretar las puertas cerradas como una medida que Dios utiliza para protegerte de las malas decisiones. Yo empecé leyendo un capítulo de Salmos en la mañana y un capítulo de Proverbios por la noche. La Biblia que leo es la traducción LBLA (La Biblia de las Américas). Es la misma Biblia pero en una traducción que considero más fácil de navegar.

#3 Me maravillé del amor más grande que había podido experimentar. Quizá lo que más tardamos en entender, cuando empezamos a involucrar a Dios en nuestra vida, es el sacrificio tan grande que hizo por nosotros. Múltiples historiadores (no cristianos) relataron sobre la existencia de un hombre que realizó actos insólitos. Seguido por multitudes e inspirador de miles, tanto la Biblia como otros relatos históricos respaldan la veracidad de que Jesús caminó por esta tierra. Los jardines en los que oró, los caminos en los que anduvo, el mar en el que navegó e incluso el monte en el que fue crucificado, pueden ser identificados aun en esta época en Israel. ¿Cómo pudo un hombre pasar por tanto sufrimiento, como pago por mis pecados?

#4 En el momento en el que empiezas a experimentar a Dios en tu vida, recibes una energía distinta. Se le llama: la Gracia. La gracia es un favor inmerecido que recibimos de Dios. Es como si la balanza de la vida se inclinara a tu favor. Tu salud mejora, tus relaciones sanan, tus finanzas crecen, tus dolores cesan. A partir de que lo aceptas en tu corazón, no volverás a caminar solo por esta tierra. Nunca más hablarás al aire con la incertidumbre de si alguien o algo te escuchará. Dios siempre ha estado contigo, simplemente ha estado a la espera de que lo dejes entrar.

Si hoy tomas la decisión de aceptar a Dios en tu corazón y hacerlo tu patrocinador, estarás cortando con una de las cadenas más grandes que existen en tu contra: la cadena espiritual. Esta decisión es muy personal, así que tómala con seriedad. Si haces esta oración en tu mente conmigo, marca esta fecha porque inicias una nueva vida. Como dice la Biblia en 2 de Corintios 5:17: "De modo que si alguien está en Cristo, nueva criatura es. Las cosas viejas pasaron, he aquí, todas son hechas nuevas".

Haz esta oración conmigo:

Padre mío, hoy decido aceptarte como mi Señor y Salvador.
Confieso ante ti que llego con el alma cansada,
con pecado en mi corazón
pero hoy quiero pedirte perdón por mis faltas.
Perdona mis mentiras, mis malos actos, mis malos pensamientos;
Hazme una persona nueva, que viva en obediencia de tu Palabra.

Hoy reconozco que moriste por mí en esa cruz;
Te entrego mi vida para que seas tú quien la dirija.
Lleva tú mis cargas, quítame todo lo que me pesa y me daña,
bendice todas mis decisiones y que tu Espíritu Santo me guíe.

Hoy inicio esta nueva vida contigo
Gracias por nunca dejar de buscarme.

En el nombre de Dios, Amén.

Una oración muy simple, muy sencilla, pero extremadamente poderosa. Te felicito por este nuevo paso. Realmente Dios te ha estado buscando y me alegra mucho que te haya encontrado. No pierdas el camino, acércate a amigos que llevan una vida en Cristo. Busca un lugar en el que puedas reunirte y estudiar la Biblia, no dejes de orar todos los días. No necesitas repetir oraciones memorizadas, simplemente habla con tu Padre. Platícale de tu día en tus propias palabras. Él te hizo, te conoce lo más profundo.

Bienvenida a la fuente de energía que se renueva cada día, la que te libera de cualquier cosa que te quiera mantener atada en esta vida. Así sea la crisis, la enfermedad, la depresión, la ansiedad. Nada es más fuerte que el poder del Dios que te viene a liberar.

Dice la Biblia en Lucas: "El Espíritu del Señor está sobre mí, me ha enviado a proclamar libertad para los cautivos, a recuperarles la vista a los ciegos, poner en libertad a los oprimidos y sanar a los quebrantados de corazón".

> **DIOS HA LLEGADO A TU VIDA Y VIENE A SACARTE DE ESA PRISIÓN.**

NO LE IMPORTA

Hay días en los que estás en crisis, días en los que enfrentas una enfermedad, quizá tienes un problema serio que te tiene preocupada o preocupado y hay veces que solamente tienes un día complicado. Más de una vez has querido recurrir a Dios pero piensas: "Ni para qué lo molesto con esto, Él ha de estar muy ocupado".

A veces dejamos guardado a Dios tras un cristal que dice "Rómpase en caso de emergencia". Solo recurrimos a Él cuando realmente tenemos urgencia o aun peor, a veces estamos viviendo algo que nos tiene con el arma rota y hemos llegado a creer que a Dios no le importa.

Mamacita, dice la Biblia: "Si aun las aves del cielo no tienen que preocuparse por qué comerán, ahora imagina qué tanto le importas tú y tu bienestar". El cuidado que Dios tiene de ti sobrepasa la lógica, la manera en la que controla cada detalle es difícil de explicar, lo tienes que experimentar. Pero una cosa sí te puedo confirmar:

A DIOS NO LE IMPORTA

A Dios no le importa si lo buscabas solo cuando te daba la gana, Dios te ama y en el momento en el que te des cuenta de que siempre te ha estado cuidando, sabrás que Dios nunca está demasiado ocupado. No le importa lo que hayas hecho, ni ese remordimiento que cargas en el pecho. No le importa de dónde vengas ni lo alejada de Él que te encuentras, no le importa tener que perseguirte aunque huyas. No le importa de quién eres hija, porque antes fuiste hija suya.

El mismo detalle que cuidó para crear los mares, con la exacta cantidad de átomos y minerales, pondrá en cada palabra que le digas, cuando le hables. La misma atención que puso cuando creó el mecanismo por el que late tu corazón pondrá cuando lo busques para tener una conversación.

No dejes que nadie te diga lo contrario. Para su hija o su hijo amado, Dios nunca está ocupado.

METODOLOGÍA PARA ROMPER CADENAS

MODO AUTOMÁTICO

Vivir de tu talento suena como un sueño, pero imagina vivir de un talento que surgió de tu trastorno del sueño. Parece un juego de palabras, pero así es como la vida de Lee Hadwin dio un giro inesperado al convertirse en el primer artista sonámbulo.

Hadwin es un artista con una historia peculiar; este hombre fue diagnosticado con sonambulismo desde sus 4 años. Los sonámbulos promedio suelen hacer actividades durante sus episodios, como caminar, mover muebles, limpiar, abrir puertas, pero el caso de Hadwin es diferente al resto. Hadwin no solo dibuja y pinta durante sus episodios de sonambulismo, sino que además sus obras son detalladas e impresionantes. El mismo Hadwin ha buscado recrearlas a conciencia, fallando en el intento. El artista asegura que cuando está despierto no tiene las habilidades artísticas y creativas que parece tener cuando está dormido pintando en modo automático.

Este hombre solo goza de su talento artístico cuando está en el modo sonámbulo. Su profesión es ser enfermero de día y por las noches sonámbulo y pintor. La representación perfecta de: "De día soy uno, pero de noche otro".

Lamentablemente Hadwin y yo no tenemos en común el talento artístico, ni la suerte, pero sé que tú y yo sí nos parecemos a él en algo: hacer las cosas en modo automático. Es una realidad, aunque yo no soy sonámbulo, hay cosas que hago mejor cuando salen naturalmente fuera de mi control que cuando las bajo a nivel consciente. Esas cosas que no sabes ni cómo hiciste, pero si lo piensas demasiado, entorpeces el resultado, porque interfiere tu parte "estándar" o tu "modo manual" con tu "modo automático".

Seguro hay muchas cosas en tu día a día que se impulsan simplemente por tu configuración automática. Por ejemplo, quitarte la ropa y ponerte la pijama, manejar a tu trabajo, apagar la plancha de pelo, tomar tu medicina diaria. Las cosas que haces rutinariamente incluso puedes hacerlas mientras te concentras en otra cosa, precisamente porque ya no necesitan de tu conciencia para realizarse.

El cerebro es flexible y moldeable, como si fuera una Play-Doh; con cada cosa nueva que aprendas se forma una "interconexión", como si en tu cerebro se trazara una línea. Cuanto más repitas esa acción, la línea se marca con mayor profundidad, va adquiriendo nitidez, y eventualmente, tu cerebro se acostumbre a hacer las cosas de esa forma, y siempre sigue el camino de esa línea que marcaste.

Esto pasa para cosas tan sencillas como poner la cafetera en la mañana, o cosas tan elaboradas como tu forma de manejar la frustración en momentos de crisis. Si escoges un camino y lo trazas a cada rato, ese camino formará parte de tu modo automático.

Nuestro cerebro eventualmente se llena de estas "líneas" que son caminos recorridos a diario, sin que lo decidas conscientemente, sino que actúa en un estilo de "modo sonámbulo". Las líneas son tus aprendizajes, hábitos y modos a los que estás acostumbrada, tu forma de hacer las cosas.

Si tu vida en este momento es un desastre, ese desastre es el resultado de todos tus caminos recorridos a diario, de todas las líneas que trazaste a tu cerebro, y con repetición les diste fuerza y control sobre tu vida. Esos caminos los recorres a diario en automático.

MODO MANUAL

Si nuestro cerebro está lleno de líneas que son aprendizajes, y son esas mismas líneas las que nos han llevado a lugares que no nos gustan, entonces la solución es desaprender conductas y empezar desde cero: implementar nuevos modos, trazar nuevas líneas. Albert Einstein ya lo dijo: "No pretendamos que las cosas cambien si siempre hacemos lo mismo". Hacer algo diferente significa hacer una interconexión nueva, trazar una nueva línea en tu cerebro, que implicaría salir del modo automático y tomar el control de nuevo, habilitando el "modo manual".

Piensa en esto: cuando quieres generar un nuevo hábito es necesario poner un recordatorio porque tienes que hacerlo consciente, tu cerebro aún no está acostumbrado a él. Si dejas que tu cerebro actúe en modo automático, hará simplemente la rutina a la que lo acostumbraste durante tanto tiempo, que es la rutina que te ha llevado adonde estás en este momento. El reto es identificar cuáles son los aprendizajes que te han causado problemas y debilitarlos: deshacer el hábito, dejar de nutrirlo.

Las líneas de tu cerebro que te guían en tu forma de ser y de actuar pueden ser resultado de un trauma generacional, de modos que imitaste de tu padre o madre, de la forma a la que te acostumbraste a actuar por falta de seguridad en ti misma, de las creencias limitantes que te han regido toda la vida, de la vergüenza, la preocupación, de una mala experiencia en tus relaciones, o la carga de una enfermedad física o mental.

La única forma de liberarte de todas esas cadenas es ser tú quien pone las reglas, tú quien marque las líneas que quieres recorrer todos los días, tú quien escoja qué caminos tomar, y no permitir que las cadenas marquen tu modo automático.

Una vez que quieres mejorar, que por fin te decidiste a cambiar tu vida, lo mejor que puedes hacer por ti es tomar responsabilidad. Tomar responsabilidad es regresar al modo manual para reconfigurar las funciones de tu modo automático.

CAMBIA TU CONFIGURACIÓN

Cuando estés decidida a liberarte de las cadenas que te guían como a una marioneta y estés dispuesta a trazar tu propio modo de operar, asegúrate de considerar lo siguiente al configurar tu mente:

#1 Cierra capítulos: de lo que huyes te persigue. Todos tus conflictos deben ser resueltos hoy, o aparecerán en tu vida mañana, en otra forma, en otra situación y en otra persona, pero te va a seguir hasta que la atiendas de frente. Regresa a tus rincones más difíciles y oscuros, ten la seguridad de que esta vez regresas a ellos para resolverlos y no para obedecerlos.

Lo que te ha sucedido en la vida no es tu destino, es parte del camino, no le des el poder de definir tus siguientes pasos. Deja atrás a las personas y situaciones que ya no son importantes hoy, para que puedas enfocarte con una visión limpia en el presente, y no contaminarlo con emociones del pasado. Suelta el pasado, no te necesita, el presente sí.

Perdonarte a ti y perdonar a quienes te hayan hecho daño es importante para cerrar capítulos, es soltar rencor y es liberarte de la carga de buscar venganza. Haz la paz contigo misma y no te culpes por lo que pudiste haber hecho y no hiciste, esa versión tuya no tenía la información disponible.

#2 Cambia la narrativa con la que describes tu vida: cuando comprendamos el peso de las palabras, de la narrativa que te das, entenderás que las palabras que usas imprimen tu realidad. Las palabras materializan las ideas, las ideas prolongadas en el tiempo se vuelven pensamientos, y los pensamientos generan las emociones, las emociones en sentimientos que dirigen el rumbo de nuestras acciones, y el conjunto de nuestras acciones conforman tu vida.

La manera en que nos hablamos, las conversaciones que tenemos, y las palabras que más usamos, son la narrativa que le damos a nuestra vida. La narrativa de tu vida es la historia que te cuentas a ti mismo, sobre quién eres y cómo te trata el mundo. Cambiar tu vida comienza con la historia que te cuentas de ella a ti misma. La narrativa que te cuentes es la que definirá tu esfera de posibilidades.

Convéncete a ti misma con tu propia voz que eres la autora de lo que te ha pasado, y eres la autora de lo que sigue para ti. Si no te ha gustado cómo lo has narrado, tienes el poder de darle una trama distinta.

#3 ¡Muévete! Es lo único que revela las cadenas: condenarte a estar parada en un lugar que no te gusta de por vida se ve exactamente así: no intentar salir de ahí, encontrar la comodidad en la poca movilidad que te permiten las cadenas.

Tú tienes el poder de definir tu destino, y puedes escoger simplemente atarte para siempre a las cadenas que te amarran a una esquina, o encontrar la llave de salida. Conformarte con tu realidad es otra forma de rendirte de rodillas frente a tus cadenas.

La forma más eficiente de encontrar la libertad es intentar. Deja de buscar el mejor momento, deja de pensar que tienes que prepararte más, deja de limitarte por tus propias creencias, deja de limitarte por las etiquetas autoimpuestas, deja de tener miedo a fracasar o a no ser perfecta. Cuando tienes el criterio, un acierto o desacierto es igual de productivo, basta con que sea un intento bien hecho, pero no hacer las cosas es mucho más perjudicial que fallar un tiro.

Intentar tiene un efecto positivo en tu motivación, cuando intentas, aunque falles, te da una sensación de control, y empodera esa parte de ti que confía en ti misma, empodera esa parte de ti que está cansada de hacer las cosas igual, aunque quizá ahorita está escondida.

#4 Desaprender: las cadenas te han manejado durante algún tiempo, por lo tanto hay que reconocer que liberarte de ellas puede ser un proceso doloroso e incómodo. Si toda la vida hiciste las cosas de tal modo, es normal sentir resistencia al cambio, pues en algún momento de tu vida hacerlas así fue funcional. Salir del patrón de hacer las cosas como ya las sabes hacer es salir de tu zona de confort, significa todos los días prestar atención a cómo estamos haciendo las cosas y forzarnos a hacerlas de una forma diferente.

Si tienes una línea del cerebro sumamente teñida de tan acostumbrada que estás a ella, por ejemplo, la de la preocupación excesiva y formar escenarios catastróficos en tu cabeza, no solo tu cuerpo tiene una inclinación a preocuparse de esa forma ante cualquier mínimo inconveniente, sino que también tu cerebro se acostumbra a esa emoción, y entonces te pide ese químico que liberas al sentirte preocupada. El proceso de desacostumbrar al cerebro es el proceso de desaprender, dejar de nutrir ese hábito a la preocupación excesiva y creación de escenarios catastróficos.

Para eso, habría que intervenir de manera manual cuando notes que comienzas a actuar en automático tomando ese camino que ya conoces. En este caso, cuando ante una situación complicada notes que tu cerebro comienza a tomar el recorrido de la preocupación, debes actuar interrumpiendo esa interconexión de forma abrupta con cualquier otra actividad que desvíe a tu cerebro de ese familiar camino: saltando, pintando, riendo, usando el sarcasmo u otro mecanismo de defensa desconocido para tu cerebro. De este modo, irás deslavando esa línea que te ha guiado.

#5 Aprender: escoger el nuevo rumbo que quieres darle a tu vida y encaminar a tu cerebro por ahí implica en primer lugar escoger el destino y conocer el punto de partida. Si dejas todo al final y aplazas lo que tantas veces te propusiste, quizá eres una procrastinadora en serie, y el primer paso es reconocerlo para después armar tu plan de acción para combatirlo.

Se debe formar el aprendizaje en tu cerebro y luego nutrirlo y reforzarlo hasta volverlo parte de tu programación en automático, y que con la constancia se vuelva un hábito que revolucione todos los aspectos de tu vida.

Si tú, por ejemplo, decides adoptar una estrategia para volverte más eficiente al realizar tus tareas, como quizá sea el método de calendarizar tus actividades, u ordenar con números tus prioridades, dividir lo urgente de lo importante, entonces debes forzarte y hacer en modo manual diariamente esa estrategia, y la debes alimentar con consciencia por lo menos 21 días para comenzar a familiarizarte con el aprendizaje, y después de esos 21 días, seguir reforzando 21 días más, hasta que el anterior pierda fuerza y el nuevo se vuelva parte de tu programación automática.

#6 No vuelvas atrás: no regreses buscando medicina al mismo lugar donde te enfermaste. No recaigas, no conviertas la recaída en la costumbre. Un proceso nunca es lineal pero no te autosabotees regresando a la comodidad.

A mitad del camino es normal estar cansada y desmotivada, pues el esfuerzo de la primera mitad te tiene agotada y pensar en que falta la otra mitad te hace creer que vas lento o que no vale la pena seguir intentando, y entonces aquí es cuando el 90 % de las personas retroceden adonde estaban. Aunque eso implique el mismo esfuerzo que llegar del otro lado, pues se tiene que recorrer la misma distancia, aunque ahora es de regreso.

Cuando te sientas desmotivada, voltea para atrás para apreciar todo lo que ya has caminado, y comprende la magnitud de adonde tu esfuerzo te ha llevado. Disfruta del recorrido, hacer el camino con gusto hará que no estés revisando distancias en todo momento, y cuando menos lo esperes ya estarás del otro lado.

A VECES, DESPUÉS DEL ERROR DE TU VIDA, LLEGA EL AMOR DE TU VIDA.

CAPÍTULO 5

BONITA POR HERENCIA, INGOBERNABLE POR EXPERIENCIA

INGOBERNABLE EN EL AMOR

Muchas mujeres, sobre todo, crecieron con esta falsa idea de ser escogidas, en lugar de escoger. Quizá tu abuela le enseñó a tu madre y tu madre te enseñó a ti que la clave para enamorar a un hombre era ser extremadamente sutil, nunca ir detrás de lo que te gusta sino sentarte a esperar a ser notada. Como si por arte de magia, el hombre debería de adivinar que también te gusta y dar el primer paso para ir detrás de ti. Ésa es una cadena.

No tiene nada de malo dejar que el hombre haga su esfuerzo, al contrario, yo siempre he pensado que a las personas debe costarles esfuerzo, tiempo y atención para que valoren el resultado. Sin embargo, no dejes que nadie te detenga de dar el primer paso. Hay situaciones que simplemente no se van a dar a menos que las hagas pasar.

En este capítulo quiero que trabajemos en quitarnos esas cadenas y lanzarnos de cacería.

¿Cuántas veces has querido enviarle un mensaje directo y te arrepientes en el último momento? ¿Cuántos hombres han pasado por tu vida a los que quisiste acercárteles, pero decidiste no hacerlo por el miedo a verte muy intensa? ¿Cuántas veces el hombre te ha dado todas las señales de que le gustas, pero como fuiste enseñada a nunca dar el primer paso, el hombre decidió tampoco intentarlo? Cuánto ganado te has quedado sin probar por el miedo a intentar.

Cuando un hombre se te mete a la cabeza, no hay manera de que se salga. A veces tienes que tomar una decisión: voltear con tus amigas y decirles: "Donde pongo el ojo, pondré la bala". Que pase lo que tenga que pasar, pero ese hombre no se te va a escapar.

Por más que intentes negártelo a ti misma, por más que digas: "No quiero que me guste, no es ni el tiempo ni el momento adecuado", mamacita, no puedes evitarlo, estás a punto de irte como gordita en tobogán aceitado. Ese hombre te tiene perdida. Mamacita, lo he dicho antes: cuando alguien le hace bien a tu vida, se nota en la sonrisa de estúpida que te deja todo el día.

Si ya tomaste la decisión de que quieres emprender la aventura de la enamoración, te voy a mostrar cómo iniciar la misión. El amor es como la guerra y no puedes atacar sin un plan realizable. Mamacita, te quiero con actitud, como pito de anciano: imparable.

No puedes correr sin primero gatear y no lo puedes conquistar sin primero planear. Como te lo platiqué anteriormente, yo no estudié ni psicología, ni consejería ni ciencias del amor: yo estudié Relaciones

Internacionales. Yo quería dedicarme a ser embajador, diplomático y por alguna razón, hoy soy embajador del amor.

Te puedo decir que lo que más me apasionaba de mis estudios en la universidad era estudiar el arte de la guerra: la manera en la que los países manejaban los conflictos, los movimientos de ajedrez que realizaban para conquistar territorios. Cuando una nación decidía emprender la conquista de un territorio nuevo, necesitaba varias cosas, entre ellas: labores de inteligencia.

Información, datos, detalles del enemigo. Los ejércitos necesitaban tener objetivos primarios y secundarios: ¿qué vas a obtener si ganas? ¿Con qué te quedas si pierdes? Pero lo más importante: carácter, actitud y personalidad. ¿Qué es lo peor que puede pasar si no resulta? Mamá, en esta vida quédate con todo, menos con la duda.

Bajo esa misma filosofía, quiero que pienses en ese hombre guapo, sabroso, que tanto te gusta y te tiene todo el día con cara de estúpida. Ese que te trae como juego mecánico de feria: caliente y peligrosa. ¿Quieres conquistarlo? Eres de hormona golosa y lo sabes. Si no tienes ni idea de por dónde empezar, te lo voy a explicar en estos 6 primeros pasos para enamorarlo.

#1 Haz labores de inteligencia: ¿A qué se dedica? ¿Qué le apasiona? ¿Qué hace en su tiempo libre? Necesito que en este momento lo busques en Instagram, le des "capturar pantalla" a una de sus fotos y la mandes a tu grupo de WhatsApp en el que tienes a tus amigas con el mensaje: "Quiero que me consigan toda la información que puedan de este sujeto". "Con quiénes ha salido y por qué sigue soltero". Y a la que te entregue más información, le das 7.000 pesos.

Cuanto más sabes de él, más ángulos vas a tener para acercarte y en estos tiempos, la información es poder. Una cosa sí tengo que advertirte, necesitas tener la piel gruesa con lo que vas a descubrir. Quizá no te guste. Quizá viene más manoseado que las uvas del Walmart. Como siempre te digo, quédate con alguien con futuro, porque pasado todos tenemos.

#2 Escoge tu plan de ataque: hay dos maneras en las que puedes acercarte: como la amiga que quiere conocerlo y poco a poco conquistarlo o como la tigresa que no quiere ser su amiga, la que viene directo por la cacería. Ambas pueden funcionarte, pero depende del tipo de hombre que tengas por delante.

Hombres que vienen de una relación, que han sido jugadores, algo mujeriegos o cabroncitos, yo te recomiendo que empieces siendo solo amiga. El hombre valora más lo que más le cuesta. Deja que le cueste al *cucaracho*. Dile: "A estas alturas de mi vida, yo ya no busco una media naranja, yo lo que busco es un buen exprimidor". ¡Y vámonos!

A los hombres más tímidos, más reservados, a esos dales con todo. Bien perra, bien decidida y sin tiempo para juegos. Llegas con él y le dices con unos huevos: "Voy a necesitar una identificación y un acta de nacimiento". Te va a decir: "¿Pero por qué?". Le dices: "Porque voy a poner a tu nombre todo esto".

#3 Apuéstales a tus fortalezas: mamá, en la guerra y en el amor todo vale. Si sabes que tu fortaleza es tu sentido del humor, necesitas estar cerca para mostrárselo. Si tu fortaleza es el físico, no tengas miedo de lucirlo: no tengas miedo de publicar la selfie-bomba. Esa foto que has estado guardando, que sabes que cuando la publiques vas a alborotar a todo tu ganado.

Si tu fortaleza es hornear pastelitos, no sé qué estás esperando para hornear unos brownies e irle a dejar uno personalmente. ¡Solo no le vayas a meter sustancias ni amarres! Ya lo imagino: "¡Qué delicia! ¿Con qué harina lo hiciste, corazón?". Y tú: "Con harina de calzón". ¡No, señor!

#4 Ataca por todos los frentes: a un hombre le empezarás a llamar la atención en el momento en que detecte que te le apareces en todas partes. Escoge una semana del mes y esa semana agrégalo a todas tus redes sociales, ponlo en tus *amigos cercanos*, intenta aparecerte en los lugares que visita.

Cuando caiga la noche, dale like a una de sus fotos viejas; de preferencia a una donde salga solo o con su mascota. Luego te recomiendo que le mandes una foto tuya con una correa. Te va a decir: "¿Para qué es eso?". Le dices: "¡Para sacar estas perras ganas que te traigo, desgraciado!".

#5 Ataca los territorios cercanos: ¿quieres conquistarlo? Quizá vas a tener que empezar por ganarte a sus amigos, quizá vas a tener que entablar una amistad con sus hermanas, quizá vas a tener que ganarte a todos sus círculos cercanos antes de que ese hombre caiga en tus manos. Y cuando ese hombre te diga: "¿Para qué hiciste todo eso?". Le dices: "Valió la pena solo para conocerte". Te va a decir: "¿En serio?". Le dices: "No, estúpido, encuérate". Mamacita, recuerda: Nadie es como tú y ése es tu superpoder.

#6 Que nunca te vea derrotada: mamá, no todos los arroces se cuecen a la primera y no todas las gelatinas cuajan pronto. Si la primera vez que lo intentaste ese hombre te ignoró, nunca te habló, te dejó triste y sola, toda mosqueada, nunca dejes que te vea derrotada.

Hoy, como perra atropellada, pero mañana, ¡como perra empoderada! Como decía Winston Churchill, uno de los grandes líderes en tiempos de guerra: "El éxito está en ir de fracaso en fracaso sin perder el entusiasmo". Recuerda que perder una batalla no es perder la guerra. Diles: "No se confundan, yo no sufro por amor, yo sufro cuando voy a una fiesta y no me ponen reggaetón". ¡Y vámonos! Nunca dejes que un intento fallido te haga perder la motivación de volver a intentarlo.

Mamacita, si me preguntas qué es lo más difícil de escribir un libro, yo te diría: pasar de la primera página, y lo mismo aplica en el amor. Dar el primer paso es lo peor. Pero una vez que pones tus fichas en el tablero, nadie puede detenerlo.

El secreto para enamorar a un hombre es estar en su vida y en su rutina, cada día, todos los días. Yo sé lo que estás pensando: "Pero Jorge, si ni un mensaje me manda ese desgraciado". Eso está a punto de cambiar. Después de este libro, vas a ser su primer mensaje de la mañana y su último mensaje antes de ir a la cama y hasta dormido, repetirá tu nombre: "¡Hortensia!".

Mamacita, ¿quieres enamorar a un hombre guapo, atractivo y decente? No hay otra manera: tienes que estar presente. Tienes que tener un espacio de su tiempo y de su vida todos los días, tienes que volverte parte de su rutina, un hábito que está acostumbrado a repetir y te garantizo que muy pronto lo vas a desvestir. Tienes que ser bien perra y bien astuta. Ya sabes lo que siempre digo: la que no es perra no prospera y la que no es astuta no disfruta.

Seguramente has salido con alguien que te escribe una vez a la semana o de vez en cuando y esa relación nunca termina funcionando. El problema es que no logras generar la magia de la constancia. Estas cosas se cocinan a fuego lento, a poca luz, hasta el suelo y sin consuelo. Mamacita, recuerda:

> **UNA GOTA DE AGUA NO ROMPE UNA ROCA POR SU FUERZA, SINO POR SU CONSTANCIA.**

Ten paciencia, porque ya sé cómo eres tú: desde el primer día ya le quieres dar como a botón de ascensor en película de terror. ¡No, señor!

Cuando yo conocí a mi esposa, por supuesto que no se fijó en mí desde el primer día. Por supuesto que yo no le gustaba, pero trabajábamos juntos en la misma oficina, así que le apliqué mi regla de los 21 días.

¿Cuál es la regla de los 21 días? Te explico:

Si tú le dedicas a una persona 15 minutos de tu tiempo de calidad, en la forma que sea, mensajes, videollamadas, conversaciones presenciales, 15 minutos dándoles like a sus fotos, siéntate con él a platicar en su lugar de trabajo, salúdalo en la calle y quédate platicando. Haz esto durante 21 días.

Pero en el día 22 viene la clave: desaparece. No lo llames, no le envíes nada, no le contestes ni un mensaje. El día 23: ni una llamada, ni un mensaje. El día 24: ni una llamada, ni un mensaje; si lo ves, ni siquiera lo saludas.

Deja que tu ausencia se note y es una regla, que el día 25 vas a estar en tu casa en santa paz, viendo una serie de asesinatos y tu celular va a vibrar con un mensaje: "Hola, ¿qué haces?". ¡Garantizado!

¿En qué se basa este método? Es muy sencillo: se dice que el ser humano necesita de 21 días para generar un hábito. Cuando buscas dejar de fumar y dejas de hacerlo durante 21 días, es muy probable que cuando vuelvas a probarlo te produzca asco. Si quieres implementar el ejercicio en tu vida y lo haces durante 21 días, es probable que el día 22 tu cuerpo te lo pida.

Lo que nadie te dice es que tú puedes sembrar el hábito de tu presencia en una persona. Cuando acostumbras a una persona a tu presencia y le generas un hábito, su cuerpo se lo pide. Dice: "¿Dónde está? ¿Por qué no me ha dado ni un like?".

Si quieres generar esa constancia con un hombre, hacer que te llame y te escriba todos los días, tienes que intentarlo por las siguientes 7 vías:

#1 Mantenlo en una misión: mamacita, si quieres conquistar a ese hombre, vas a tener que ponerlo a trabajar. Así como lo escuchas. A los hombres los mueven los retos y un hombre sin un objetivo de peso es como un perro sin su hueso.

Hay tres tipos de misiones a las que puedes mandarlo:

#1 Una misión de investigación. Envíale un mensaje que diga: "¿Dónde compro una camisa para mi padre?". "¿Me ayudas a buscar?".
#2 Misión de apoyo moral. Un mensaje que diga: "Amanecí muy triste, tengo ganas de platicar". Te garantizo que no te va a fallar.
#3 Una misión de salvación. Dile: "Necesito tu ayuda".
El mecanismo heroico de un hombre se activará y eso le generará una atracción especial. Te quiero bien segura.
Mamacita, recuerda: El problema no es que tengas a muchos a tus pies, es que no hay ninguno a tu altura.

#2 Hazte de conversación fácil: cuando ese hombre te pregunte algo, nunca le contestes en monosílabas: "¿Cómo te fue hoy?". "Bien". "¿Qué plan tienes para más tarde?". "Nada". ¡No, señor! Un hombre jamás va a ir detrás de tu indiferencia. Siempre métele sazón, batería y emoción a la conversación.

Charla con él como lo harías con tus amigas. Ya sabes que tu vida parece serie de Netflix de 9 temporadas, hazlo parte de tus babosadas. Te quiero de conversación fácil, mamacita, no de nalga fácil. Porque ya sé cómo eres tú: ese hombre nada más te saluda y tú: "Tómame, Javier, soy tuya". ¡No, señor! Dile: "*Cucaracho*, para todo esto no hay código de descuento".

#3 Envía los señuelos correctos: tú sabes lo que le gusta, lo has estudiado, investigado, evaluado. Sabes cuáles son sus equipos favoritos, sus gustos, su trabajo, el instrumento que toca. Ya sabes que el ojo de loca no se equivoca. No tengas miedo de utilizarlo. Publica en tus redes sociales detonadores de conversaciones: una foto con la camisa de su equipo, una foto en los mismos lugares adonde ha ido, una frase que sabes que él ha subido.

Si quieres un hombre alto, árabe, millonario, con pelo en pecho, mamacita, tienes que hacer lo que nunca has hecho. Tus amigas te dirán: "¡No lo hagas, es muy arriesgado!". Diles: "Me vale madre, vivo al límite". "A veces hasta traigo mi celular sin *case*". ¡Y vámonos!

#4 Haz que te extrañe: regula la intensidad. Si quieres hablar con él todos los días, no puede ser una conversación que dure todo el día. Necesitas que ese hombre sienta lo que yo llamo "el efecto de contraste".

Tiene que sentir lo frío para reconocer el calor, lo amargo para reconocer lo dulce. Si hablas con él todos los días, vas a generar constancia, emoción y curiosidad, pero si hablas con él todos los días, todo el día, va a decir: "¿Qué es esta intensidad?". Te quiero constante, no intensa. Y si un día ya no te contesta, le envías un mensaje que diga: "Vendí todas las sillas de mi casa, Ernesto". Te va a decir: "¿Por qué?". Le dices: "¡Porque te vale madre cómo me siento!". ¡Y vámonos!

#5 Ánclate a sus rutinas diarias: si ese hombre va al gimnasio todas las mañanas y se levanta a las 5 de la mañana, rétalo. Cuando publique esa foto a las 5 am, envíale un mensaje que diga: "No te creo". Dile: "Vas a tener que mandarme una foto porque yo no creo lo que no veo". Y cuando te mande la foto guapo, sudado y fortachón, le dices: "Oye, disculpa: ¿dónde tengo que firmar?". Te va a decir: "¿Firmar para qué? Le dices: "Para recibir ese tremendo paquetón".

#6 Juega con tus horarios y tus compromisos: quieres que ese hombre te escriba y te llame todos los días, cuéntale a qué horas tienes tus compromisos: Dile: "El martes a las 11 tengo examen y estoy nerviosa". Cuando llegue el martes publicas una historia en tu Instagram con unas manitas pidiéndole a Dios que no te cargue el payaso. Te garantizo que te va a preguntar: "¿Cómo te fue?". Y tú le vas a contestar. Se van a enamorar y se van a casar. Mamacita, si te funciona alguno de estos consejos, solo un favor te pido: le pones Jorge al niño.

#7 Pídele a Dios por ese hombre: no tengas miedo de pedirle ayuda a la caballería. Si quieres que ese hombre llegue a tu vida, te busque todos los días y eventualmente sea el hombre con el que vas a tener una relación, necesitas involucrar a Dios en la ecuación. ¿Qué es lo peor que puede pasar? El "no" ya lo tienes. Pídele a Dios que el hombre correcto venga a buscarte y ten confianza de que viene.

> LO QUE DIOS TIENE PARA TI NI LA ENVIDIA
> LO DETIENE.

Mamacita, si quieres conquistar a un hombre, necesitas ser como la humedad: irte metiendo poco a poco por abajo de la puerta, todos los días con constancia y con paciencia. Ésa es la ciencia. Recuerda: paciencia, lo que es para ti, te encuera… Te encuentra quise decir.

SI ESTÁS SOLTERA, NO ES POR FALTA DE OPCIONES

Es una condición humana: siempre queremos los gallos de otros gallineros. Siempre pensamos que el pasto es más verde del otro lado de la cerca. Hay quien está leyendo este libro en un momento de su vida en el que se siente prisionera de la soltería. Quizá ves a tus amigas con planes, con galanes. ¿Y tú? Más ignorada que comercial de YouTube.

Una seguidora me decía hace poco que después de sufrir un difícil divorcio, ahora sufre porque todas sus amigas están casadas y ella es la única soltera. Sus amigas dicen que la envidian porque es dueña y señora de su tiempo, porque tiene la oportunidad de empezar de nuevo. Aunque siempre viven presentándole galanes, emparejándola, armándole salidas con candidatos, en el fondo, siente que desde que se quedó sin marido, no pertenece ya con ellas.

Seguramente conoces gente que vive preocupada porque ve a todo su círculo en relaciones románticas y ella todavía no encuentran a un candidato digno. De esas que tienen 20 San Antonio de cabeza (el santo del amor) y ninguno parece funcionar. Si te sientes una soltera quedada, necesitas liberarte de eso hoy mismo. Existe una gran diferencia entre las solteras que se sienten quedadas y las *solteras codiciadas*. Te comparto 3 verdades:

#1 Las solteras que se sienten quedadas buscan hasta por debajo de las piedras migajas de cariño. De quien sea, como sea. No importa si no cumple con sus estándares, lo que buscan es llenar el vacío. Las solteras codiciadas viven contentas consigo mismas, no necesitan a nadie y esa independencia y esa confianza las hace más atractivas.

Mamacita, nunca dejes que un momento de soledad te haga bajar tus estándares de calidad. En lugar de buscar, déjate encontrar. Las cosas buenas llegan a tu vida cuando las dejas, no cuando tienes que forzarlas.

Estas cosas tienen una mística diferente, cuanto más las forzamos, menos resultan. Seguramente te ha tocado ver a solteras que parece que quieren obligar a los hombres a aceptarlas. No seas tú una de esas. No pierdas tu dignidad ni prostituyas tus valores a cambio de que te cambien el estado civil. Hay que ser como la soltera codiciada: abierta a lo que venga, pero primero muerta que rogando.

#2 Las solteras quedadas sienten la necesidad de aguantar a hombres groseros y poco comprometidos, con tal de que algún día den el paso: muchas saben que el pretendiente es grosero, mujeriego, jugador, borracho pero dicen: "No importa. Primero que caiga y ya casándome, se lo quito". ¡No, señor! Mamacita, así salió de agencia. Las solteras codiciadas no esperan nada de nadie, si quieren la luna y las estrellas se las bajan solitas.

El que quiere estar, estará y el que no, gracias por participar. A esta vida no venimos ni a arrastrar ni a arreglar a nadie. No puedes ir como la Madre Teresa de Calcuta adoptando casos perdidos para intentar transformarlos en parejas dignas. Quizá es ese complejo de salvadora que te ha acompañado desde la infancia el que te hace escoger a tus parejas como proyectos a salvar; eso nunca va a funcionar. Una persona que no venga dispuesta a trabajar en su mejora continua, que se monte en su orgullo y no se deje ayudar probablemente no llegará a ningún lugar.

#3 Las solteras quedadas envidian la vida de las demás y viven comparándose: hay muchas que se sienten quedadas en la soltería y se vuelven amargadas, frustradas, enojadas con la vida. Su falta de aceptación está en primer plano y cargan con desprecio a todos lados.

En cambio, las solteras codiciadas disfrutan de la libertad de tomar sus propias decisiones, y de vivir según sus tiempos. Si llega alguien que las trate como plato fuerte, qué bendición, si no, no se conformarán siendo la guarnición. El problema es cuando tienes muchos a tus pies, pero ninguno a tu altura. Si alguien no está a tu altura, no seas tú la que se agache.

No dejes que te convenzan de que ya se te fue el tren del amor, que ya te quedaste a vestir santos. El amor no es un trámite con fecha de expiración, llega cuando menos lo esperas, es impredecible. No dejes que la sociedad te dicte cuándo ser feliz y mucho menos, con quién.

HAZTE FÁCIL DE ENCONTRAR

Se dice que el amor no se busca, solito te encuentra. Si llevas mucho esperando a que se aparezca y no se ve por ningún lado, si sientes que te ha sacado la vuelta el estúpido de Cupido, quizá es momento de dejar de buscar el amor y dejarte encontrar.

Mamacita, en todos lados escuchas lo mismo: "El amor no se busca, te encuentra", y después de meses, quizá años de estar esperando, lo único que quieres es que te encuentre. ¡Pero que sea ya! Estar esperando el amor es como estar flotando en el mar, esperando que el barco del amor te venga a rescatar. Pero la soltería no es un lugar del que alguien tenga que venir a salvarte.

¿Te ha tocado verte al espejo y decir: "No entiendo"?: vacunada, soltera, independiente y fiel. Dile: "Qué más quieres, *cucaracho*, porque volar no puedo". Mamá, me creerías si te dijera que la razón por la que el amor no te llega no tiene nada que ver ni con tu personalidad, ni con tu físico ni con el paquete que estás ofreciendo.

Es mi deber compartirte dos razones por las cuales es muy probable que no te haya encontrado el amor:

#1 Porque estás frustrada con tu soltería: llevas tanto tiempo buscando el amor que te sientes frustrada y es gracias a esa frustración que no atraes el amor. Pero a partir de hoy, eso se acabó. Quizá lo que tú tienes no es depresión, es falta de un hombre más joven. Si sientes que estás pasando por un momento duro, quizá lo único que necesitas es probar colágeno puro. No busques desde tu necesidad, vive desde tu abundancia y te empezará a llegar una interesante variedad.

En el momento en el que renuncies a sentirte presionada y tu soltería empiece a ser disfrutada, tu energía se empieza a volver atractiva. Así que nada de decaída, nada de triste y nada de deprimida. Si te ven por los suelos diles: "No se confundan, estaba perreando, porque la autoestima la traigo volando". ¡Y vámonos!

#2 Porque eres tú la que lo está persiguiendo: mientras sigas buscando, deseando y persiguiendo a un hombre para que venga a amarte, siempre irás por detrás y jamás estarás por delante. Se trata de dejar que el amor te alcance, no de ir persiguiéndolo hasta que se canse.

Yo sé cómo eres, llegas a cualquier parte y ya estás buscando a los solteros; sales con tus amigas y nada más andas viendo a quién te ligas, conoces a alguien y ya entra entre tus candidatos. ¡No, señor! Mamacita, así no funciona la cosa. Andas como receta de quesadilla: ¡facilota!

Recuerda: Lo que es para ti ni la envidia lo detiene. El amor le llega no a quien lo fuerza sino a quien se deja.

Te voy a compartir 5 psicologías básicas de la atracción que tienes que poner en práctica para que, estés donde estés, el amor te encuentre:

#1 No pidas amor, ponte donde hay: tienes que ir directo a la fuente de abundancia. Quieres que el amor te encuentre, pero no dejas de visitar los mismos lugares. No dejas de frecuentar a los mismos amigos fracasados y vagos. ¡Mamacita, el amor tampoco hace milagros! Si la montaña no viene a Mahoma, Mahoma no se queda a deprimirse; Mahoma se compra un vestido, se pone bien perra, bien bichota y se sale a presumirse.

Inscríbete a una clase de yoga, de spinning, de montañismo, adopta a una mascota y ve a los parques de perros; vuelve a la escuela a estudiar un diplomado. Frecuenta el lugar donde hay hombres con perfiles que te puedan interesar, y ahí, déjate encontrar.

#2 Hazte de la carnada apropiada: así como el dinero atrae al dinero, el amor atrae al amor. Entre menos sepa el mundo de ti, menos te conozca la gente, menores serán las posibilidades de que alguien se acerque a conocerte. Empieza a comunicar tus gustos, si te gustan los deportes, que se vea en tus redes sociales; si te gusta el arte, que lo sepan tus amistades. Poco a poco te vas a ir haciendo de ganado. Hoy llorando por un *cucaracho*, mañana dueña de todo un rancho.

#3 Deja de perder tiempo con lo equivocado: ¡super importante! Mamá, a veces no te llegan buenos prospectos, porque le sigues dando entrada a los pendejos. Y yo sé cómo eres: no te gusta cometer errores, pero si el error es alto, guapo y barbón, de 1,80 metros de estatura y ojo verde, qué dijiste: "De los errores se aprende". ¡No, señor! No seas de las que por andar persiguiendo capillitas se les van las catedrales. Repite conmigo: Todo lo malo lo vivo, lo aprendo y me desprendo.

#4 No seas tan específica: expande tus posibilidades. No hay hombres perfectos. Quizá te han llegado unos cuantos y los has descartado porque no tienen lo que estabas buscando. Yo soy el primero en decirte que tengas estándares de calidad, pero no me refiero a que sean físicos. Dale una oportunidad a quien no te imaginas que puede ser; quién lo sabe, te pueden sorprender.

#5 Empieza a creer que te lo mereces: deja de tenerles miedo a los hombres que se ven inalcanzables. Arriésgate, mamacita, como quiera igual y te mueres mañana. Si Dios te manda a varios galanes, pues ni modo, quién eres tú para cuestionar sus planes.

Éste es un año de abundancia para ti, ábrete a las posibilidades, deja de ponerle tanta prioridad a encontrar el amor y el amor empezará a buscarte a ti. No dejes que nadie te haga sentir que la soltería es una enfermedad.

Si pudiste querer tanto a ese *cucaracho*, imagínate cuando te llegue un buen muchacho.

265

PARA SERLO HAY QUE PARECERLO: LA APARIENCIA DE SEGURIDAD

¿EL HUEVO O LA GALLINA?

¿Qué vino primero?, ¿la apariencia o la seguridad? El eterno dilema entre dos elementos que se correlacionan, que para la prevalencia de ambos necesitan apoyo recíproco. ¿Es la seguridad consecuencia de una apariencia perfecta o es la seguridad lo que provoca una apariencia impecable?

Frecuentemente, cuando hay seguridad en el interior, ésta se nota en el exterior. Por lo tanto, una persona segura cuidará su apariencia siempre, porque cree que merece ese arreglo, su físico refleja el trato que tiene hacia ella misma, y revela los hábitos de su día a día. Por lo tanto, te encontrarás más veces con una persona bien arreglada pero insegura, que con una persona segura sin arreglar.

Entonces podríamos inclinarnos más hacia que primero va la seguridad, y eso genera las ganas de invertir en tu apariencia. Aunque en realidad, ambos aspectos son importantes, pero averigüemos por qué arreglar tu apariencia es un excelente primer paso para elevar tu seguridad.

Para lograr descifrar la respuesta, quiero traer un dato curioso a la mesa. Recientemente se encontró en una investigación que fingir una sonrisa en tu rostro hará que tu mente se engañe y mejorará tu estado de ánimo. Normalmente es al contrario, la sonrisa es la consecuencia de un buen estado de ánimo, primero viene la felicidad y en segundo lugar la sonrisa. Pero si lo hacemos al revés y primero forzamos una sonrisa, entonces podríamos obtener felicidad, porque la mente se engaña y activa las emociones que relaciona con tener una sonrisa en el rostro.

DA EL PRIMER PASO EN EL AMOR, PERO EN EL PROPIO

Del mismo modo, "forzar" tu apariencia para lucir como una mujer segura será el primer paso para programar tu mente a la seguridad. Por supuesto que los siguientes pasos tienen que surgir de adentro hacia afuera, pero es una excelente y sencilla forma de comenzar. Si te sientes mal, empieza por cambiar aquello que sí puedes controlar. Quizá tu autoestima tome más tiempo, o tu estado de ánimo no esté en la cima, pero sí puedes controlar lo de afuera inmediatamente.

¡Hemos sido engañados! Nos han querido vender la idea de que las apariencias no son importantes, pero seguro estoy de que quien te haya dicho eso es porque quería sabotearte. Sería absurdo que creyéramos eso cuando el primer sentido por el que nos llegan las personas y las cosas es por la vista. Las apariencias no lo son todo, pero son nuestra primera oportunidad, son nuestra carta de presentación.

> *POCOS VEN LO QUE SOMOS, PERO TODOS VEN LO QUE APARENTAMOS.*
> *NICOLÁS MAQUIAVELO*

Tu apariencia es la estrategia de mercadotecnia que te das a ti misma: por supuesto que si vas de compras al barrio más abandonado de tu ciudad seguro encontrarás en grandes canastas algunas "joyitas" escondidas. Unos pantalones de buena calidad, unos zapatos que levantan todas las envidias reprimidas de tus enemigas. Todas esas cosas a un precio ridículamente bajo, que quizá en otro negocio, con otra publicidad, y mejor posicionado en el mercado pudiera multiplicarse por 10.

Si existe esa opción más barata y el producto es prácticamente el mismo, entonces, ¿por qué la gente compra los mismos productos más caros en otras marcas o tiendas? Porque el empaque es un factor diferenciador, es un valor agregado que de alguna manera también forma parte del producto en su totalidad. Hay que ser realistas, si te ponen ambos productos de frente, y uno tiene un empaque más elegante y llamativo, ése es el que escogerías.

El mejor labial del mundo puede fácilmente ser el que venden en la miscelánea a la vuelta de tu casa, pero mientras no lo parezca, que sea o no sea el mejor labial no es importante. Así como el peor labial del mundo puede venderse por una buena apariencia, el mejor labial del mundo puede jamás ser conocido debido a su mala apariencia. Tener los dones y no usarlos es como no tenerlos. ¡Deja de desperdiciarte! Eso es autosabotaje.

Es el mismo caso con las personas. Puedes tener una personalidad imperdible, habilidades increíbles, ideas inexploradas, pero para que el mundo se entere de todo lo que tienes primero tiene que escogerte desde afuera para conocerte por dentro.

> ## ACOMPAÑA TU RELUCIENTE PERSONALIDAD CON UN EMPAQUE QUE LE HAGA JUSTICIA.

Tu apariencia puede ser tu mejor arma o tu peor enemiga, tienes que hacer las paces con ella. Es que imagina la relación que tienes con ella si toda la vida te acomplejó tu nariz, desde que tienes memoria pensaste que tus piernas te hacían ver como un ciervo, o evitabas los espejos para no ver si durante la noche te había crecido más la espalda. Para comenzar a invertir tiempo en tu apariencia primero debes sanar tu relación con ella. Para que al momento de que escojas tu ropa, hagas tu maquillaje, hagas tu rutina de cremas y aceites en la cara, no te enfoques en esconder lo que no te gusta, y más bien te enfoques en resaltar y enfatizar tus mejores atributos.

> ## INVIERTE EN TU APARIENCIA PORQUE TE AMAS, NO PORQUE TE ODIAS.

¿Cuántas veces hemos escuchado a la envidia hablar sin vergüenza? Criticando a otras diciendo: "Ella no sería nada sin su pelo", "Quítale el cuerpazo y ya no tendrá chiste", "Solo se ve guapa porque se viste bien". Cuando algo así se menciona, es porque la persona (evidentemente celosa) busca desacreditar los factores que dan un valor agregado a cada persona.

Por supuesto que si le quitamos el pelo, la cara, el cuerpo, la ropa, el estilo, el porte, la higiene, la sonrisa, y todo lo que la distinga, esa persona perdería la mitad de su esencia. Pero eso es precisamente lo que la hace ella, afortunadamente para ella y desafortunadamente para la envidiosa, sí tiene todo eso, y forma parte de su totalidad, y entonces sí le suma valor considerable.

ARREGLARTE PARA TU BENEFICIO

En este punto de la sociedad seguimos escuchando a personas criticar a otras por darle demasiada importancia a su apariencia. Todavía escuchamos cómo a las mujeres que cuidan su apariencia las etiquetan de inseguras por no aceptarse al desnudo y natural. Esa mentalidad reprime todo tu potencial, porque de todo lo que tienes debes sacar el mejor provecho. No importa si nos referimos a tu físico o a tus talentos.

Aceptar tu físico es el punto de partida, no el destino: cuando aceptas tu físico como es, aprendes a atesorarlo, cuidándolo y sacándole brillo. Es de mujeres inteligentes y seguras cuidar la imagen. Con tu imagen comunicas al mundo quién eres, y la percepción que tienes de ti misma.

Si crees que aceptarte al natural es andar por la vida sin bañar, vistiendo ropa rota y sin planchar, con el pelo enredado y la cara engrasada, lo has entendido todo mal. Tienes razón, tu apariencia no es asunto de nadie. Por supuesto, es asunto tuyo. ¿Pero por qué te tratarías así a ti? Verte bien no es para hacer un favor a nadie, esto se trata de ti. Hazte ese favor a ti misma, eleva las oportunidades que te presenta la vida, eleva la demanda de trabajo y de amistades.

No te arregles para los demás, arréglate porque te conviene a ti: porque en un mundo que sí se fija en el empaque, en un mundo de primeras impresiones y pocas oportunidades, lucir por fuera tan brillante como eres por dentro es un superpoder.

Hay muchas cosas que hacemos por los demás, con el objetivo final de hacerlo por nosotros mismos. Por ejemplo: los modales en la mesa. En tu soledad pudieras comer un espagueti con las manos, ensuciando todos tus dedos de salsa de tomate, y masticando libremente al ancho de tus dientes. Al terminar, chupas tus dedos porque para qué ensuciar una servilleta cuando tú puedes limpiar con los atributos que te dio Dios, para eso está la lengua.

Los modales los adoptamos para los demás, son formas de adaptarse a la sociedad, agarrar un tenedor y masticar con la boca cerrada, limpiar tu cara cada vez que sientas salsa embarrada. Pero aunque la premisa sea cuidar tu imagen frente a los demás, el enfoque real es en "tu imagen" y no en "los demás".

Aceptarse no es autosabotearse, aceptarse no es inacción: aceptarse es un verbo activo, es el primer paso para quererse, y entonces darse valor como a un diamante. Hasta el diamante más brillante necesita pulirse y limpiarse para estar en la mejor versión de su apariencia. No es que valgas menos si no lo haces, pero atraes más si decides hacerlo.

Entrar a un lugar y llevarse las miradas de quienes estén ahí puede tener dos resultados diferentes. Sentirte importante y admirada, o pensar que se burlan de ti y critican tu apariencia. El resultado depende de cómo creas tú que te ves. Si no te gusta cómo luces, entonces una mirada te va a intimidar. Si tienes la certeza de que luces increíble, una mirada será un halago.

Cuando tienes certeza de algo, no hay cosa que te digan que te haga dudar. Si llega alguien a querer convencerte de que el mundo es plano, pero tú ya viste con tus propios ojos el planeta esférico, entonces no importa quién sea, la seguridad con la que lo dice, o los argumentos que use, tú estarás convencida de lo que comprobaste por tu propia cuenta.

Con esa seguridad que sostienes que el planeta es una esfera, debes estar convencida de tu buena apariencia. Tienes que comprobar por tu propia cuenta que te ves bien, que haces las cosas bien, no tienes que convencer a nadie. Tienes que estar convencida tú, para que nada de lo que pase en el exterior altere lo que cree con convicción tu interior.

Si te ves al espejo y te gustas, no hay nada que pase que te haga cambiar de parecer. Pero tienes que verte a través de tus propios ojos, gustarte solo a ti, y cuando así sea, todo lo que hagas comenzará a gustarte. Tienes que resonar contigo, tienes que habitar tu cuerpo. Lo que eres tienes que reflejarlo en él, porque es parte de ti, así como tienes que pulir tu interior, tienes que pulir tu exterior.

Sentirte bonita es sumamente importante para sobrevivir el día. Sumar sensaciones positivas en tu vida es un estimulante para avanzar hacia la dirección correcta. Seguro te ha pasado que estás teniendo un día difícil, pero vas a la peluquería y te peinan el pelo como te gusta y sales renovada, y es que si hay una conexión entre vernos bien y sentirnos bien, ¿por qué no practicarlo más seguido?

¿Cómo afilar tu arma letal de la apariencia? Aquí te va lo que he aprendido sobre la marcha:

Ropa de tu talla: sentirte bien y estar cómoda te hará ver mejor. A todos nos ha pasado la terrible experiencia de llegar a verano y probarnos nuestro par de pantalones favoritos solo para descubrir que si logras cerrar el botón y subir el cierre tendrás la sensación de ser un tamal mal amarrado. De todos modos, sales a la calle con ellos y lo único que pasa por tu mente es que quieres regresar a tu casa a quitarte de encima esa tortura que está asfixiando tus piernas.

El hecho de que se pueda ver mal traer un pantalón tan ajustado queda en segundo plano (sin dejar de ser importante). Pero el tema central es que sin comodidad física, no hay comodidad mental, lo cual hará que te comportes tensa en tus interacciones, y busques esconder con la mesa o con tus brazos esos pantalones tan apretados.

Usa tu propio estilo: respaldar tu personalidad usando prendas que representen tu identidad es automáticamente un estímulo en la seguridad. Tú que te has peleado toda la vida con la ropa que está en tendencia o te quejas de la moda de ahora, despreocúpate que lo que dictan, son meras sugerencias. Piensa en todos aquellos grandes artistas que recordamos solo con un elemento de su apariencia,

Freddie Mercury con su icónico bigote, Michael Jackson y su guante solitario, Elton John y sus lentes alocados. Quien diga que el estilo no da caracterización miente.

Deja de esperar a tener seguridad para vestirse de cierta forma: si las cosas están bajo tu control, tú decides tus tiempos, tú escoges tus ritmos, acéleralos dando el primer paso. No saldrá natural al principio, sentirás algo forzado dedicar más tiempo de lo normal a estar lista para tu día, pero cuando experimentes los frutos de sentirte bien por fuera, tu rutina de autocuidado se volverá prioridad y te hará imparable. Vístete como se vestiría la "yo" de tus sueños, sentirte por fuera una mejor versión de ti hará que empieces a trabajarla por dentro.

Demasiada humildad sobra: quizá en este momento lo que necesitas es inyectarte una gran dosis de ego. Verte a la altura de lo que eres. ¿Por qué quisieras transmitir que eres menos? Ponte ese vestido que no habías tenido dónde estrenar, ponte ese abrigo que cuando te lo pruebas siempre te parece que es demasiado para la ocasión. Ponte prendas importantes para que te hagan sentir importante.

Sentirte bien: sentirse bien también es parte de la apariencia, porque cuando te sientes bien tu semblante lo refleja. No hablo de seguridad, hablo de la salud física y por supuesto mental. Hacer ejercicio, tomar suficiente agua, comer con consciencia, atender tus emociones es importante también para hacernos sentir con más energía y presencia.

La confianza en tu apariencia física tiene grados altísimos de injerencia en tus actividades de todos los días. Cuando estamos contentos con nuestra imagen entonces nuestra energía y mente se enfocará en divertirnos, disfrutar y perseguir nuestros sueños. Cuando tenemos bajo control la parte de la apariencia, podemos liberarnos de ella para ocuparnos de trabajar en la seguridad interna sin preocupaciones externas.

INGOBERNABLE EN EL TRABAJO: TRIUNFA EN EL AMBIENTE LABORAL

¿QUIÉN TIENE EL CONTROL?

Ser económicamente independiente de tu pareja es empoderante, pues se dice que "quien tiene el dinero es quien tiene el control". Si confías en tu pareja, entonces es bueno dejarla tener el control, pero es aun mejor saber que tú lo puedes tomar en cualquier momento. Pero una vez que te independizas de tu pareja, es tu trabajo el que te da dinero; así que me pregunto: ¿cómo va el control que tiene tu trabajo sobre ti?

Cuando el trabajo tiene todo el control, tu día se ve algo así: no te deja disfrutar con tu familia o de tu propia compañía, nada de lo que haces parece suficiente, se lleva todo tu tiempo y toda tu energía. Tu mente está trabajando aunque tu cuerpo esté descansando y no hay un solo momento en el que te sientas tranquila. Encima de todo eso estás desmotivada, fastidiada, te sientes rebasada y estás siempre a punto de presionar el botón de renuncia.

Hemos sido criados para tratar el trabajo como una condena de vida, como si fuera el trabajo el único motivo por el que vinimos al planeta. Comenzar a verlo como una oportunidad de desarrollo y crecimiento, un reto a tu intelecto y a tu persona, va a reprogramar tu mentalidad. Si tenemos una percepción negativa de nuestro trabajo, entonces estaríamos arruinando la mayor parte de nuestra semana. Mamacita, deja de ser una esclava de él y conviértete en su mejor aliada.

> EL ÉXITO NO ESTÁ EN VENCER SIEMPRE, SINO EN NO DESANIMARSE NUNCA.
> NAPOLEÓN BONAPARTE

Comencemos por aceptar sus defectos: ningún trabajo es pura diversión, puros logros, éxitos y felicitaciones. Trabajamos con la intención de mejorar cada día, es lógico que se presenten retos y obstáculos que pondrán a prueba nuestras capacidades para comprobar que avanzamos con el paso del tiempo. Si comenzamos a ver el trabajo como nuestra zona de prueba, todas las mañanas te levantarías con la actitud óptima para dar guerra. Hay cosas que no nos gustarán, y esto pasará incluso en el trabajo de nuestros sueños, hasta haciendo lo que más amemos, pero si queremos conseguir cumplir nuestras metas, tenemos que hacerlo porque es parte del camino.

Controla tu trabajo, no permitas que te controle a ti. Tú tienes que poner las reglas de cómo te vas a relacionar con él, te comparto las que yo he implementado con éxito:

#1 Desintoxica tu ambiente: nos la pasamos quejándonos de nuestro alrededor, cuando nuestro alrededor es, en su mayoría, nuestra percepción de la realidad. Quizá para comenzar a eliminar la negatividad y pesadez de tu trabajo puedes empezar cambiando tu forma de verla. Si todos tus trabajos han sido tóxicos y terribles, descarta primero que no seas tú la del problema.

"Mi jefe tóxico, mis compañeros tóxicos, los clientes tóxicos, mi trabajo tóxico". Si todo tu alrededor parece tóxico, primero asegúrate de no estarlo intoxicando tú. Si vas saltando de trabajo en trabajo, y con ninguno ha funcionado, solo ten en cuenta que tú eres el común denominador. El problema te va a perseguir hasta que le pongas un fin, hasta que implementes la solución correcta. Quizá falta establecer límites claros, o distribuir mejor el trabajo, o cambiar de actitud, o darle un enfoque que te motive.

Tu presencia en un ambiente laboral puede transformarlo si así lo deseas. Si tu presencia es aislada, neutral y no involucrada, el ambiente se quedará igual. Solo existirás en él y te camuflarás a su modo. Si tu presencia es conflictiva, chismosa, quejumbrosa, aportarás a un ambiente tóxico en el que tú pasarás por lo menos 8 horas al día. Si tu presencia es inspiradora, líder, te comportas atenta y cordial, entonces serás la causa de una transformación en tu entorno.

#2 Disfrútalo: si tu vida se reduce únicamente a tus fines de semana, es decir, aquellos días en los que no tienes trabajo, estarás viviendo únicamente el 28 % de tu vida. Estás de lunes a viernes esperando a vivir, pero lo que está sucediendo es parte de tu vida. Estás construyendo tu historia dentro y fuera del trabajo. ¡Mamacita, procura ambos! Si hacer tus responsabilidades te amarga, estar ahí te amarga, y además sales amargada, te quedan aproximadamente dos días a la semana de vida. Lo cual reduce tu vida en un 72 %. Sugiero ampliamente hacer lo posible por disfrutar el 72 %. Si no puedes escoger entre trabajar o no trabajar, ejerce tu poder de pasarla bien en el trabajo.

> *ENCUENTRA LA FELICIDAD EN EL TRABAJO*
> *O NO SERÁS FELIZ JAMÁS.*
> *CRISTÓBAL COLÓN*

El trabajo no es solo lo que te permite vivir, el trabajo es parte de vivir. Cuando lo dejes de ver como una simple fuente de ingresos y comiences a verlo como una parte de tu vida, el lugar en el que inviertes por lo menos 8 horas al día, entonces comenzarás a quererlo y mejorar tu relación con él. Si estarás en un lugar, por lo menos asegúrate de echar raíces y sacar lo mejor de ti.

#3 Compromiso: hay quienes piensan que son superiores porque logran burlar a la autoridad. Aquellos que toman una reunión en línea sin escucharla, quienes fingen estar conectados pero implementaron un truco para que la computadora así lo indique, todas esas personas que creen que están logrando más por evitar sus responsabilidades.

A la única que estarías burlando es a ti misma, no estás superando retos, no estás aprendiendo, no sentirás la satisfacción en tu cuerpo de completar tus metas, de tachar de tu lista de pendientes todo lo que avanzaste en el día. Esa es la adrenalina que hace avanzar a las personas. Las tácticas para evitar responsabilidades son una forma más de autosabotaje.

El compromiso con la empresa o con tu jefe no es importante, el compromiso que más importa es el que tienes contigo misma. Si no te tienes el respeto para cumplir lo que te propusiste algún día, será más difícil que salgas de ese lugar en el que estás ahorita que tanto te quejas.

#4 Siéntete orgullosa: está comprobado que un excelente motivador es el reconocimiento propio. Después de mucho esfuerzo, a cualquiera nos gusta escuchar que todo ha valido la pena, esto te da un propósito y te recarga de energía y creatividad.

No esperes a nadie para que te lo digan. Aprende a reconocer tus propios logros y vivir con la satisfacción de que te superaste o lograste algo que pensaste que no podías. Los grandes o los pequeños: tus logros son tuyos nada más, no tienen que impresionar al resto para que tú los puedas disfrutar. Date tú misma la validación que necesitas.

#5 Tu trabajo es parte de tu vida, no tu vida entera: hacer de una sola cosa el centro de nuestra vida es un riesgo a perder el sentido de ella. Si en algún momento de la vida lo perdemos, entonces perderíamos el sentido de estar vivos. Muchas veces no tomamos la decisión de poner algo en nuestro centro, simplemente se nos va de las manos el tiempo invertido en cuerpo y mente, que de pronto todo gira alrededor de él.

Es imprescindible adoptar estrategias puntuales para lograr separarte de tu trabajo como dos imanes negativos que se repelen. No importa lo juntos que estén o el tiempo que pasen cerca, nunca se van a unir. Tienes que crear magnetismo entre tu trabajo y tú, si no, perderás la vida, la identidad, tus días, y tus años. El trabajo es una parte de ti, y hay que agradecerlo, pero no lo pongas en el centro (a nada ni a nadie, de hecho).

#6 Tu trabajo no te necesita, tu trabajo te necesita bien: el lazo que existe entre tú y tu trabajo es finalmente una relación. Visualízalo así: las relaciones empiezan perfectas, dos personas completamente distintas enamorándose uno del otro, las dos cargas contrarias del imán se atraen a la perfección (momento de entrevista y contratación). Con el tiempo, estas dos personas se empiezan a perder el uno en el otro, y se mezclan de algún modo (momento en que te hundes en tus funciones).

De este modo entendemos que no somos uno con nuestro trabajo. Si nos involucramos en exceso, pronto nos comerá y nos sentiremos atrapados.

Un consejo subestimado que me han dado es que cuando una relación empiece a perder su magia, cada uno de los involucrados regrese a su punto de partida, a su centro, a su identidad más pura, para que se recargue cada uno de su propia carga, y de nuevo, cada uno desde su lugar, se atraigan.

Así pasa con el trabajo, cuando entras, todo parece perfecto, porque llenas tu zona y entonces tienes para actuar desde tu ser completo y aportar al trabajo desde tu lugar. Eres una masa externa que provoca movimiento en la empresa o proyecto, si te hundes en ella, dejarás de dar impulso.

Cuando tu trabajo comience a sentirse demasiado invasivo en tu tiempo y en tu identidad, regresa a lo que eras antes de empezar. Retoma hábitos que hayas dejado, recupera tu tiempo de ejercicio, de ver a tus amigas y de actividades recreativas, de esa forma, darás mejores resultados en todos los ámbitos.

#7 Complementa tu día: no permitas que tus 24 horas se vayan por completo al aspecto laboral. Esfuérzate por tener una rutina completa en tu día y que saques provecho al máximo posible. Intenta empezar con una agenda, despierta temprano, haz ejercicio, prepárate un desayuno rico, haz vida afuera.

Todos estamos compuestos por 5 partes, que son:

#1 Espiritualidad: medita por las mañanas, asiste a un lugar donde puedas explorar tu fe.
#2 Vida social: reúnete con tus amigas, cena en compañía de tu familia.
#3 Recreación: baña a tus mascotas, pinta un lienzo, hornea un pastel.
#4 Físico: haz ejercicio, mueve tu cuerpo.
#5 Intelecto: lee un libro, aprende un idioma, aprende a manejar tus emociones.

Si no estás cargada al 100 % en cada una de esas partes tuyas, no funcionarás para tu trabajo, para tu familia, ni para ti misma. Recuerda que cuidarte y procurarte a ti es cuidar y procurar tus proyectos y responsabilidades, para cuando sea su turno poder darles tu mejor versión.

#8 Libérate de tu relación tóxica con el trabajo: no te emociones. ¡No dije que renuncies! Dije que encuentras tu libertad en tu relación con él. Tenemos que aprender a estar cerca de algo sin mezclarnos con él, sin perder nuestra independencia, nuestra autenticidad y nuestra libertad. No te pierdas en él.

#9 El trabajo es un lugar que te necesita en tu plenitud: tu lado más humano, más sentimental y más racional. Si no fuera así, no existirían las entrevistas laborales, con un examen de sí o no bastaría. Es complicado saber balancear en la coordenada correcta para dar en el blanco del tablero.

#10 No hagas más de lo que te corresponda, pero lo que te corresponda hazlo increíble: la tentación de ser la favorita siempre te hablará de cerca al oído. Entre las muchas maneras de llamar la atención de tus superiores o de tus clientes, escoge la estrategia más inteligente. Puedes destacar por hacer las cosas siempre impecables, a veces menos es más. Enfoca tu horario laboral a trabajar mejor, no más. Con eso será suficiente y hasta sobrará.
Evita caer en lo que llamo "contenido de relleno", que son tareas extras que te diste a ti misma. Esto tiene el riesgo de perder la calidad por priorizar la cantidad, y entonces por más horas que dediques, el resultado no será valioso. Ser la favorita por criterios que impliquen rebasar tus propios límites no vale la pena. Déjale ese puesto a alguien que no se valore como tú lo haces.

#11 Piensa con mente de líder y no de seguidora: todo lo que hagas hazlo pensando en que te sorprenderás a ti misma. Si trabajas solo para complacer y sorprender a los demás es como intentar llenar un envase que no tiene fondo.

#12 Aspira a más: la única forma de aspirar a más es sintiendo que lo merecemos, y sentimos que merecemos más cuando trabajamos por más. Sube tus expectativas a la par que subas tus esfuerzos. Esfuérzate por conseguir cosas increíbles para que cuando lleguen sepas aceptarlas, y si nunca llegan, sepas exigirlas o simplemente irte.

#13 Suaviza el tono, eleva tu autoridad: usa tu energía femenina y masculina de forma equilibrada. El trabajo es el lugar donde más usamos nuestra energía masculina, aquella energía proactiva, proveedora de soluciones, que prioriza la entrega y los resultados. Cuando hacemos uso de esta energía, tomamos decisiones de forma racional y usamos la lógica como la base de todo. Definitivamente son características clave para sobrevivir y destacar al cumplir con tus funciones laborales, te necesitas en tu lado más dominante. Esta energía es la que te permitirá enunciar tus ideas sin miedo, proponer formas diferentes de arrancar un proyecto, ejecutar tus ideas.

Sin embargo, si todos estos comportamientos y modos no se equilibran con energía femenina, entonces resultan en comportamientos extremistas que pueden ser agresivos, opresores e imponentes. Tu energía femenina es tu parte intuitiva, apasionada, creativa, centrada en las emociones, introspección y empatía.

El equilibrio de estas energías en un ejemplo laboral se ve algo así: se presenta un problema, tu energía femenina conserva la calma, mientras que simultáneamente tu energía masculina te dará la fuerza para ponerte en acción. Buscando las posibles soluciones, tu energía femenina te dictará lo que habla tu intuición, te hará confiar en tus ideas, y tu energía masculina será la encargada de externarles a tu equipo con autoridad. Cuando externes tus ideas, tu lado intuitivo equilibrará el tono en que llevas la conversación con ellos, tu energía femenina te permitirá recibir críticas constructivas y empatizar con tu equipo para llegar a un acuerdo mutuo.

Si en tu trabajo solo le das entrada a tu energía masculina, no existiría la conexión necesaria que debes tener con tu equipo de trabajo. Si solo le das entrada a tu energía femenina, no sentirías la autoridad, ni el impulso para poner tus propuestas sobre la mesa, y te someterías sin opinar a la opinión de las demás. Equilibra ambos lados.

#14 Pon límites a tiempo: conoce lo que vales y protégete con límites claros, sanos y oportunos. Los límites son para los demás, y para la versión de ti más exigente. Seguido por sentir que no somos o rendimos lo suficiente en el trabajo, por una baja autoestima, nos exigimos demasiado como una "conducta compensatoria". Para evitar que te sobrecargues de trabajo, conoce el alcance de tus capacidades y sé honesta contigo misma.

Si puedes dar más de lo que has hecho, entonces no finjas demencia y esfuérzate por dar más. Pero si por el contrario, te das cuenta de que te has estado presionando demasiado, que tu cerebro se siente quemado y tu pila necesita recarga, sé honesta y detente si es necesario. A veces detenerse es avanzar. Repiensa tus prioridades y llévatela con calma.

Del mismo modo, practica la comunicación asertiva con tus líderes y con tus compañeros, no esperes una evidente falta de respeto para poner un alto. Si tu intención es evitar caos e incomodidades, será mejor que desde un inicio hables frente a una inconformidad. Ya sé cómo eres: llega tu jefa a cargarte con más trabajo cuando estás colapsando y en lugar de hablarlo de frente para solucionarlo, escuchas con atención y cuando se aleja te volteas con la de al lado: "¡Está loca si cree que haré eso!". Y se pone peor: sí lo haces.

Saber pedir ayuda es necesario para sentirte respaldada y más segura con tus resultados. Pedir ayuda es un acto de valentía, no una debilidad. En el trabajo no es el mejor el que más sufre, el que más aguanta o el que más tolera. Que nadie te engañe, mamacita: puedes cumplir con tus obligaciones cabalmente sin tener que ponerte de tapete.

ACUÉRDATE SIEMPRE DE LO QUE VALES ¡Y SÚMALE LOS IMPUESTOS!

LA RUTINA DE LAS INGOBERNABLES

¿Alguna vez has sentido que tu cuerpo te levanta justo a la misma hora que suena tu alarma? Es curioso cuando eso ocurre. Quizá un par de minutos antes de que sea la hora en que tu alarma te despierta, tu cuerpo ya está alerta, con los ojos abiertos y hasta a la expectativa de levantarse. Es como si tuvieras un reloj interno que estuviese programado a la misma hora que la alarma de tu celular, y curiosamente, sí que lo tienes. La ciencia llama a este reloj los ritmos circadianos.

Los ritmos circadianos son como un reloj interno en nuestro cuerpo que nos ayuda a saber cuándo es hora de dormir y cuándo es hora de estar despiertos. Funcionan como un ciclo de aproximadamente 24 horas que se repite todos los días.

Este reloj interno está influenciado por cosas como la luz y la oscuridad, y afecta cosas como nuestro estado de ánimo, nivel de energía y habilidad para concentrarnos. Por ejemplo, cuando se oscurece, nuestro cuerpo produce una hormona llamada melatonina que nos ayuda a sentirnos cansados y preparados para dormir. Y cuando amanece, nuestros niveles de melatonina bajan y nos sentimos más despiertos y alerta. Así que, nuestros ritmos circadianos nos ayudan a mantener un ciclo regular de sueño y vigilia.

Son tan precisos, que incluso pueden predecir en qué momento del día las funciones de tu cuerpo estarán en su máxima alerta y cuándo tendrán un descenso de sus capacidades:

1 Mañana temprano (alrededor de las 6 a.m. - 9 a.m.)
• Aumento de la temperatura corporal.
• Aumento de la producción de hormonas como el cortisol, que nos ayuda a despertarnos y estar alerta.
• Mayor actividad cardiovascular y respiratoria para preparar el cuerpo para el día.

2 Media mañana (alrededor de las 9 a.m. - 12 p.m.)
• Mayor agudeza mental y concentración.
• Mayor capacidad para realizar tareas cognitivas y físicas.
• Niveles de energía en su punto más alto.

3 Mediodía (alrededor de las 12 p.m. - 2 p.m.)
• Pico de actividad gastrointestinal después de la comida.
• Posible disminución temporal de la alerta debido a la digestión.

4 Tarde (alrededor de las 2 p.m. - 6 p.m.)
• Descenso gradual de la temperatura corporal y la energía.
• Posible disminución de la concentración y la agudeza mental en comparación con la mañana.
• Momento óptimo para realizar actividades físicas moderadas para ayudar a mantener la energía y el estado de ánimo.

5 Tarde a noche (alrededor de las 6 p.m. - 10 p.m.)
• Descenso continuo de la temperatura corporal.
• Disminución de la producción de hormonas estimulantes como el cortisol.
• Preparación del cuerpo para el descanso y la relajación.

6 Noche (alrededor de las 10 p.m. - 6 a.m.)
• Aumento de la producción de melatonina, la hormona del sueño.
• Reducción de la temperatura corporal.
• Descenso de la actividad cerebral y física en preparación para el sueño y el descanso nocturno.

No es casualidad que los cuerpos de todos funcionen de la misma manera. Los humanos somos programados para operar como relojes. Adoptar una rutina y con eso generar uno de los elementos claves para el éxito personal y el crecimiento: *el ritmo*.

EL RITMO DE VIDA

Todo en la vida es ritmo. Desde la música que nos enamora el oído, el ejercicio que tonifica nuestro cuerpo hasta nuestra rutina de vida y las actividades que nos mantienen ocupados. Cuando tenemos un ritmo sano de vida, estamos generando las condiciones perfectas para el crecimiento: estabilidad, constancia, seguimiento y perfeccionamiento. Nos hacemos capaces de medir nuestro progreso e ir puliendo nuestros hábitos hasta únicamente dejar los más eficientes y óptimos.

El año en el que este libro está siendo escrito, yo tomé más de 280 vuelos comerciales por trabajo. En otras palabras, casi 76 % de mis días tuve que levantarme a tiempo para llegar a un aeropuerto, pasar por seguridad, esperar y volar a un destino que no era mi casa. Aunque tengo que confesarte que, cuando era más joven, soñaba con tener la cantidad de trabajo y compromisos que tengo el día de hoy. Soñaba con conocer tierras lejanas y descubrir culturas nuevas. Mi trabajo me ha traído bendiciones que nunca me hubiese imaginado.

No obstante, los constantes viajes destruyen lo más importante para la generación de crecimiento: la rutina. Desde la manera de alimentarte, la cama en la que duermes, tus tiempos de lectura, entretenimiento y, sobre todo, oración se vuelven casi imposibles de respetar sin una rutina.

Cuando yo me di cuenta tuve que tomar cartas en el asunto. Hablé con todo mi círculo cercano individualmente y me disculpé por adelantado. Les dije: "Familia y amigos, los amo a todos. Me encantaría poder dedicar todo mi tiempo a charlar con ustedes, ir a los compromisos que me invitan, escuchar sus notas de voz que parecen un podcast y enterarme de todas las novedades de sus hermosos hijos, pero a partir de hoy me será imposible. Debo empezar a respetar mi agenda. Con planeación y anticipación, les prometo que recibirán toda mi atención". Mi vida cambió completamente a partir de ese momento.

Respetar tu propia agenda es la primera señal de amor propio. Repite conmigo: "MI RUTINA ES SAGRADA". Yo sé lo que estás pensando: "Pero Jorge, a mí me aburre la rutina, yo quiero una aventura nueva todos los días". ¡No, señor! Aquella persona que no entiende el poder de una rutina no entiende lo lejos que puede llegar en la vida.

Tanto en el amor como en la vida, la rutina te permite establecer ritmo. La constancia, la consistencia y la repetición te convierten en un arma que se afila diariamente. Pules tus dones y tus talentos y eso es lo que terminará llevándote lejos.

Anteriormente te explicaba cómo puedes conquistar a una persona si le dedicas tiempo de calidad durante 21 días. Puede ser en la forma que tú quieras: de forma presencial, por teléfono, por mensajes. Es una ciencia que en el momento en el que le retiras esa atención, en el momento en el que desapareces, su cuerpo se la pide, se la exige.

No hay curso, ni seminario, ni evento que puedas hacer una sola vez que te vaya a llevar adonde quieres estar en la vida. Es la consistencia y la repetición lo que te hacen crecer con el tiempo. Cuando escribí mi libro *La suerte no es suficiente* encontré una clara diferencia entre las personas que construían fortunas poco a poco, a lo largo de toda su vida y aquellos que de la noche a la mañana se ganaban el premio mayor de la lotería.

Uno de los grandes aprendizajes que encontré es: Nada que te llegue de la noche a la mañana es una bendición sana. Hasta en la Biblia lo dice: "Danos hoy nuestro pan de cada día". No dice: "Danos hoy el pan de toda la semana". ¿Por qué? Porque el verdadero reto de hacer un cambio significativo en tu vida se encuentra en el lograr sembrarlo en tu rutina diaria. Porque una vez automatizado, la rutina se encarga de hacer todo lo necesario para que el hábito rinda frutos.

La rutina es la tierra en la que crecen los sueños.

Lo primero para establecer una rutina y un ritmo sano es entender la naturaleza de tus días. Haz un autoanálisis. Por ejemplo, yo soy conferencista. Estoy activo en las redes sociales, en el radio y la televisión todos los días. Mis días se dividen entre eventos públicos, eventos virtuales, sesiones de escritura para mi nuevo libro y creación de contenido. Tengo juntas con mi equipo de trabajo, transmito programas de radio y grabo secciones para la televisión.

Me gustaría decirte que la batería de mi cuerpo me rinde plenamente para todo lo que hago, pero no es así. He tenido que aprender a administrar mi energía, a saber en qué enfocarla y saber detectar a las personas y los compromisos que me hacen desperdiciarla.

Yo divido mis actividades entre actividades que requieran creatividad, actividades que requieran operación y actividades ancla.

Actividades de Creatividad: la escritura, la creación de contenido, trabajar en mi nuevo libro, idear nuevos proyectos. Todo lo que requiera concentración y mente: hablar con un cliente nuevo, idear una estrategia de ventas, el estudio. Necesitas tiempos para aprender y generar ideas. Tiempos para contemplar, visualizar, planear y orquestar. No todo en la vida es hacer, hacer y hacer. Si no dedicas tiempo a soñar, a intentar dibujar un mapa, a definir una dirección, serás como un individuo en medio del mar nadando hacia todos lados.

Actividades de Operación: juntas y llamadas de trabajo, todo lo que tenga que ver con papeleo, lo que involucre números, cálculos, atención a clientes, asistir a tu trabajo. Aquí va todo lo que tenga que ver con tu presencia física en un lugar realizando alguna actividad. Aquí se nos va la mayoría de nuestro tiempo. Por eso hay gente que trabaja duro, pero no inteligente. Personas que dedican su día a operar, pero descuidan el resto de los aspectos que nos permiten vivir y disfrutar.

Actividades Ancla: Aquí pongo todo lo que no es negociable. Estas actividades son necesarias para mantener mi energía, vitalidad y calidad de vida a lo largo de mi día. Aquí colocamos: horas de sueño, horarios de comidas, ejercicio y el componente más importante para mí: Oración. El mundo entero conspirará para que, después de un día ocupado, renuncies a esta parte de tu rutina. Llegarás a ella con lo último de tu energía, con la mente llena de culpa y con una lista de compromisos pendientes.

Hagas lo que hagas, no traiciones tu rutina. Protégela, haz espacio para ella, defiéndela de las distracciones y los ataques diarios y ella te hará crecer. Cada cuerpo es diferente y opera de forma distinta, por eso, lo más importante es construir tu día no alrededor de tus compromisos, sino guiada por la manera en la que se comporta tu energía.

Te platico mi método. Yo divido mi día según mi energía: el punto de mayor carga de energía para mi cuerpo es la mañana, así que separo

↓

LA RUTINA ES LA TIERRA EN LA QUE CRECEN LOS SUEÑOS.

la mañana para todas las actividades que involucren creatividad y dejo mi tarde para todo lo que sea operación.

La actividad más demandante hazla temprano. Si sabes que tienes problemas separando tiempo para hacer ejercicio, que físicamente es tu castigo, que sea lo primero que hagas en la mañana. Si tienes un cliente difícil o una conversación incómoda pendiente a tener con alguien, que sea la primera de la mañana. Una vez que lo logres, sabrás que si sobreviviste a eso temprano, no importa todo lo que tu día traiga, puedes sobrevivirlo también.

Agenda rigurosamente tus alimentos: desayuno, comida y cena. Tus alimentos son la fuente de tu energía y de tu buen humor. Cada vez que comes, tu cuerpo dirige energía a tu estómago para hacer la digestión, por eso te da un terrible sueño después de comer. En México lo llamamos "el mal del puerco". Es natural, es una reacción automática, no puedes evitarlo pero sí puedes contemplarlo en tu rutina.

No atiendas compromisos que no hayas agendado tú misma. Haz un compromiso contigo misma, sobre todo con tus actividades ancla. Si quieres empezar a dormirte más temprano, empezar a comer mejor, a hacer más ejercicio, búscate a alguien con quien hacer equipo. Pídele a tu amiga o amigo el favor más personal y más importante de todos: "Motívame a mantenerme en mi rutina". Llegará un momento en el que no lo vas a necesitar. Se dice que los mejores entrenadores personales te enseñan a que poco a poco ya no los necesites.

Escoge bien cómo vas a iniciar tu día. La primera cita del día marca el humor con el que vas a vivirlo. Antes de cualquier trabajo, cualquier clase, cualquier compromiso o cualquier actividad familiar, te recomiendo tener tu tiempo con Dios. Hay gente que prefiere tenerlo en la noche antes de dormir. Cómo tú te sientas mejor y más cómoda mamá. Yo personalmente lo prefiero en la mañana. Le doy a Dios mi primera cita del día, le agradezco por la oportunidad de vivir un día más, pido perdón por mis faltas y le pido que me acompañe y vaya delante de mí en cualquiera de mis actividades.

¿Cuáles son los peores enemigos para una rutina sana?

#1 El uso de las redes sociales para distracción
#2 Las desveladas y malpasadas
#3 La mala organización y calendarización
#4 La falta de constancia

Recuerda que el verdadero reto para lograr todo lo que quieras en la vida no está en un solo acto heroico, sino en definir cuál es el hábito diario que necesitar cultivar para lograrlo. Una vez que lo definas y encuentres una manera de introducir ese hábito en tu rutina diaria, el resto ocurrirá en piloto automático.

¿Cómo se ve una rutina sana y balanceada? Realmente se ve como a ti te funcione. No es sano basarse completamente en lo que les funciona a los demás. Los días, la energía y la paz que tienes debería regir tu rutina. Sin embargo, un buen ejemplo para que empieces podría ser éste:

Durante la mañana

• **Levantarse temprano:** busca despertar antes que tus hijos, tu pareja o tus compromisos para tener un poco de tiempo tranquilo para ti misma. Aquí puedes incluir algunas de tus actividades ancla, como la oración o la meditación.
• **Cuidado personal:** comienza tu día con actividades de cuidado personal como yoga, ejercicios para energizarte, un momento breve para arreglarte y cuidar tu piel.
• **Preparar el desayuno:** prepara un desayuno nutritivo para ti y los tuyos. Desayunen juntos, no te dejes para el final. Te mereces comida que te cargue de energía.
• **Desplazamiento:** ya sea llevar a tus hijos a la escuela, desplazarte al trabajo o iniciar con tus actividades del día, aprovecha los "tiempos muertos" de desplazamiento y conviértelos en tiempos vivos. Aprovecha para escuchar un podcast, un programa de radio enriquecedor, un devocional o cualquier contenido que les aporte a tus trayectos. Estos momentos son esenciales para el crecimiento.

Durante el día

• **Trabajo/tareas personales:** aprovecha este momento para dar el máximo en tus actividades laborales, responsabilidades o compromisos del día. Importante: no dejes trabajo para antes de dormir. Recuerda, tu rutina es sagrada, no permitas que compromisos profesionales entorpezcan tu vida personal.
• **Autorrevisión:** tómate un momento durante el día para evaluar cómo te sientes emocional y mentalmente. ¡Respira! Mientras estás leyendo este libro y varias veces durante el día, recuerda inhalar profundamente para oxigenar tu cerebro. Recuerda que todo lo que haces en el día depende de tus niveles de energía.

Durante la tarde

• **Tiempo de tareas/estudio:** si tienes hijos, separa un tiempo para supervisar o asistir en sus tareas.
• **Tiempo de calidad:** dedica tiempo de calidad contigo misma, con tus hijos o con tu pareja, ya sea jugando, dando un paseo o simplemente hablando sobre su día.

- **Preparar la cena:** involucra a tus hijos en la preparación de la cena, aprovecha para compartir lecciones de vida, darles guía y consejo sobre diferentes aspectos de su vida. La cocina es un acto de amor, algo que hacemos por y con lo que más amamos.
- **Momento de cena familiar:** cena con tus hijos y/o con tu pareja. Discutan los eventos del día y disfruten de su compañía. Establece reglas sobre el uso del celular, no permitas que uno de los grandes enemigos de la rutina sana venga a cenar a su mesa.

Noche
- **Rutina de dormir:** establece una rutina de dormir consistente para tus hijos, que incluya bañarse, leer y actividades para relajarse.
- **Tiempo personal:** después de acostar a tus hijos, tómate un tiempo para ti misma: relájate, cuídate la piel, lee, medita y prepárate para terminar el día.
- **Revisa tu agenda:** muy importante revisar tu agenda del día siguiente, tomar decisiones sobre tu ropa, los tiempos de desplazamiento, potenciales respuestas a las situaciones que tienes agendadas. Recuerda, todas las decisiones que puedas tomar antes de dormir son un regalo de paz que le estás dando a tu mente al día siguiente. Apunta a una noche de sueño reparador para recargar energías.

Lo más importante de mantener tu rutina: monitorear tu energía. Hacerle caso a tu cuerpo, ser sincera contigo misma y recordar que no importa qué tan fuerte sea la cadena que quiere controlar tu día, tú puedes tomar el control en cualquier momento con el poder que tienes para decir que no. Los límites que establezcas para cuidar tu rutina serán los límites que lograrás poner para cuidar otros aspectos de tu vida.

> *MAMACITA, RECUERDA, PUEDES CON TODO, PERO NO CON TODO AL MISMO TIEMPO.*

NECESITAS UNA MANADA: MUJERES INGOBERNABLES COMO TÚ

TE QUEDASTE ATRAPADA EN UN ASCENSOR

Imagina que te quedas encerrada en un pequeño ascensor, en él estás tú con otras dos personas. Pero llevas una gran ventaja: te dan la libertad de escoger a esas personas con quienes estarías atrapada. Haz una pausa y toma tu tiempo para evaluar con inteligencia las opciones que tienes y escoger a tus dos acompañantes.

¿A quién elegirías?

Apuesto que en tu mente se abrió un debate:

• **Darle prioridad a tu comodidad:** escogerías a dos personas de confianza que por lo menos te garanticen una buena compañía, o que te saquen unas buenas carcajadas. Esto es una inclinación mayor hacia lo que quieres, quizá no salgas del elevador pero estarás muy divertida y tranquila en él.
• **Darle prioridad a salir del elevador:** escogerías a personas habilidosas e ingeniosas, que te ayudarían a salir del elevador. Esto es una inclinación mayor hacia lo que necesitas, quizá no sean las personas más íntimas pero tienes por seguro que encontrarán la forma de salir del elevador.

Quizá escogiste ambas: una de cada categoría o, en el mejor de los casos, escogiste a personas que son habilidosas y además una excelente compañía. Esas dos características juntas se ven algo así:

Habilidosa + Buena compañera = Un gran equipo

Ahora imagina: ¡es una verdadera crisis! Necesitas encontrar la manera de salir de ese ascensor cuanto antes, y necesitas además mantener la calma mientras las cosas comienzan a solucionarse. Ahora que estás metida en esto, revives en tu cabeza el instante en que vas a tomar el elevador, ves cómo se abren las puertas y están dos personas en él. Disimuladamente giras con desprecio las pupilas de tus ojos, es un poco fastidioso, lo que menos querías era compartir un espacio reducido e incómodo. Pero, en el momento en que se detiene y compruebas que efectivamente estás atrapada, ahí es cuando agradeces estar acompañada. ¿Cuántas veces en tu vida te has sentido atrapada en la vida? Quizá en una crisis personal, matrimonial, una crisis de dinero o de salud.

Justo ahora, tu único deseo es que el elevador suba y puedas por fin llegar a tu destino, y entonces ruegas a Dios que las personas que están ahí contigo sean sabias, además, si no es mucho pedir, que sean agradables para amenizar el tiempo que estarán encerradas trabajando en equipo bajo presión.

LA VENTAJA DE ESCOGER

"Escoger" fue la palabra protagonista en este escenario hipotético del ascensor atrapado, "escoger" es una palabra poderosa. Implica tener la libertad, la capacidad y la potestad de tomar decisiones. Algunos elementos de nuestra vida, ya sea personas o situaciones, no se pueden escoger y nos son asignados, tal como la familia, los compañeros de trabajo o nuestro color de ojos. Algunos tienen suerte, otros carecen de ella.

¿Cómo escoger un buen círculo de amigas? La aclamada respuesta es más sencilla de lo que piensas, y es: con el mismo juicio de valores que hiciste cuando seleccionaste a tus acompañantes del ascensor. El mismo criterio es aplicable, es importante que te sientas cómoda con su compañía, y que sean iguales o mejores que tú, para que hagan un excelente equipo para salir adelante de momentos de crisis.

Para hacer la selección más acertada, considera los siguientes preceptos:

Haz tu ego a un lado: un ego inflado, que toma más espacio del que le pertenece, es un estorbo para tu crecimiento personal y para tu desarrollo social. Un ego elevado busca alcanzar las medidas de un enorme cobertor que esconda con su tamaño todas tus debilidades, inseguridades y complejos. Al ego le gusta ser perfecto y jamás se someterá al juicio de nadie, no sabrá recibir comentarios, ni permitirá que convivas desde tu "yo" más genuina. Esto va a entorpecer tu intención de hacer amigas o conservar a las que tienes.

Si tu ego es la parte dominante de tu mente, ten cuidado, porque cuando lleguen tus amigas con soluciones y buenos consejos, corres el riesgo de ignorarlos y rechazarlos creyendo que son inferiores a ti. Encontrar personas con quienes sientas la confianza de hacer el ego a un lado y mostrar tu lado más vulnerable es difícil pero fascinante, además de importante para crear vínculos reales.

Si admiras a alguien, lo mejor que puedes hacer es invitarla a formar parte de tu vida. Escógela. Hazla parte de tu equipo, va a sumar mucho a tu vida y a tu círculo social. ¿Cómo no vas a querer a una mujer talentosa en tu equipo? Sumar a nuestra vida a personas que son mejores que nosotros en un aspecto u otro es lo más enriquecedor que podemos hacer. Deja de competir y empieza a compartir.

Integrar a tu equipo de vida a personas de quienes puedes aprender te ayudará a seguir creciendo, no te va a opacar, te va a impulsar, te va a motivar.

Asóciate con las personas en las que te gustaría convertirte: no son tus rivales, son tus socias. Para crear la manada más ingobernable necesitas quitarte la venda del ego, para que te permitas reconocer cuando alguien tiene talentos sin que tu ego tiemble de miedo. De tal modo que puedas rodearte de esas personas y aprender de ellas. Si decides cuidar tu ego, el costo será que escogerás rodearte de puras amigas que no te reten, a quienes veas como inferiores, y entonces tu grupo de amigas, tu equipo, perderá calidad.

Rodéate de casos de éxito para motivarte, no de casos de fracaso para sentirte tú la única importante.

Tu alrededor no es tu competencia, deja de tinturarlas como enemigas, ¡son tus aliadas! No te confundas, una amiga que te dice la verdad de frente con cariño no es tu enemiga solo porque el comentario duele. Una amiga que te aterriza cuando es necesario y te enaltece cuando lo necesitas es excelente amiga, ábrete a formar parte de una amistad auténtica donde impere la transparencia, la lealtad y el cariño.

Tómate un minuto y comparte esta frase con las amigas con las que estarás eternamente agradecida porque han estado contigo en momentos difíciles, guiando tus pasos con su calidez y sabiduría:

> MIS AMIGOS HAN HECHO LA HISTORIA DE MI VIDA. DE MIL FORMAS HAN CONVERTIDO MIS LIMITACIONES EN HERMOSOS PRIVILEGIOS.
> HELEN KELLER

Balance entre lo que quieres y necesitas: así como quieres buena compañía y necesitas salir del ascensor, también, necesitas buena compañía y quieres salir del ascensor. Léelo otra vez. Es una realidad, las amigas están para alegrarte el día, si estar cerca de ellas no te provoca paz, lo recomendado es descartarlas aunque ellas tengan la sabiduría de un búho.

> *CON AMIGOS LOS HOMBRES ESTÁN MÁS CAPACITADOS PARA PENSAR Y ACTUAR.*
> *ARISTÓTELES*

Necesitas amigas para tu vida, no amigas de toda la vida: pensamos que una vez que seleccionamos, tenemos que aferrarnos a que dure para siempre. Sigues intentando reconectar con la amiga que conociste cuando tenías 4 años en preescolar a pesar de que ya te diste cuenta de que ahora no tienen nada en común, y a veces nada que platicar. Debemos superar la idea que nos vendieron de que si no es para siempre, entonces es falso o no funcionó. Las amistades son cíclicas. Habrá algunas amigas que puedan durarte tus 95 años de vida, y habrá amistades que durarán un año, pero todas vienen a cumplir una función importante.

Si tu vida ha tomado giros de 180 grados es buen momento para actualizar tu círculo social. Que tu vida actual, tus metas actuales y valores actuales empaten con tu círculo social es importante para que siempre te sientas acompañada en tus procesos. Si actualmente hay una persona que ya no te aporta, una amiga que seleccionaste cuando estabas en otra etapa de tu vida, entonces tienes todo el derecho de alejarte de ella por tu tranquilidad, no necesariamente porque sea mala persona, sino porque terminó el ciclo entre ustedes, y es de valientes reconocerlo y cerrarlo.

Las amigas no son distracciones: si escoges bien tus amistades, dedicar tiempo a convivir con ellas jamás será una distracción de tus metas, más bien serán como focos que iluminan el camino hacia lo que quieres. No temas dedicar tiempo a obtener una dosis por lo menos semanal de tu círculo, sentirte escuchada, querida y apoyada por tu equipo es necesario para seguir adelante y alimentar tu motivación.

Los buenos amigos son como los libros: no necesitas tener muchos, mientras sean los mejores.

CAPÍTULO 6

LA REVOLUCIÓN ERES TÚ

LA REVOLUCIÓN: TÚ CAMBIARÁS EL RUMBO DE TU PRÓXIMA GENERACIÓN

LAS PRIMERAS DOCTORAS DE LA HISTORIA

El rumor se expandió por todo Cuba: "El cirujano Favez no es lo que dice ser". Poco se sabía de su historia de vida antes de su exitosa carrera médica, sin embargo se encontró un registro revelador. Aparentemente, Enriqueta Favez se casó a los 15 años con un soldado francés, y enviudó a tan solo tres años de su matrimonio. Favez no perdió la oportunidad de tomar la identidad de su difunto marido, y comenzó a crear la vida de sus sueños.

Aquella vida que solo se les permitía tener a los hombres. Ella tomó posición en las líneas de combate y se identificó frente a la sociedad como Enrique Favez, para que así las ideologías misóginas de su país no la detuvieran.

Años más tarde, cometió el acto de rebeldía más grave de su época, aprovechando su falsa identidad, entró a la Facultad de Medicina, de la cual se graduó y posteriormente ejerció como cirujana. Quien se conocía como Enrique Favez era un médico cirujano respetado en su gremio, hasta que en 1824 las eternas sospechas de sus compañeros tomaron forma en una denuncia: "Enrique es en realidad Enriqueta, una mujer encubierta".

Un juez ordenó un examen médico que descartara esta absurda posibilidad, que dejó de ser absurda cuando Enriqueta, en un intento de evitar la ejecución de la orden del juez, confesó su secreto mejor guardado.

Después del suceso, Enriqueta continuó brindando asistencia médica a los pobres y se convirtió en misionera en México. Unos años después, otra mujer, en esta ocasión británica, de nombre Elizabeth Blackwell, fue admitida en Geneva Medical College. Esto sucedió después de que, en forma de burla, los estudiantes aprobaran por unanimidad tener a la primera estudiante mujer de la Facultad de Medicina. En venganza por la burla colectiva de sus compañeros, Blackwell se graduaría como la mejor de su clase en 1849, siendo solo el comienzo de su exitosa carrera médica.

La revolución en todos los casos inicia una confrontación directa, porque convergen dos direcciones contrarias, una consolidada de años y una nueva que viene a disolverla. Pero aunque la revolución es inherentemente caótica, es la causa que hace más probable el progreso. No habría forma lógica de esperar resultados diferentes si se sigue haciendo exactamente lo mismo.

La revolución es cambiar el rumbo de la historia, redireccionar la trama y el desenlace.

La eterna lucha de los derechos de las mujeres a participar como ciudadanas, estudiar y trabajar no hubiera avanzado a esa velocidad si no hubieran existido actos revolucionarios tangibles como los que ejercieron estas mujeres.

El primer reto al que se enfrentaron estas dos mujeres fue ser lanzadas a un mundo dominado por hombres, y tomar la decisión de ir contra una situación social que tenía la misma fuerza que la gravedad. Pudieron haber decidido simplemente seguir las reglas de lo que el destino tenía preparado para ellas, quizá casarse en contra de su voluntad con un hombre que nunca habían visto en su vida, y servirle el resto de sus años, reprimiendo para siempre sus sueños y deseos.

La opción más sencilla que tenían estas respetadas mujeres era aceptar lo que venía, aceptar que donde las pusieron es donde deben estar y no hay más que buscar. Sus alternativas eran o cometer locuras o ser una prueba viviente de la desalentadora frase: "Ésa es la realidad que te tocó vivir y ni modo". Ni modo. ¡Ja! Como si en realidad no existiera un modo. Ya nos demostraron con su historia que siempre hay modos de escapar de lo que te tenía preparado el destino.

EL DESTINO NO ESTÁ ESCRITO

Sería desmotivante y a la vez tranquilizador saber que no podrías hacer nada en absoluto para cambiar tu destino. Pues cuando algo no tiene solución, preocuparse es una pérdida de tiempo. La buena y mala noticia es que sí tiene solución, sí tienes opciones, y entonces aunque preocuparse sigue siendo una pérdida de tiempo, ocuparse es la forma para hacer el cambio.

No tienes que hacerlo, puedes simplemente aceptar las cosas como vienen, pero estarías condenándote a las decisiones que se tomaron hace muchos años, por personas que seguro no tienen nada en común contigo.

Cuando tu final predestinado te cuente sus planes, ríete y cuéntale los tuyos. En ti puede empezar un cambio. La capacidad de transformar la historia está en dejar de ser esclavos satisfechos con la situación. Aborta la misión que tus antecesores empezaron, que la sociedad ha dictado o que tus padres te modelaron. Si te han estado pasando

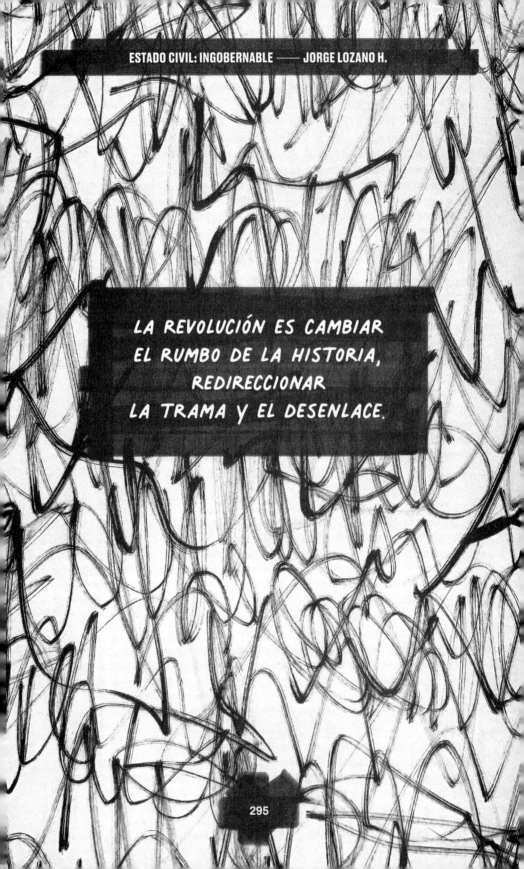

LA REVOLUCIÓN ES CAMBIAR
EL RUMBO DE LA HISTORIA,
REDIRECCIONAR
LA TRAMA Y EL DESENLACE.

bombas a punto de explosión, no las pases a tu siguiente generación, mejor descifra el código de desactivación.

Enriqueta, Blackwell, Elena Meseras y muchas otras mujeres marcaron una nueva pauta en la historia, que posteriormente creó una cadena interminable de mujeres estudiando la universidad y ejerciendo profesiones "hechas para hombres". Aunque parezca imposible crear historia en un mundo en que todos los días hay nuevos descubrimientos y nuevas tendencias sociales disruptivas, tu oportunidad de poner un pie fuera está a tu alcance.

EL DESTINO NO ESTÁ ASIGNADO

El destino no nos lo asignan al nacer, lo vamos construyendo, pero la situación social y económica en la que naciste tiende a hacerte tomar el camino más predecible. Quizá en tu caso el mayor acto de rebeldía no sea estudiar la carrera de medicina, quizá es todo lo contrario. Si eres de una familia de médicos, tu rebeldía se inclinaría a encontrar tu propio camino y construir la vida que quieres.

Como si fuera la fuerza de la gravedad, la historia de tu familia te lleva a ser médico, mismo caso si naciste en una familia de músicos, de borrachos, de machistas o de pocas aspiraciones. Seguir con la misma línea que ha regido a sus antecesores sería el camino más "obvio" y aparentemente más sencillo. Nuestro contexto es como una gravedad que nos jala a un destino específico. Una vez que alguien pone un pie fuera del camino predestinado, la cadena se detiene.

Hacer que el pasado inmediato deje de pisar tus talones es el primer escalón más grande. La revolución es una respuesta a una opresión real e inminente, normalmente imperceptible si no observas detenidamente y te lo cuestionas todo. El opresor de la historia es el pasado que somete al futuro a acabar igual que él. Así es, puedes someterte a la historia, o tomar la iniciativa de marcar un paradigma, que contigo se mida un antes y un después. Si tienes tu misión muy clara, contigo terminará una era y comenzará una nueva. Pero tienes que estar dispuesta a atravesar el duelo de que una parte de tu historia muera.

La parte más difícil es destruir, ésa es la fase caótica de la revolución pero el fin siempre es para construir algo mejor.

Para reconstruir hay varias consideraciones que debes tener en el camino:

Te van a cuestionar: si eres de una familia de zapateros y las últimas cinco generaciones se han dedicado a eso, aunque descubras una mina de oro, vas a ser cuestionada. La gente no necesariamente duda de tus actos, pero no tienen ninguna duda de que los suyos han funcionado. La familiarización, la comodidad, seguir el tramo convencional es lo más difícil porque significa destruir. El ser humano se aferra a su costumbre, el costo de cambio es altísimo, que los seres humanos se adapten a algo nuevo siempre será el mayor reto.

Piensa en este ejemplo: un programador destacado y exitoso puede inventar un nuevo sistema operativo diferente a Microsoft Office, y puede proponer en este nuevo programa una serie interminable de beneficios y mejoras, pero aunque sean evidentes las ventajas del nuevo sistema, lo más probable es que al menos el 95 % de las personas se queden con Microsoft, en su zona conocida.

Esto no se debe a que la nueva propuesta innovadora sea mala en absoluto, sino al costo de cambio de un operador a otro, reaprender nuevas funciones, reubicar los iconos y aplicar nuevas instrucciones de uso. A esto se le conoce como inhibición al cambio y es un fenómeno normal, que seguro en tu proceso de revolucionar vas a notarlo en tu círculo social. Debes desarrollar una fortaleza más poderosa que el miedo a cambiar.

Es un hecho que vas a dudar tú misma: por supuesto que si estás yendo contra corriente, en algún momento te sentirás absurda o creerás que estás equivocándote. Pero tienes que regresar a la raíz, a lo que te impulsó a marcar la diferencia.

Conocer y aceptar la historia: es indispensable conocer y aceptar tu realidad para poder traspasarla. La aceptación no es un ancla, es un motor, pero es necesario que lo uses de esa forma. No la confundas con la resignación. Esta última te propone no hacer nada al respecto, mientras que la aceptación es simplemente tu punto de partida, es tu marcador de salida hacia la pista.

Si todas las pasadas generaciones vivieron de cierta forma, entonces a cualquiera que nazca ahí le parecerá lo más familiar seguir el mismo camino. Agradecer y aceptar lo que te "tocó" no implica escoger el camino que tomaron tus padres o tus abuelos.

Haz tu investigación de campo, indaga en las razones de tus antepasados, en las historias y dificultades de tus padres y cuestiónate sus decisiones sin juzgarlas. Que la intención sea entenderla para saber qué fórmula será la adecuada para modificarla en tu vida. No intentes modificar el pasado, es tan rígido como una piedra preciosa, tómalo y haz los cambios para ti.

Una nueva forma de hacer las cosas: no tienes que hacer las cosas más disparatadas para marcar una nueva pauta, basta con que hagas las cosas sustancialmente diferentes. El revolucionario no sigue las reglas, sino que pone unas nuevas, a través de sus actos le declara la guerra al estado de su vida, a su contexto, a su historia, a sus ancestros. Basta con que te propongas hacer cosas ordinarias y convencionales pero de una manera única para cambiar generaciones.

Sí puedes escoger tu destino, no "cambiarlo" porque ni siquiera está escrito: algunos nacen más cerca de la meta, y otros más lejos. La única diferencia entre tú y todas esas personas que tienen la vida de sus sueños es el punto de partida. Quizá ella recorrió un camino más corto, y a ti te tocará uno más largo, pero lo importante es disfrutar y adueñarte del proceso, porque es el proceso el que te reta y te hace florecer. Cuando llegues a la meta, llevarás la ventaja de más experiencia y mayor preparación. Recuerda que siempre intervienes tú en lo que te depara para tu vida.

Mamacita, decláralo. A partir de hoy:

Tú no eres esa herencia que te dejaron, esa deuda emocional que llevas pagando, esa vocecita saboteadora, pesimista o de insuficiencia. Tú no eres lo que dice de ti la sociedad, no eres ni siquiera los números en tu edad. Tú no eres tu tragedia: no eres divorciada, ni paciente de cáncer, ni una mujer abusada.

Tú eres libertad, eres salud y prosperidad. Tú no vas a heredar la maldición, tú vas a heredarle a tu descendencia una gran bendición. Tú vas a romper con todo lo que ha ido bajando de generación en generación, eres el catalizador que convierte lo malo en bueno. Decláralo: Todo lo malo termina conmigo y todo lo bueno empieza conmigo.

TÚ ERES LA REVOLUCIÓN

ERRORES CRIANDO NIÑOS MODERNOS

SEGUNDA OPORTUNIDAD

En la punta de mi juventud, la frase "Vida solo hay una" era el eslogan para hacer las cosas sin pensar, era una creencia reconfortante y liberadora. Siempre que estaba a punto de cometer una tontería, tenía a un lado a mi mejor amigo repitiendo esa frase para darme el último empujón que necesitaba para concretarla.

De adulto, he querido buscar refugio en esa misma frase, y seguido me topo con una pared difícil de sortear: la culpa, los años, la frustración de no haber logrado algo, o el arrepentimiento de errores del pasado. Sigue siendo una frase popular con la que me encuentro con frecuencia, y aunque quizá no tengo el paladar más desarrollado, sostengo firmemente que sabe agridulce.

Creo que he encontrado el motivo, y es que ahora creemos que nuestro tiempo ha acabado. Haciendo las cuentas de las decisiones de nuestra vida, nos damos cuenta de que hemos quedado en deuda con nuestro niño o niña interior, hay traumas que no sanamos y sueños que abandonamos, surgen las ganas de darle "reiniciar" a nuestra vida para reparar los daños, o hacer las cosas diferente. Cuando eres solo una niña, no extrañas tus años pasados, pero cuando eres adulto, no puedes soltar el pasado, el futuro deja de emocionarte porque ahora sí parece completamente descifrable.

Dejamos de construir camino para adelante y empezamos a extrañar el camino de atrás, enfocados en querer cambiar lo inalterable y sin la vista en lo importante, que es lo que aún puedes construir: tu futuro.

Pero como "la vida solo es una", entonces es difícil confiar en que hay segundas oportunidades para ti, y para tu vida. ¡Afortunadamente estás justo a tiempo de crear otra vida! Claro, no la tuya, pero que surge de ti. Nacen tus hijos, y llegan a llenarte los ojos de esperanza. Parece que son tu "segunda oportunidad", ahora sí estás decidida a hacer las cosas bien.

Hay un pequeñísimo detalle que tienes que considerar en esta trayectoria tan emocionante: tus hijos no son tú. Supongo que suena como una obviedad insignificante, pero si eres ser humano, entonces es normal que mucho de ti lo quieras traspasar a tus hijos, sin intenciones de dañar, sino todo lo contrario.

¿Qué pasa cuando combinas frustraciones de tu pasado con una nueva oportunidad en forma de un hijo? Se crea lo que en la psicología se conoce como "desplazamiento", en que la mente de forma inconsciente redirige las emociones que le provoca alguna situación hacia otra persona. El pasado se actualiza al presente, y los padres ponen sobre la mesa de sus hijos conflictos propios con el propósito de resolverlos.

Todo esto viene desde un buen lugar, el punto de partida es amor y preocupación por el bienestar de tus hijos, pero quizá el puerto al que lo diriges podría causar más problemas. Buscar resolverles conflictos que ellos no tienen, pero que supones que tienen porque tú sí los tienes es el equivalente a hacer una cirugía de emergencia a un paciente que no la necesita.

Definitivamente para un paciente que tenga un problema en el corazón, la intervención quirúrgica es el mejor remedio. Pero si una persona tiene el corazón funcionando a la perfección, entonces la cirugía es invasiva y quizá perjudicial.

Cada lucha tiene su propio campo de batalla, y es importante darle su lugar.

Bueno y te preguntarás: "¿Cómo puedo evitar todo esto?". La solución deriva de entender que ellos no están creciendo bajo tu mismo contexto en ninguno de los aspectos. El mundo ha cambiado, la sociedad ha evolucionado, la tecnología avanza a velocidad luz, se han hecho nuevos descubrimientos claves en el método de educación, y eso es solo el comienzo. La pieza de información más importante es que tu hija o tu hijo está creciendo en una casa diferente a la tuya: diferentes amigos, diferentes padres, diferentes gustos, diferente personalidad. Aunque sea de tu sangre, y quizá tenga tu nariz y algunos rasgos de tu carácter, tu hijo no necesita herencias emocionales.

Los hijos ni siquiera necesitan herencias de aprendizaje, ellos necesitan generar su propio patrimonio de habilidades, lecciones y aprendizajes. Tú tienes la enorme fortuna de ser su guía turística en la vida, pero es necesario permitir que ellos vayan recogiendo las cosas que a ellos en particular les sirva, y desechando lo que ellos consideren que no funciona. Recuerda que eres un acompañamiento para una vida nueva, pero esa vida es de alguien más. El mejor regalo que le puedes dar a un hijo es la libertad. Libertad, no libertinaje. Libertad de tomar decisiones, y sobre todo, de asumir las consecuencias de ellas, así creando su propio patrimonio vital.

Grandes hallazgos de la educación moderna han impactado severamente en las estrategias de enseñanza de los niños en la actualidad, entre ellos Tim Elmore, un escritor y formador que compiló algunos de los errores que inconscientemente cometen los padres en la formación de sus hijos. Por otro lado, están John Bowlby y William Sears, quienes introdujeron cada uno desde diferentes ópticas el concepto de la crianza respetuosa, que se ha ido implementando en el sistema educativo los últimos años de forma paulatina.

Criar a nuestros hijos de la forma adecuada es la manera de detener los patrones familiares. Es de beneficio para los hijos pero, aunque cueste creerlo, educar bien a los hijos tiene grandes beneficios personales también para los padres. Ilustra en tu mente los traumas emocionales como un virus, si lo contagias, este virus seguirá alimentándose, creciendo, replicándose y creando diferentes variantes. Si el virus lo curas tú, entonces éste perderá fuerza, y podrías ser tú quien detenga la epidemia.

Tener padres debe calificar como una ventaja en el desarrollo de un niño, no una desventaja. Los padres no son una cárcel, son un centro de inserción social. ¿Te has preguntado por qué los menores de edad, ante la ley, no van a la cárcel? En su lugar, ante una infracción van a centros de [re]inserción social. Esto es porque siguen en etapa de prueba y error, de definir el rumbo de su vida, y observar cómo se ven las consecuencias de sus actos.

Los padres son un centro de habilitación y rehabilitación, no una cárcel. Una cárcel es solo una jaula, es encerrar el mal en lugar de corregirlo. El resultado a largo plazo es completamente inútil porque el encierro del mal tiene fecha de vencimiento, y cuanto eso suceda, regresará a representar un peligro para la sociedad.

Dentro de los errores más comunes al momento de criar a los niños modernos, nos encontramos con:

Arriesgamos muy poco: vivimos en una generación en la que la seguridad es tan importante que no queremos que nuestros hijos asuman ningún riesgo. El problema es que la única manera de crecer es arriesgándose a perder. Caerse de la bici es parte del arte de dominarla. Nos preocupamos tanto por la protección de nuestros hijos que nunca les hemos permitido fracasar, y es en el fracaso cuando más se aprende.

Los niños pueden hacer muchas cosas solos, pero si como padres no les permitimos intentar, entonces creerán que no son capaces, y siempre dependerán de ti. Se harán retraídos y miedosos si constantemente sembramos miedo en ellos. Si siempre has tenido un especial pavor a los insectos y observas que tu hijo agarra uno con las manos, quizá ahí la que debe aprender que no pasa nada eres tú, y no ellos. Tu reacción natural podría ser gritarle apurada que lo suelte, pero ésa es una forma más de transmitirles tus miedos.

Damos órdenes y castigos: usamos palabras como "bien" y "mal" con mucha frecuencia, pero sin que ellos puedan sentir tangibles las consecuencias, sino que actúan a través del miedo o de reglas, sin conocer la razón detrás.

Cárcel: un niño que se cría por miedo y reglamentos, cuando crece sería el tipo de persona que solo respeta un semáforo en rojo si hay alguien viendo en la calle. Lo que le da miedo no es la consecuencia del accidente, le da miedo el castigo, que es la multa. Son personas que sin castigo, no tienen criterio propio.

Inserción social: un niño que se cría conociendo las consecuencias de sus actos, sin miedo y libremente escoge respetar y hacer alto en la luz roja, porque está convencido de que es lo correcto para evitar accidentes.

Ayudamos demasiado pronto: ¿el niño sacó una mala calificación? Ahí va la mamá a negociar con la maestra: "¿Cómo que reprobó a mi niño? Si mi hijo se quema las pestañas estudiando". A veces tenemos que dejar de rescatar y dejar que nuestros hijos crezcan y aprendan a rescatarse a sí mismos. Aprender a negociar es un arma que toda la vida van a usar. Les ahorramos frustraciones, les facilitamos todo.

Los niños tienen que vivir en carne propia las emociones desde temprana edad para familiarizarse con ese sentimiento de montaña rusa, que se eleve una emoción y saber bajarla, aprender a controlarla, regresar a su centro.

Elogiamos con mucha facilidad: Elmore dice que vivimos en una época en la que queremos que nuestros hijos tengan buena autoestima, y es entendible, queremos que desarrollen confianza y seguridad en sí mismos y por eso nos gusta echarles flores. Sin embargo, la autoestima no se construye con elogios, se construye con logros. Tenemos que dejarlos hacer lo que tengan que hacer y en vez de echarle porras por lavar una olla, debemos felicitarlos cuando cumplan con las metas que se fijan.

Si su autoestima se construye de elogios, aplausos y cumplidos, es probable que se conviertan en personas que buscan constantemente la validación de los demás. Llega el niño con un dibujo muy mal pintado, quizá muy por debajo de lo que es capaz, y para hacerlo sentir talentoso, decimos sin pensar mucho: "¡Hijo, te quedó increíble!".

Esto provocará dos situaciones:

#1 El niño se cree tu cumplido, y entonces no dedica más esfuerzo a sus dibujos porque aparentemente ya son increíbles. Está usando el 30 % de su talento y eso parece suficiente, entonces reprime para siempre el otro 70 %.

#2 El niño no podrá reconocer por sí mismo cuando algo te haya quedado bien o mal, siempre tendrá que salir a preguntar a los demás qué piensan y validarse de opiniones ajenas.

Es indispensable que un niño sepa autoevaluarse con honestidad, que cuando llegue con nosotros a enseñarnos su dibujo él sepa, sin necesidad de preguntar, si lo que hizo lo hace sentir orgulloso o le parece que pudo haber salido mejor. Solo así será autocrítico y podrá mejorar.

Premiamos el mínimo esfuerzo: uno de los grandes problemas con el mundo es que le damos trofeos a la gente solo por participar, por hacer acto de presencia. Por eso luego existen aquellos que piensan: "Con presentarme a trabajar basta, merezco reconocimiento".

Criar niños conformistas simplemente por cuidar sus sentimientos es injusto para su futuro. Los niños necesitan aprender a lidiar con el hecho de que no todo lo que hagan es perfecto, sino que para alcanzar resultados que realmente impacten necesitan dedicación y esmero.

Es más fácil construir niños fuertes que reparar adultos rotos.

TRASCENDENCIA: ¿CÓMO SERÁS RECORDADO?

¿HUBO SONIDO?

Si un árbol cae en medio del bosque y está en total soledad, no hay nadie ahí que lo pueda escuchar, la pregunta es: ¿hubo sonido? Te ahorraré el tiempo de ir a investigar. La respuesta corta es no. La respuesta larga es que se producen ondas sonoras pero no hay sonido como tal. Esto de algún modo explica que el mundo exterior es lo que enuncia la existencia de algo, si el mundo no lo percibe, entonces no existe.

George Berkeley, un filósofo irlandés influyente, explica que las cosas solo existen cuando pueden ser percibidas por alguno de los sentidos; ¿quién percibe? El mundo, la gente. Por lo tanto, sin el mundo exterior, no hay sonido.

Cierto, las ondas sonoras se producen independientemente de todo, pero solo es trascendental cuando alguien lo percibe, en otras palabras, cobra sentido cuando existe para el otro, hacia el exterior. Con todo esto, no puedo evitar pensar en un artista talentoso, original y creativo que nunca sacó sus creaciones a la luz. Sus obras de arte, sus pinturas sobre lienzo están ciertamente hechas, pero si me apego a la filosofía, no cobran sentido hasta que el mundo las percibe.

Pensémoslo bien: el arte existe para ser apreciado. Si las obras de arte existen, pero no cumplen con su principal función que es compartirse y transmitir un mensaje al mundo, entonces el sentido de su

ES MÁS FÁCIL
CONSTRUIR
NIÑOS FUERTES
QUE REPARAR
ADULTOS ROTOS.

existencia está en riesgo y su capacidad de trascendencia es nula. Si entendemos la definición de trascendencia como "ir más allá de ti" y la obra de arte solo existe para sí misma, entonces no es trascendente.

Así como el arte cobra un sentido más claro cuando es exhibido y las ondas sonoras de un árbol que cae cobran sentido cuando hace sonido que es percibido, te preguntarás:

¿ENTONCES CÓMO Y CUÁNDO COBRA SENTIDO MI VIDA?

Esta pregunta existencialista estremece la mente del ser humano, pues automáticamente pensamos en lo fugaz que es nuestra presencia en el mundo. ¡No te alarmes!, a todo esto la acompaña una filosofía como consuelo: "Solo se muere cuando se olvida", entonces nuestra preocupación tiene solución: nunca ser olvidados al dejar una huella en este planeta antes de partir. En otras palabras, trascender. Si quieres ser eterno debes asegurarte de que se mantenga vivo tu recuerdo.

Todo el tiempo vivimos para nosotros y la trascendencia se trata de lo que dejamos en otros. Hablamos hasta el cansancio de autoestima, autocuidado, autocomplacerse, autosuperarse, el discurso se ha tornado demasiado individualista, y por eso hemos perdido el sentido de estar aquí, porque nos alejamos de nuestra principal función: estar en sociedad. Nos olvidamos de la importancia que tiene en el ser humano la sensación de haber dejado un legado, que es precisamente: trascender.

Lo entiendo más claro cuando pienso en una persona que es talentosa, pero no inspira porque nadie conoce su talento. Pienso también en una persona que es excelente para dar consejos, pero no ayuda a nadie porque no los da, personas que lo tienen todo y no tienen con quién compartir. Abundan las personas inteligentes, sabias, amables, respetuosas, pero perdería todo el sentido si no se relacionan con nadie. ¿Cuál es el valor de una persona con la capacidad de ser respetuosa pero que no lo externa? Si una persona existe solo para sí, si todos sus valores, pensamientos, pertenencias son solo para uno mismo, ¿cómo logrará trascender?

Viktor Frankl, un respetado psiquiatra austriaco, dice que trascender es salir de nosotros mismos para ir a otros. Más allá de tu placer, tu diversión, de tener cosas. Es lo que tú, viviendo tu vida, marcas en los que fueron testigos de ella. No importa cómo creas tú que eres, o como digas que eres, simplemente importa lo que efectivamente sí eres, eres lo que haces, lo que externas al mundo. Eres todas esas partes de ti a las que les das salida y permites que convivan con los demás.

Trascienden aquellas personas que se ganen un espacio en la mente de los otros, que sean dignos de estar en la memoria cuando ya no estén físicamente. Cuando mueras, no estarás aquí para desmentir lo que se diga de ti, sino que la huella que hayas dejado será permanentemente como la marcaste en vida. Cuando te vas, más que recordar lo que eres, se reviven las enseñanzas que dejas, y entonces, aunque no estés, vives porque las personas replican lo que enseñaste.

> LOS RECUERDOS DE NUESTRAS VIDAS,
> DE NUESTRAS OBRAS y NUESTROS ACTOS
> CONTINUARÁN EN OTROS.
> ROSA PARKS

¿QUÉ DEBO HACER CON MI EXISTENCIA?

Darle significado viviendo tu vida con relación a otros. Somos como las ondas sonoras, pero de nada sirve si no provocan un sonido audible, de nada sirve si tu existencia no convive con el mundo. Hay que dejar de vivir la vida como si fuera un conjunto de años en la tierra, y empezar a tratarla con una visión más amplia y profunda.

Todos dejamos en este mundo una huella por donde caminamos y más aún cuando dejamos de existir en este plano. Lo que está en tus manos es escoger cómo quieres ser recordada, si te gustaría ser un ejemplo a seguir para tus futuras generaciones, una mujer que recuerden con cariño en reuniones familiares, o quieres ser esa persona de la que se evita hablar porque no hay nada que valga la pena traer de su vida a la actualidad. De hecho, algunos psicólogos han apodado la trascendencia como ese comportamiento heredable. Tu legado es el cúmulo de los aprendizajes que dejaste en otros.

Ésa es tu responsabilidad, darle un sentido a tu vida y que además sea positivo. Todos tenemos un lado iluminado y un lado oscuro. ¿Con cuál quieres que te recuerden?

Recuerdo perfectamente cómo eran los domingos en la casa de mi abuelo, él siempre nos recibía con pan dulce y una enorme sonrisa a todos sus nietos. Lo recuerdo como una persona amorosa que trabajaba con el corazón para unir la familia, y ahora que crecí, cuando me relaciono con mi familia pienso en él y busco imitar todo lo que aprendí de él en vida. Ésa es tu huella desde mi perspectiva.

También estoy consciente de que algunos de mis primos no vieron a mi abuelo de esa forma. Sospecho que es porque tenemos diferentes percepciones de la realidad, supongo que mi abuelo también tenía un lado menos agradable que quizá yo no percibí. Pero basta con que mis primos hayan percibido mayormente ese lado de mi abuelo para confirmar que existió. No podemos dejar la misma huella en todos, porque no provocamos las mismas sensaciones en todos, y está bien.

No solo dejamos huella con la muerte que termina con la vida, también dejamos huella cuando damos muerte en vida a algún ciclo que atravesamos. Por ejemplo, cambias de trabajo y te recordarán en la oficina como aquella persona sonriente y educada, o bien una persona mentirosa y cruel. Igual cuando cambiamos de colegio o de amistades, o nos mudamos a otra ciudad.

Se deja huella cuando nos retiramos, porque ahí comienza la eternidad de la imagen que diste y el legado que dejaste. Una vez que te vas, ya sea de la vida o te cambias de ciudad, tu imagen se congela a como la construiste mientras estabas, es inalterable. Cuando te vas y formulan las personas lo que me gusta llamar "tu estatua memorial", ya no puedes regresar a convencerlos de que en realidad no eres así. Así que todo lo que hagas hoy en cualquiera de los ámbitos de tu vida está esculpiendo lo que quedará en roca para siempre.

> ESTO NO ES IGUAL A VIVIR PARA LOS DEMÁS, ES SIMPLEMENTE COMPARTIR TU FORMA DE VIVIR PARA DARLE SENTIDO A LA VIDA.

¿QUÉ ES LO QUE MÁS RECUERDA LA GENTE DE NOSOTROS CUANDO NOS VAMOS?

Lo que viviste queda en segundo plano, y toman el primer lugar de importancia los valores y la actitud con que afrontaste la que viviste. La forma en que vivimos y no lo que vivimos. Las actitudes que más repetimos son lo que nos definen, nos moldean, y al final de cuentas será la huella que dejemos a nuestro paso. Hay valores que aprendimos en nuestra casa de nuestra familia y también antivalores, hay valores que admiramos en otras personas y los tomamos como nuestros, encárgate de pulir tu huella antes de dejarla.

A mí me gusta pensar que existen tres categorías en que encuadran todas las personas del mundo cuando hablamos de la huella que dejan:

La persona narrativa: es el equivalente al árbol que cae sin provocar sonido: pasan cosas importantes, pero no tienen trascendencia. Estas personas se definen únicamente por lo que les pasó, y las vivencias que tuvieron, eso es lo que destaca en ellas, su vida y no su forma de vivirla. Tienen una historia que contar, pero su personaje en la historia no deja ningún mensaje claro.

No hay inclinación alguna, la voz de la historia no tiene expresión, simplemente narra lo que sucede. Son personas que no convierten situaciones a experiencias, por lo tanto, no importa si le pasaron cosas buenas o malas, que pueden ser o no interesantes, ellas no hacen nada al respecto, como si solo estuvieran flotando. Las vas a identificar si le preguntas cómo va todo con su vida jamás expresará sus emociones, se limitará a esclarecer con imparcialidad los acontecimientos.

Si encajas en este prototipo es momento de externar todo lo que te habita. Compartir lo que eres con los demás es la forma más sana y carismática de dar y entregar. Ponte la capa de la proactividad y haz que las cosas sucedan, y cuando sucedan cosas, conviértelas en aprendizaje. Nutre tu esencia y ábrele la puerta hacia el exterior, que la gente tenga una visión de lo que ocurre contigo y no solo de lo que te ocurre.

La persona tragedia: todo lo que pasa es una escena de película dramática, no importa de qué se trate, se convierte en tragedia. Las crisis que han llegado son lo que marcan la narrativa de su vida, le da mayor espacio e importancia al lado oscuro. Su percepción de la realidad no es falsa, solo está completamente viciada.

Llega la mujer de un viaje lujoso con su familia y lo único que tiene que contar es quejarse de los malos detalles que con mucho esfuerzo logró encontrar. Tienes un trabajo que te gusta pero te quejas todo el tiempo de que no te da tiempo de hacer nada más, y entonces llega tu amiga la que te propone una solución para todo cuando solo te quieres quejar y tú la aborreces, porque sabes que tiene razón, pero tú no querías consejos, querías simplemente quejarte.

A esta persona la distinguen sus problemas, no porque tenga más o sean más graves que los del resto, es simplemente porque siempre habla de ellos, y entonces su forma de recibir la vida es así, el comportamiento heredable es la queja y el pesimismo.

La persona trascendencia: puede ser tu abuela o puede ser Cleopatra, pero hizo algo bueno de su vida, sin importar lo que haya sucedido. Convirtió en oro las tragedias y sabe explotar al máximo las cosas increíbles que le suceden. Cuántas personas hemos visto con admiración por su actitud ante la vida, y momentos después nos enteramos de lo trágico que fue perder a su hijo, o la violencia que vivió en su infancia. Todo lo convierten en enseñanzas y comparten con las personas su perspectiva de la vida. Se entregan a sí mismas.

Un ejemplo que enmarca con mucha claridad a la persona trascendente es Anna Frank. A su corta edad y con la limitación del encierro, no perdió la oportunidad de dejar huella, jamás quitó el dedo del renglón de compartir sus experiencias a través de lo que más amaba hacer: la escritura.

Las circunstancias de su vida no fueron las más favorables, pero entre las pocas cosas que ella tenía mientras se escondía del mundo era su diario. Le tocó vivir una pesadilla histórica, y pudo haber sido simplemente recordada por ser una víctima más (narrativa), o tirar a la basura su vida (tragedia), pero en conjunto, una tragedia, ser sobreviviente y su lado trascendente, no dejó de escribir sus experiencias, incluso escribió algunos cuentos mientras estaba escondida con la intención de publicarlos si salía viva. Pudo haber sido una más de los miles de personas que murieron, pero trascendió en su libro, porque todo lo que ella vivió lo compartió.

Anna Frank es recordada por su diario, la historia que plasma en él, su disciplina de no dejar de escribir a pesar de todas las barbaridades que tuvo que atravesar, por la expansión de su consciencia a tan corta edad y su habilidad para plasmar en palabras. Al final, ella cumplió su deseo de ser escritora, no del modo en que soñaba seguramente, pero dejó su huella bien marcada.

¿Has cumplido con tu deseo? ¿Hay algo que te gustaría hacer, pero que nunca has hecho? Quizá no lo percibas todavía, pero muchos de nuestros logros, alegrías y frustraciones, indudablemente serán heredados a los hijos. Mucho serán cadenas que ellos llevarán cargando de generación en generación. Errores que hemos cometido que nos persiguen de por vida serán transferidos a nuestros hijos. Al final del día, ellos deberán romper sus propias cadenas. Quizá el mayor acto de trascendencia que puedes dejarles es la libertad de cuestionar y buscar su propio camino a la verdad. Me gustaría repetir esta frase que lo explica con mucho peso:

> TODAS LAS BATALLAS DE TU PASADO QUE ELIJAS NO ENFRENTAR SON BATALLAS QUE TUS HIJOS TENDRÁN QUE PELEAR.

MI PROPIA CADENA, LA MÁS PESADA

Sin duda es más fácil hablar de romper las cadenas de otros que pensar en romper las propias. Desde luego, todos cargamos con nuestra deuda emocional, las voces que nos limitan cuando queremos hacer algo grande, los miedos, las herencias generacionales, la presión, la duda, la incertidumbre. Es como si nuestra maleta emocional viniera llena. Yo tengo mis propias cadenas.

A la publicación de este libro, llevo más de diez años dedicándome a motivar a mujeres principalmente y hombres en diferentes partes del mundo. He encontrado que el lenguaje en común que tenemos es el de las cicatrices.

Las cicatrices son la marca más hermosa del ser humano. Son la evidencia de que aquí en nuestro corazón existió una herida, pero aquí se sanó; aquí hubo una guerra, pero aquí se triunfó. La cicatriz es la marca del artesano. Son las pequeñas imperfecciones que la vida nos ha dejado que nos hacen una pieza única de la creación. Nuestras vivencias nos aseguran que no somos un número más en la creación, somos especiales.

Después de crear a miles de millones de seres humanos a lo largo de la historia, Dios observó el mundo y decidió: le faltas tú. Te creó con una historia, con una narrativa completa. ¿Qué tan especial será tu misión? Hubo un día en el que yo perdí la mía.

Verás, en cada entrevista que me hacen para los medios de comunicación, hay una pregunta que siempre se repite. Me dicen: "Jorge, usted habla mucho de los malos amores, de los mentirosos, de los *cucarachos*, pero contésteme esto: ¿usted alguna vez ha sido un *cucaracho*?". Mamacita, te confieso, cada vez que escucho esa pregunta, encuentro una manera de esquivarla. A veces saco mi celular y mando un mensaje de: "¡Empanadas, empanadas!".

Pero antes de que sigas leyendo este libro, siento que te debo una respuesta. A ti que has llegado hasta este punto, que quizá me sigues en las redes sociales o has escuchado algún consejo mío, a ti debo confesarte: mamacita, yo no solo he sido un *cucaracho*, he sido un *cucaracho* de tercera generación. Mi padre: el *cucaracho* mayor. Mi abuelo: el cucarachus máximus.

En cada generación de mi familia que me tocó conocer, hubo divorcio, separación, rompimiento de los lazos familiares. Yo, quizá como mi padre antes de mí, juré que no iba a repetir el patrón. Después de todo, yo crecí viendo los estragos que dejan los divorcios en las familias. Yo me prometí dedicar mi vida a motivar a las mujeres a reponerse de sus corazones rotos y salir adelante. No tenía ni idea de lo que Dios tenía preparado para mí.

Sin duda no busco justificarme cuando te digo lo siguiente: yo crecí sintiéndome el niño más feo de la escuela, crecí pensando que la validación venía del exterior y creyendo que mi propósito mayor era agradarle al mundo.

Cuando me casé, mi madre, muy sabiamente, tuvo una plática que recomiendo a toda madre tener con sus hijos varones. Me dijo: "Hijo, estás a punto de casarte con una gran mujer. Encontraste a una mujer noble, honesta, de buen corazón, una mujer inteligente, sabia. No sabemos cómo lo lograste, pero la encontraste", bromeó mi madre. Y luego pasó a darme la encomienda más importante que una madre puede darles a sus hijos: "Hónrala, respétala, cuida su corazón y no lo rompas. Recuerda lo que vivimos cuando crecías, todo lo que tuvimos que hacer para salir adelante, no repitas los mismos errores".

Recuerdo que con mucho amor tomó mis manos y me dijo: "Te voy a adelantar la herencia familiar". Mi corazón se detuvo. "El viejo recetario de tu abuela". Válgame, pensé que iba a ser un terrenito o de perdido el viejo carro todo chocado de mi abuela, pero mi madre me heredó el recetario.

Curiosamente, el mismo año que me casé, fue el año en el que mis consejos empezaron a llegar a todo el mundo. Las redes sociales se encargaron de convertirme en un conferencista reconocido, un hombre que viajaba semanalmente presentándose en teatros y auditorios de las principales ciudades de mi país. Mi carrera había despegado. Mis libros, mi programa de radio, mis secciones en la televisión, mis apariciones en vivo, los cursos, los videos y las campañas publicitarias empezaban a darme el reconocimiento que por años había buscado. Por fin sentía que había llegado mi momento, y ése fue todo el problema: lo llamaba MI momento.

El primer año de casado, mi esposa no sabía de mí. Llevaba casi todo el año de gira, ebrio de mí mismo. Los días que estaba en casa vivía en mis redes sociales, viendo lo que hacía todo el mundo, comparándome, midiéndome, compitiendo y mi esposa, abandonada. Ella empezó a cuestionarme: "Jorge, tú y yo necesitamos hablar, te veo muy mal". Yo no quería escucharla. "Jorge, te veo crecido, soberbio, engreído, no entiendo qué pasa contigo". ¿A qué se refería esta mujer? ¿Acaso no sabía con quién estaba hablando?

Era tanta la frustración de mi esposa que cada día insistía más: "¡Jorge, llevas meses fuera de casa! Necesitamos sentarnos a arreglar esto, porque no estamos funcionando". Yo reaccionaba peor: "María, ¿qué te pasa? ¿Que no ves el éxito que estoy teniendo? ¿Cuál es tu problema conmigo?". Mi esposa no entendía cómo se había casado conmigo, ésta no era la vida que se imaginaba. Yo me sentía cada vez más incomprendido, así que empecé a dejar de ir a casa. Mentía diciendo que estaba de viaje y realmente no quería verla. Mi egoísmo me tenía ciego.

Empecé poco a poco a convertirme en un *cucaracho* peor que los que yo criticaba en mis conferencias. Mientras salvaba a muchas mujeres de los *cucarachos*, mi relación se volvió un infierno. Un martes por la tarde, mi esposa me llamó diciendo:

—Jorge, esta vez es en serio, necesito hablar contigo.

—No tengo tiempo —le dije—. Estoy muy ocupado.

—Esto es importante —me dijo.

—Y lo que yo estoy haciendo también.

Me miró con cara muy seria, casi sin expresión y contestó:

—¿No tienes tiempo? Bueno, no pasa nada. Mañana platicas con mi abogado.

El mundo se detuvo completamente. Todo se puso en blanco. Imagínate el titular del noticiero: "El Gurú del Amor: ¡Divorciado!". Eso era lo último que pasaba por mi cabeza realmente.

Verás, mi esposa María Fernanda me conoció cuando nada de esto existía. Ambos trabajábamos en una compañía de alimentos, éramos vecinos de escritorio. Cuando nos conocimos, nada de esto existía. No había ni conferencias, ni libros, ni giras, ni televisión, ni radio y mucho menos redes sociales. Aun sin nada de eso, ella me quiso.

Ella apostó por mí cuando nadie hubiera apostado. Dejó a un lado muchos de sus sueños para impulsarme y motivarme a convertirme en lo que era y a la primera señal de éxito, me había olvidado de ella. Tanto que había juzgado a mi padre, a mi abuelo, a mis generaciones anteriores y ahora yo era uno más de ellos. Un número más en la maldición familiar.

Estaba profundamente deprimido, triste, roto por dentro. ¿Quién era esta persona en la que me había convertido? Recuerdo haberme mudado por meses a casa de mi hermano. No había día en el que no llorara. Extrañaba mi casa, mi matrimonio, mi vida pasada, extrañaba a mi perro Keo, pero sobre todo la extrañaba a ella. ¿Quién me había creído como para sentirme con el derecho de robarle sus sueños? Ése fue el punto más bajo de mi vida.

A veces hay cadenas que, por más que intentemos esquivar o negar, nos persiguen.

Hace unos meses, una mujer se me acercó después de una conferencia para hacerme la pregunta más simple, pero más compleja que me han hecho. Me decía: "Cada vez que asisto a una de tus conferencias salgo motivada, empoderada, dispuesta a cambiar mi vida, pero tristemente vuelvo a caer. ¿Cómo rompo lo que no puedo romper?".

¿Cómo rompo lo que no puedo romper?

Ésa es quizá la pregunta más importante de todo este libro. ¿Cómo rompes una cadena tan fuerte que constantemente se aparece?

¿CÓMO ROMPES LA CADENA DE ESA HUMILLACIÓN QUE SUFRISTE CUANDO ERAS UNA ADOLESCENTE?

¿CÓMO ROMPES LA CADENA DE ESE ABUSO QUE VIVISTE QUE TE DEJÓ PROFUNDAMENTE HERIDA?

¿CÓMO ROMPES ESA ANSIEDAD, ESA DEPRESIÓN QUE TE VISITA CADA DÍA?

¿CÓMO ROMPES LA CADENA DE HABER PERDIDO A UN HIJO, DE HABER PERDIDO AL AMOR DE TU VIDA?

¿CÓMO ROMPES ESE HÁBITO DESTRUCTIVO QUE ESTÁ ACABANDO CON TU SALUD?

¿CÓMO ROMPES ESA CRISIS ECONÓMICA QUE TE TIENE CONSTANTEMENTE ENDEUDADA?

¿CÓMO ROMPES CON EL MIEDO QUE TE DA ESE CÁNCER QUE HABITA EN TU CUERPO?

¿CÓMO ROMPES CON ESA TRISTEZA PROFUNDA QUE VIVE EN TU CORAZÓN, ESA QUE TE HACE TENER PENSAMIENTOS DE MUERTE Y NO SABES QUÉ HACER?

¿CÓMO ROMPO LO QUE NO PUEDO ROMPER? QUIZÁ LA PREGUNTA NO ES CÓMO, SINO QUIÉN.

EL QUE VINO A ROMPER TODAS LAS CADENAS

Un 19 de noviembre, platiqué con el abogado de mi esposa. Me pidió mis datos y me explicó el proceso por el que teníamos que pasar para iniciar con el trámite de divorcio. Me sugirió contratar a mi propio abogado para hacerlo más sencillo. Yo estaba devastado. Dispuesto a luchar por mi matrimonio, pero sabiendo que era un caso perdido.

Antes de firmar los papeles para iniciar el trámite, recuerdo haber visto a mi esposa para darnos unas palabras finales. Fue un momento tan difícil, nunca había llorado tanto. Me estaba despidiendo del amor de mi vida, de nuestros planes, nuestros sueños juntos. Aquellas que han firmado un acta de divorcio saben los diferentes sentimientos que brotan. Hay quien escapó a un terrible *cucaracho* y por fin se siente liberada, pero muchas también sienten que están firmando un acta de defunción. La muerte de un amor.

—Antes de firmar, quiero hacerte una última pregunta —me dijo en una voz muy seria mi todavía esposa. Después de una larga pausa, continuó—: Si hubieras podido hacer todo otra vez, ¿qué habrías hecho diferente?

Mi corazón se detuvo por un momento. El pasado siempre regresa para probarte.

Mi mente comenzó a revisar todos los capítulos de nuestro matrimonio; desde la forma en la que nos conocimos, el día que adoptamos a Keo, nuestro perrito, los viajes juntos, las experiencias. Lágrimas rodaron por mi cara.

No sabía qué contestarle. Mi mente se había quedado detenida en un punto muy particular de nuestra historia juntos, era lo único en lo que podía pensar: el viejo recetario de mi abuela. El mismo recetario que mi abuela le había dejado a mi madre y que mi madre me había heredado el día de mi boda. ¿Por qué mi mente se había quedado fija en ese capítulo? ¿Qué escondía ese momento de mi vida que fuera tan importante? Y entonces me di cuenta.

Hay algo que tengo que confesarte, querida lectora. En diferentes partes de este libro te he platicado del recetario de mi abuela, mi herencia familiar. Pero hay un punto importante que me faltó especificar: el recetario de mi abuela no era un recetario de cocina, era un recetario de vida.

El viejo recetario que mi abuela había dejado de herencia era en realidad lo que muchos llaman "La Palabra de Dios" y muchos otros llaman "La Biblia". Mi abuela nos había dejado la herramienta más grande que nos podía dejar: una vieja Biblia. Hoy te escribo este libro con esa Biblia en una mano y con mi corazón completo en la otra.

Lo que te voy a decir a continuación es algo muy personal. Este libro no tiene nada que ver con religión. Esto que te quiero decir es la mejor recomendación con la que te puedo dejar; esto cambió mi vida para siempre.

—Si hubieras podido hacer todo otra vez, ¿qué habrías hecho diferente?

—En lugar de ponerme a mí mismo, hubiera puesto a Dios en el centro —le contesté.

En ese momento me di cuenta de que lo que me había traído al punto más bajo de mi vida era el creer que yo era dueño de mi propia vida. El poner mis caminos por encima de todo, el vivir pensando que estaba solo en esta tierra y el actuar como si todo dependiera de mí. Ese día yo tomé una decisión: decidí poner a Dios en el centro.

Mi esposa, como un último acto de amor, me tomó de las manos y juntos hicimos una oración. Le pedimos a Dios que entrara en nuestras vidas, que cambiara lo que tuviera que cambiar, que sanara lo que tuviera que sanar, pero sobre todo, que rompiera lo que tuviera que romper. Le entregamos nuestros caminos, nuestras decisiones y prometimos ser obedientes a Él.

Ese día, María Fernanda y yo decidimos poner a Dios en el centro y Dios se encargó de poner en su lugar todo el resto.

Me di cuenta de que mi madre, que con mucho esfuerzo nos había sacado adelante, no tenía un terreno para heredarme, no tenía una cuenta de banco que me pudiera dejar, una sola cosa me pudo dar y nunca lo voy a olvidar: mi madre me enseñó a orar. Me enseñó que yo podía hablar con Dios, que no tenía mucha ciencia, pero en el peor momento de mi vida, eso hizo toda la diferencia.

Mi madre me heredó que hay cadenas tan fuertes y tan dolorosas que solo se pueden romper allá arriba, y que hay batallas en la vida que solo se ganan inclinando la rodilla.

Mi madre no me heredó la respuesta a la pregunta "¿CÓMO rompo lo que no puedo romper?", pero sí me heredó un QUIÉN. Y hoy, mi esposa y yo seguimos teniendo un matrimonio hermoso, del que no pasa un solo día sin que agradezca a mi más grande patrocinador, que es Dios. Trabajamos juntos, no solo en nuestras profesiones, sino en la misión más grande de todas, ser felices.

Madre de familia que estás leyendo esto, una última sugerencia me gustaría dejarte: nunca dejes de orar por tus hijos. Nunca dejes de orar con tus hijos. Nunca sabes cuándo lo puedan necesitar.

Si hoy llegaste a este libro sin esperanza, después de un matrimonio fallido, una pérdida, una enfermedad o una crisis. Si llevas una vida entera arrastrando cadenas de ansiedad, insuficiencia o inseguridad, hoy quiero que sepas que hay esperanza. No hay cadenas que puedan detenerte, que sean más poderosas que el Dios que viene a defenderte.

No importa dónde estés leyendo esto, me gustaría que apretaras tu puño en señal de fortaleza y repitas estas palabras en tu corazón:

> HOY PROMETO
> ROMPER TODA CADENA
> QUE LLEVO DENTRO
> NUNCA MÁS VOY A SER
> PRISIONERA DEL MIEDO
>
> HE SIDO PREPARADA,
> FORTALECIDA,
> PROBADA POR LA VIDA
>
> Y NO HE SIDO
> NI SERÉ VENCIDA.
>
> ESTADO CIVIL: INGOBERNABLE

AGRADECIMIENTOS

Este libro es una fuente completa de agradecimiento a las mujeres que vinieron a romper cadenas generacionales en mi familia. Mi abuela Pasión Garza, que vive en nosotros y ahora alegra a los ángeles y a su Padre con su sonrisa. Mi madre Dolores Hinojosa, cuya vida y sabiduría han sido una fuente de inspiración para mi vida. Su gran corazón vive siempre conmigo. A mi padre Jorge Lozano, que me heredó grandes lecciones de vida que hoy agradezco. A mis hermanos queridos, que crecieron a mi lado y de los cuales estaré orgulloso mi vida entera.

A mi esposa María Fernanda Gastón, el amor de mi vida, mi fuente de inspiración diaria y mi felicidad. Nada de esto sería posible sin ella. A Keo, que con su nobleza me ha mostrado la simpleza de la vida, y a mis futuras hijas o hijos que podrían estar leyendo este libro: que sepan que su padre le agradecía a Dios por ustedes desde antes de que estuvieran en sus planes.

Este libro no sería posible sin el trabajo de un gran equipo. Gracias a Sandra Fayad Villarreal por el trabajo que dedicó a la investigación y el armado editorial de esta obra. Gracias a todo el equipo de LOGA MEDIA por su esfuerzo y dedicación. Gracias especiales a Raúl Vargas por creer en mí, en esta carrera y luchar a mi lado durante tantos años.

Gracias a Magalí Etchebarne y a Glenda Vieites por su confianza y su visión, gracias a todo el equipo de Penguin Random House Grupo Editorial y a los colaboradores de todos los países involucrados en este proyecto.

Gracias a Dios, mi más grande patrocinador, por llevarme a lugares que mi mente jamás hubiera imaginado. Gracias a ti, querida lectora, por honrarme con tu tiempo, atención y cariño. Deseo que este libro sirva de inspiración para romper tus cadenas.

REFERENCIAS BIBLIOGRÁFICAS

- Asale, R. (s. f.). Defender. En el *Diccionario de la Lengua Española* (Ed. del Tricentenario), en https://dle.rae.es/defender?m=form.

- "Perdonar lo imperdonable", en *Cuicuilco Revista de Ciencias Antropológicas* (2021), ISSN 2448-8488.

- "La capacidad de perdonar: Perspectivas intrapsíquicas y evolutivas", en *Revista Aperturas Psicoanalíticas* (s. f.), http://www.aperturas.org/articulo. php?articulo=0000385.

- Aldo Godino, L. (12 de julio de 2023). "Perdonar y perdonarse: superar el pasado", *BAE Negocios*, en https://www.baenegocios.com/saludybienestar/Perdonar-y-perdonarse-superar-el-pasado-20230709-0037.html.

- "Leszek Kolakowski. Letras Libres. ¿Para qué sirve el pasado?" (31 de julio del 2004), en https://www.voltaren.com.ec/etendiendo-el-dolor/dolor-en-cuerpo. html#:~:text=Si%20no%20senti%C3%A9ramos%20dolor%2C%20no,es%20un%20 proceso%20muy%20complejo.

- RAE. "Sin vergüenzura" *RAE*, https://www.asale.org/damer/sinverg%C3%BCenzura.

- "Cómo tener éxito profesional." *Hotmart*, https://hotmart.com/es/blog/ como-tener-exito-profesional.

- "Aumentar autoestima: la ciencia detrás de la autoconfianza." *Habilidad Social*, https://habilidadsocial.com/aumentar-autoestima-ciencia/.

- "El efecto Wonder Woman: usa tu cuerpo para afrontar mejor tus presentaciones." *Presentastico*, 22 de diciembre de 2016,https://presentastico.com/2016/12/22/ el-efecto-wonder-woman-usa-tu-cuerpo-para-afrontar-mejor-tus-presentaciones/.

- "¿Qué es más importante: el proceso o el resultado?" *Quora*, https:// es.quora.com/Qu%C3%A9-es-m%C3%A1s-importante-el-proceso-o-el-resultado#:~:text=%C2%BFQu%C3%A9%20es%20m%C3%A1s%20 importante%3A%20el%20proceso%20o%20el%20resultado%3F,-Todas%20las%20 relacionadas&text=Si%20No%20hay%20un%20proceso,adecuado%2C%20el%20 resultado%20ser%C3%A1%20desastroso.

- "Guía para una gestión basada en procesos." *Euskadi.eus*, https://www.euskadi. eus/web01-s2ing/es/contenidos/informacion/bibl_digital/es_documen/adjuntos/ Guia%20para%20una%20gestion-basada-procesos.pdf.

- "La verdad está en el proceso, no en el resultado." *Sintetia*, https://www.sintetia. com/la-verdad-esta-en-el-proceso-no-en-el-resultado/.

- "La resiliencia y la educación de niños y niñas en la sociedad actual." *Redalyc*, https://www.redalyc.org/pdf/1815/181529931002.pdf.

- "No pasa nada." *Criar con Sentido Común*, https://www.criarconsentidocomun.com/no-pasa-nada/.

- "Repetimos patrones: ¿Por qué lo hacemos y cómo cambiarlo?" *Psicología Mammoliti*, https://psimammoliti.com/repetimos-patrones/.

- "Si sentís que todo el tiempo repetís el patrón con tus ex parejas, cambiarlo es posible." *El País Uruguay*, https://www.elpais.com.uy/eme/relaciones/si-sentis-que-todo-el-tiempo-repetis-el-patron-con-tus-ex-parejas-cambiarlo-es-posible#:~:text=Primero%20que%20todo%2C%20deber%C3%A1s%20entender,alguna%20raz%C3%B3n%20decidiste%20no%20hablarle.

- "¿Por qué elegimos al mismo tipo de pareja una y otra vez?" *La Vanguardia*, https://www.lavanguardia.com/vivo/psicologia/20190709/463295344372/elegir-mismo-tipo-pareja-claves-psicologicas-ciencia.html.

- "Mañana lo vemos: Procrastinación y cómo combatirla." *Dialektika*, 13 de mayo de 2021, https://dialektika.org/2021/05/13/manana-lo-vemos-procastinacion-y-como-combatirla/.

- "Mañana lo vemos: Procrastinación y cómo combatirla." *Terminal de Noticias*, https://terminaldenoticias.com/manana-lo-vemos-procrastinacion-y-como-combatirla/.

- "Lee Hadwin, el artista sonámbulo." *My Modern Met*, https://mymodernmet.com/es/lee-hadwin-artista-sonambulo/.

- "Un recorrido por los momentos de rebeldía de la historia del mundo en libro." *El Confidencial*, 5 de marzo de 2009, https://www.elconfidencial.com/cultura/2009-03-05/un-recorrido-por-los-momentos-de-rebeldia-de-la-historia-del-mundo-en-libro_1002032/.

Esta obra se terminó de imprimir
en el mes de agosto de 2024,
en los talleres de Litográfica Ingramex S.A. de C.V.,
Ciudad de México.